U0031156

台灣近現代水墨畫大系

Contemporary Taiwanese Ink Painting Series

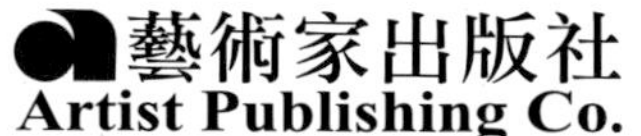
藝術家出版社
Artist Publishing Co.

Contemporary Taiwanese Ink Painting Series

台灣近現代水墨畫大系

鄭善禧

畫壇拾荒老人

鄭惠美／著

藝術家出版社

出版序

源自中國的水墨畫在九〇年代台灣本土化熱潮中，曾經是備受冷落的畫種，即使是具有實驗性質的「現代水墨畫」，也有著衆說紛紜的界定與論述。然而邁入廿一世紀，隨著中國大陸的經濟力所帶出的活絡華人藝術市場，其關切的焦點必然屬於民族性畫種的水墨畫，故此，水墨畫似乎已有重新站上歷史舞台的聲勢。

相對於中國大陸近年來相繼出版了不少水墨畫大師的畫集或套書，台灣針對此方面的論述出版品似乎較爲薄弱。藝術家出版社有感於台灣缺乏一套系統性的水墨畫論述出版品，故在今年以系列性、階段性的方式，出版《台灣近現代水墨畫大系》套書。

《台灣近現代水墨畫大系》不僅可以建構出另一種觀點的台灣美術史，也可以促進台灣水墨畫創作的發展，當可謂推動台灣現代水墨繪畫奮力向前的重要里程碑。爲使此一系列套書能引起當代藝壇的重視，同時對台灣水墨畫研究提出相當分量的學術價值，不僅藝術家具有代表性，著者亦爲一時之選，他們對其所執筆撰寫的藝術家均有深入研究，以突顯這套叢書的時代性與代表性。

本套書第一階段前十本的著者與藝術家包括：蕭瓊瑞撰寫高一峰、黃光男撰寫傅狷夫、巴東撰寫張大千、詹前裕撰寫溥心畬、鄭惠美撰寫鄭善禧、倪再沁撰寫江兆申、吳超然撰寫黃君璧、胡永芬撰寫沈耀初、林銓居撰寫余承堯、潘襎撰寫陳其寬。

《台灣近現代水墨畫大系》套書採菊八開平裝，文長約四萬字，內容包括前言（畫家風格特徵）、藝術生涯介紹（師承及根源、風格及發展、斷代等）、繪畫作品賞析（代表作、特質、分期、用印等）、評價論述（傳承及對後人影響）、結語（評價及美術史位置）、畫家年譜。畫家代表作品圖版約一二〇幅，並有畫家生活照片，編輯體例嚴謹。

畫家風格不同，著者用筆各異，然而提供讀者生活傳記與論述兼具的內容、具有可讀性與引導作品賞析的作用，同時闡述正確美術史定位及藝術作品價值，是我們出版本套書的宗旨與期許。相信這是一套讓我們親近台灣近現代水墨畫大師的優良讀物。

藝術家出版社發行人 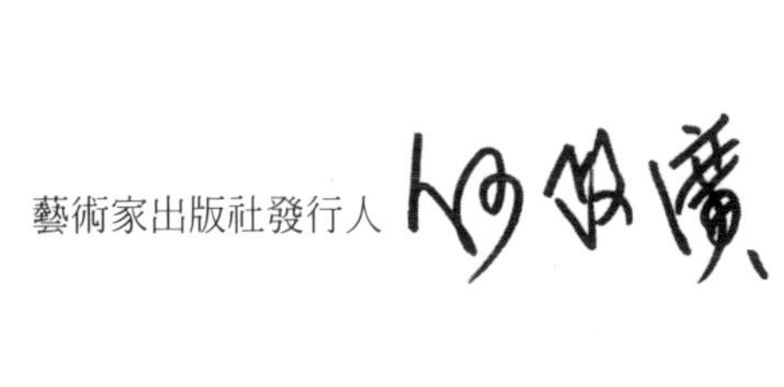

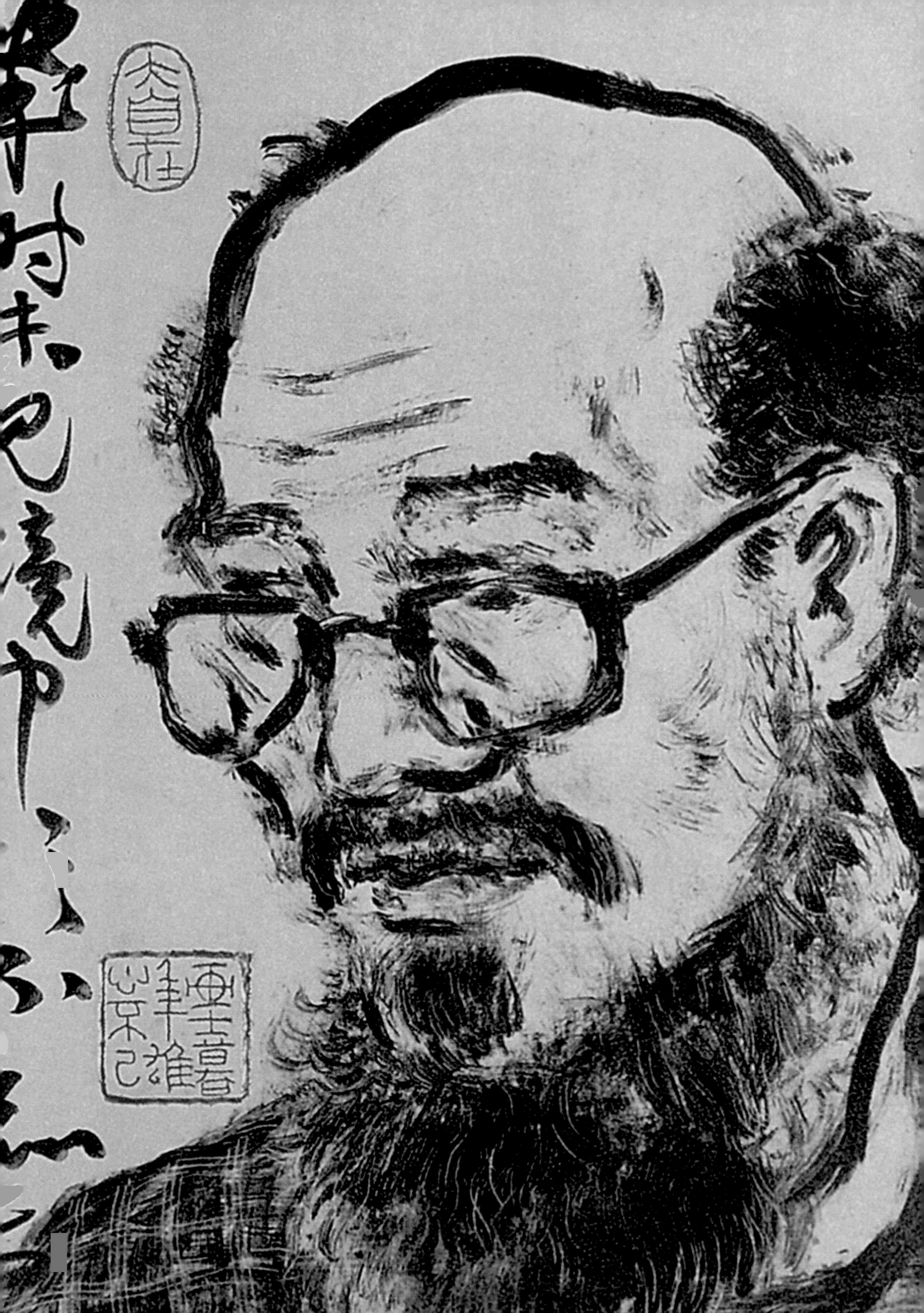

CONTENTS

〔台灣近現代水墨畫大系〕鄭善禧——畫壇拾荒老人

目錄

前言

雖然在二十一世紀初，就要回看當今才七十歲，創作慾望仍旺盛的畫家鄭善禧的繪畫成就與地位，仍不免稍早。連他本人也尚需以歲月，再創藝術新高，所以他連番幾次都推卻了這本書的寫作，還自我解嘲地說：「豬屎籃，怎能結綵呢？」不過，當代的歷史，如果沒有當代人，處於近距離的微觀細看，那麼後人的回顧，恐將更沒有依據。

在二十一世紀台灣水墨的發展歷程中，鄭善禧是承接上世紀與新世紀的關鍵人物之一，也是跨越兩世紀的畫家，他的作品被認爲最具有台灣本土色彩，不但有傳統國畫的詩、書、畫涵養，又有西方繪畫寫實的造形能力，更有來自民間鄉土的俚俗野趣，因而建立他個人重彩、拙樸的獨特風格，也區隔出不同於中原水墨畫脈的台灣水墨新美學觀。

歷來有關鄭善禧繪畫的評介，有王秀雄教授、王耀庭先生、蔣勳先生、王哲雄教授、何懷碩教授、黃光男教授、黃冬富教授等學者精闢的見解，每一位學者都在每個階段對他的繪畫成果有所論述。

本書再詳加蒐集他的畫作並深入了解他的繪畫理念，就他的生平、藝術歷程與風格形成，一一闡述，並歸納出他的藝術思想與藝術特質，又兼論及他的影響力與地位。而研究鄭善禧的思想最重要的是他自己所撰述發表的文章，包括〈我作畫的途徑〉（1969）、〈談中國畫之創作〉（1975）、〈民主時代之國畫〉（1981）、〈學畫感懷〉（1983）、〈我的話、我的畫〉（1993）及黃寤蘭女士所寫的鄭善禧口述歷史性質的傳記《畫壇老頑童鄭善禧》，及他畫作上的題跋。

爲了多加了解他的創作與生活，我曾與鄭老師見面二十多次，大部分在他平日作陶瓷的瓷揚窯與台華窯，一面看他畫陶，一面與他聊天，有幾次也在他林口山上的謙軒農舍，小心翼翼地走過散置滿地的書畫與書籍，與他對談。

雖然每一次見面他都說：「你又來了，你爲什麼要緊迫盯人像法官辦案一樣？」然而他在我笑臉相迎，連哄帶騙下，又如實地回答起問題，這本書就在如此半推半就下，蘊生而出，初稿除前言及結語外，鄭老師都一一審視並略加補述而鄭老師又經不起我多方催促畫作圖片，終於翻箱倒櫃找出許多舊作，進行拍攝，我眼見作品不斷出土，終將淹沒客廳地板，才驚覺我正在觀賞他的七十回顧展，許多佳作精品都仍完好地保存在他身邊，鄭老師看著自己一路走來的心血結晶，竟也興起無限的喟歎：「沒想到，我只是一個教員，如今卻不務正業成正業。」鄭師母也脫口而出：「他是十項全能。」的確，他無論在山水、人物、花鳥、畜獸或生活器用品、民藝品，都無所不畫，又兼擅書法、彩瓷，在畫壇上是難得的全才。

鄭善禧就像他平日揀拾鄰近木材廠的廢棄木塊當柴燒一樣，他惜物愛物之情也流露在藝術上，作畫時他一張畫要畫到改之又改，改到不能再改，才肯扔掉，而廢紙也可善加剪裁再作畫，筆則是退筆一用再用，捨不得丟棄。他正是一位生活的拾荒老人，也是藝術的拾荒老人，他在古今中外的藝術園地裡，尋幽探勝，永不止息地拾取，擴展他個人藝術生命的時空向度。

他的繪畫風貌，正如他自己常調侃的：「鄭善禧自審所爲者，新舊交匯，中西混雜，察我之作品，確是沒有風格的風格，若無家可歸也。」善於拾取中西藝術的精華爲自己所用的鄭善禧，更常說：「以個人數十年有限的生命，那能了解人類數千年的知識，怎有不學的道理？」拾取，正是一種學習的方式，一種俯身而下的謙卑姿態。善學、善畫、善寫的鄭善禧正是由現實生活的拾荒到藝術的拾荒，也是本書標題爲《畫壇拾荒老人鄭善禧》之因。本書也只是對鄭善禧七十歲之前所探索的視覺境界，作現階段的一個觀察，看他如何從中國傳統中延伸、蛻變，進而擴展出一個關懷斯土、斯民的在地水墨畫風的初步總結而已。

七十正是人生的另一個開始，當十八歲的鄭善禧由大陸逃難到台灣時，他青澀的年歲已經歷過對日抗戰、國共內戰，在顛沛流離中他倉皇逃生，落腳台灣。四歲喪母，十歲喪父，在苦厄中成長的鄭善禧，拼命向學，讓自己成爲一位有用之人。他先後任教於台中師專、台灣師範大學，退休後在六十五歲那年，獲得國家文藝獎的殊榮。原先只是想當個教員苟全性命於亂世的鄭善禧，竟憑著勤奮不懈的狂熱，一如他畫作上的題跋「撐上水船，一竿不得放鬆。」在藝術的天地裡，一步步地走上畫家之路，闖出自我，獲得了藝壇的肯定與喝采。如今此身倖存，鄭師母羅昆芳女士又深知他視藝術創作爲生命的全部，給予他完全自由發揮的空間，在開放的婚姻中，他們各自綻放自己，活出彼此的快樂。

蒼天化人，各有稟賦，鄭善禧在六〇年代末到七〇年代初，他從鑑照西方文化中結合傳統文化的本土作品，使他在傳統水墨在地化探索上有所創新，獲得矚目。走過歷史烽煙的鄭善禧，他終生以赴的藝術，正值苦澀回甘的黃金時期，這位老而不老的畫壇拾荒老人，在凡翼盡退的謙軒農舍仍有長路待行。齊白石說：「年老之人，分陰萬金」，鄭善禧他上揚的心志，相信將會以靈心慧思的彩筆，再揮灑出與生命相契的藝術新綠。

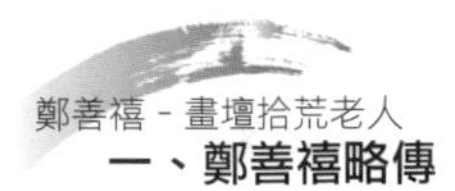

一 鄭善禧略傳

台北縣的林口，一處幽靜、寬闊的庭園，檸檬樹、柚子樹、木瓜樹、相思樹零零落落地長著，嫩綠的雜草驚人抽長著，在這座滿眼翠綠又有些荒野，白鷺鷥常駐足的「秘密花園」裡，有幢「謙軒農舍」，住著一位七十歲的「拾荒老人」，每天揀拾柴薪，生著爐火，吃蕃薯粥。儉樸過日，知足常樂。

這位髮稀，鬍子翻白，老而不老的鄭善禧，不但是一位師範大學美術系的退休教授，還是位國家文藝獎得主。他白天作畫寫字，晚上對月獨飲，有時下山畫陶，每天大都穿著同一套衫服，上面沾染著些微墨漬。興來，與年輕畫家多喝兩杯，便表演金雞獨立，醉時仍不忘爲人揮毫，醒時再鈐印「君當恕醉人」，自我解嘲。他詼諧逗趣，與人聊天，中氣十足，四書五經朗朗上口，歷史典故，傳奇小說，滔滔不絕，本土味十足。他沒有任何身段，看似工人，又像農人，深具草根性農民性格。當他推著一部三輪的小柴車，來往於住家與鋸木廠的小路上時，他著實就像一位拾荒老人。這位揀拾木塊的老人，居然躬親燒柴煮飯，返老還童，自在地過起孩童時代「撿柴薪，生灶火」的日子。

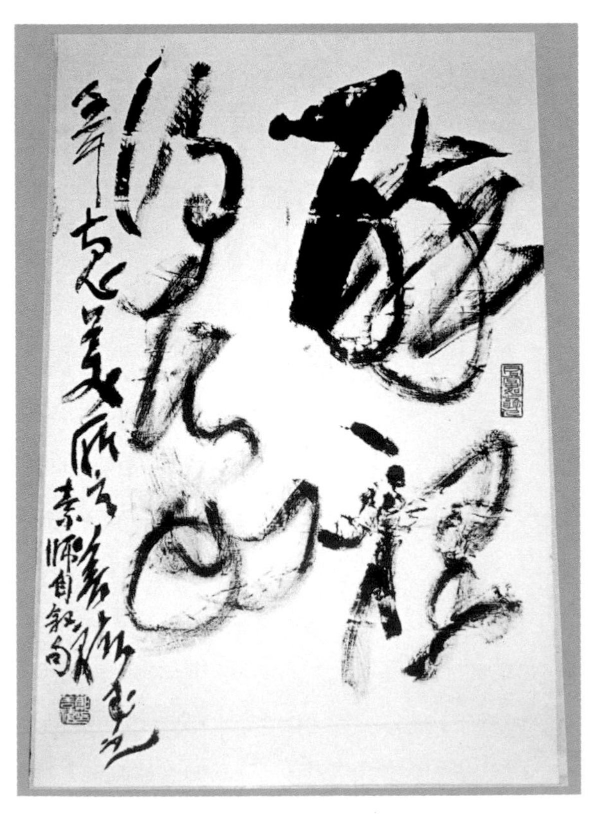

鄭善禧的草書醉筆
「醉裡得真如」
水墨

（一）出生農商家庭，塗鴉成癖

一九三二年出生福建省龍溪縣石碼鎮的鄭善禧，並不太記得他四歲時就去世的生母黃秀英，勤勞守份的生母是姨太太，年輕早逝，鄭善禧是在誠正仁慈的嫡母陳寶娟和任勞尚義的庶母謝籐娘的呵護下長大。三位母親雖然都不識字，但都有舊社會世家仕女的高尚品格，尤其庶母惜物愛物，自小就訓練他撿柴升火，珍惜大自然的資源，鄭善禧也練得磨刀劈柴的俐落身手。

鄭善禧出生這一年（1932），正值「一二八」淞滬抗戰，而前一年日本已以「九一八」事變爲開端展開全面侵華戰爭。鄭善禧從小過得十分簡樸，雖然家中經營礱米廠，並經銷各省土產雜

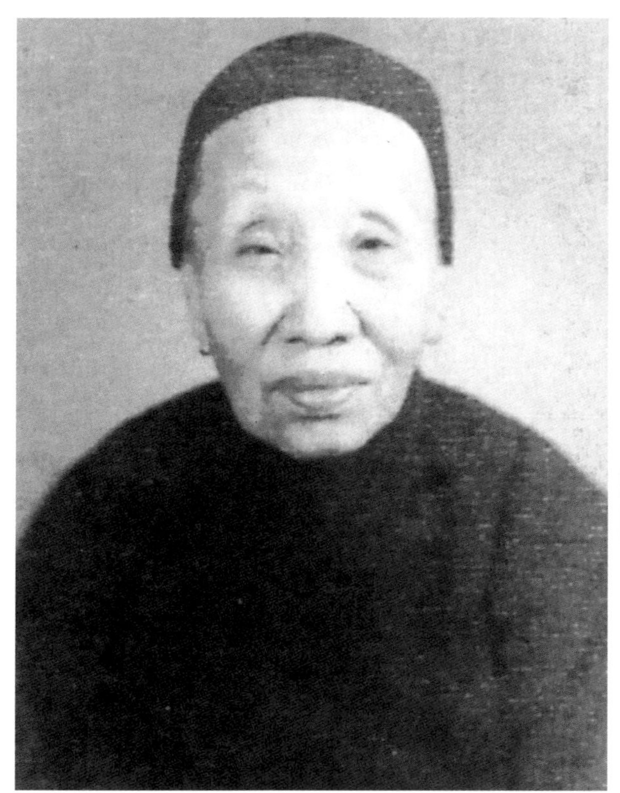

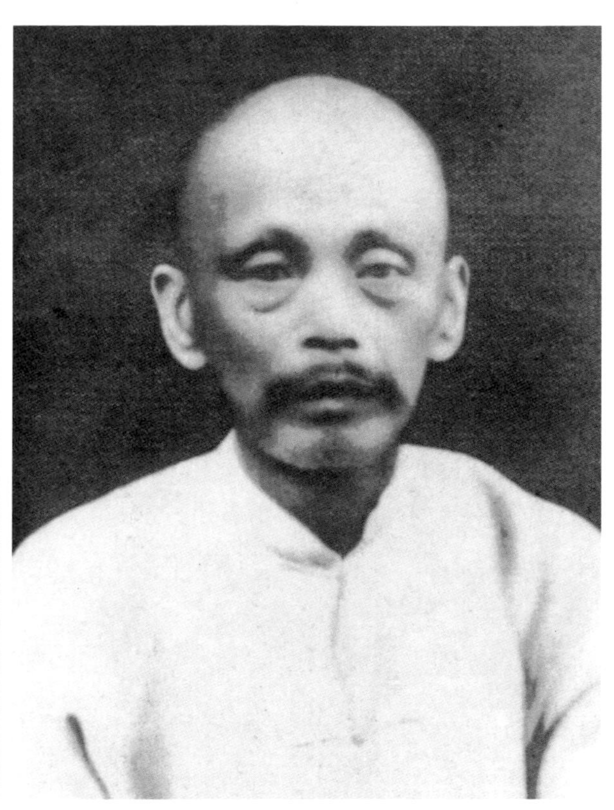

鄭善禧嫡母陳寶娟（左圖）

鄭善禧父親鄭良琳（右圖）

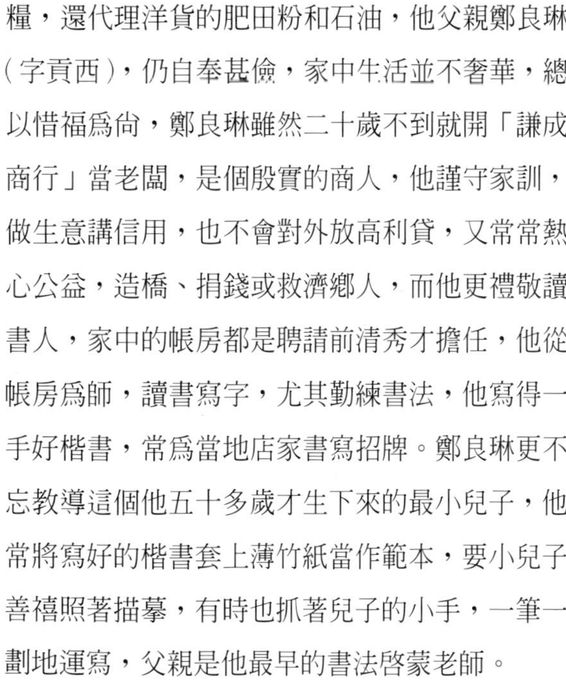

糧，還代理洋貨的肥田粉和石油，他父親鄭良琳（字貢西），仍自奉甚儉，家中生活並不奢華，總以惜福爲尚，鄭良琳雖然二十歲不到就開「謙成商行」當老闆，是個殷實的商人，他謹守家訓，做生意講信用，也不會對外放高利貸，又常常熱心公益，造橋、捐錢或救濟鄉人，而他更禮敬讀書人，家中的帳房都是聘請前清秀才擔任，他從帳房爲師，讀書寫字，尤其勤練書法，他寫得一手好楷書，常爲當地店家書寫招牌。鄭良琳更不忘教導這個他五十多歲才生下來的最小兒子，他常將寫好的楷書套上薄竹紙當作範本，要小兒子善禧照著描摹，有時也抓著兒子的小手，一筆一劃地運寫，父親是他最早的書法啓蒙老師。

而年幼的善禧對於畫畫的興趣，是來自於五、六歲時畫師爲他們父子作畫的〈課子圖〉，畫中他父親著藍色長袍，手持羽扇端坐著，他則身著短裝，手中握書，侍立在父親身旁，其實他眼睛早就瞄到桌子上那幾盤五顏六色的顏料，那才是眞正好玩的東西，他哪知道父親請人畫像的用心良苦。從此他發現了一個新鮮的世界，他家的牆上突然出現了大片的塗鴉，他家的舊帳簿也被他據爲塗寫的最佳紙張，他利用背面臨寫芥子園畫譜，有一次當臨摹到竹子時，他不知道如何撇葉，便用筆腹一片一片側印出竹葉來，居然畫得與畫本一樣逼肖，眞是有創意，他就這樣自行摸索，樂在其中。

（二）民間藝術，畫中有戲，百看不膩

一九三七年「七七事變」，中華民族正面臨國家與民族生死存亡的危難關頭，六歲的鄭善禧進入西湖小學就讀。之前，他已經在私塾熟讀傳統啓蒙教本，舉凡三字經、千字文、朱子家訓早就倒背如流，他還時常以古雅的閩南音模仿塾師搖頭晃腦，朗誦古文。所以入小學後，他的文史科目學得輕鬆自在，他便常常偷閒在學校的圖書

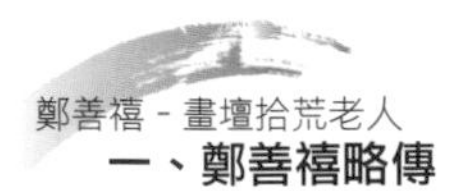

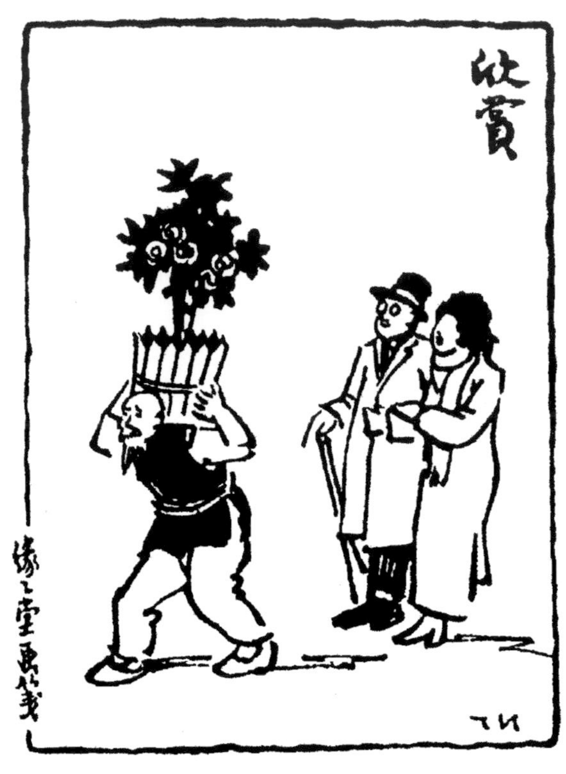

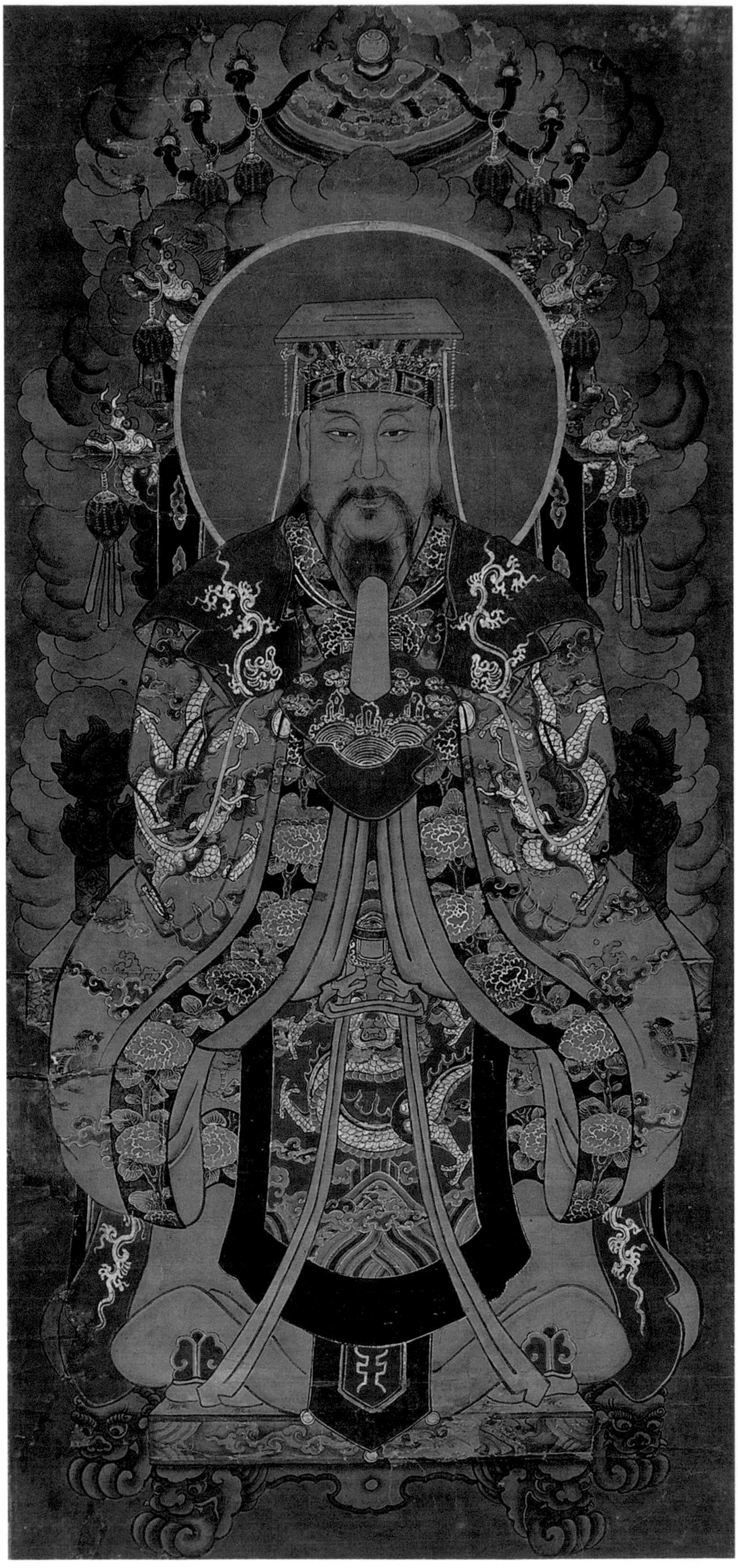

室翻看兒童故事書，放學後更愛看豐子愷的漫畫，愛收集香煙畫片，在學校做壁報時，他便可大大地發揮畫插圖的本事了。五、六年級時，鄭善禧興致勃勃地玩起泥巴，把九龍江沉漬的細白泥土，拿來捏塑蔣委員長、林森主席的半身像，校慶時陳列在教室展出，指導老師黃文瀾深爲嘉許。

鄭善禧讀小學時正是躲空襲警報的日子，每當日本飛機來襲時，學校的課程就改爲早晚上課，每天天還未亮，鄭善禧就提著菜油燈去上學，天一亮又停課躲警報去，直到晚上天黑再回學校上課，這種躲躲藏藏的日子，煞是辛苦。而他家在石碼的店鋪因近廈門，當廈門被日本人佔據後，外地貨品運不進來，生意大爲滑落，不得不舉家遷往長泰縣鄉下，鄭善禧跟著家人逃難，只覺得好玩，根本不知大難臨頭，他也由西湖小學轉到岩溪的高塘小學。鄭家在日軍侵華的戰亂中，雖然一家之主鄭良琳不幸抑鬱而終，家道一

▎豐子愷的漫畫 欣賞
1947年作（左頁左圖）

▎鄭善禧所收藏的玉皇大帝民俗畫
彩墨（左頁右圖）

▎鄭善禧所收藏的三星拱照民俗畫
彩墨

度中落，他們憑著父親留下來的些微遺產勤儉度日，卻也辛苦地撐過來了，比起那些貧病交迫，亡命流離的苦難百姓，他們又是何其幸運！

孩童時代的鄭善禧，特別表現出對民間美術的愛好，每當放學後，他把書包一扔，不是跑去看木匠師傅雕神像、雕布袋戲尪仔頭，就是去看建築雕刻師傅李明月做浮雕假山或廟宇剪黏，或看糊紙匠紮彩樓、糊大厝，金山、銀山上面漂亮的假山與栩栩如生的紙人，令他目不暇給。

如果遇到七月普渡，家家拜拜，處處狂歡，他更是高興得在露天下看野台戲，往往看得出神，忘了回家。而對於道士做功德超渡亡魂，掛在神壇上三寶如來等神像掛軸及十殿閻羅王像，色彩鮮麗，也令他看得目瞪口呆。尤其一到放暑假，他更是樂得整天站著看，看那在寺廟畫壁畫的師傅，如何把章回小說的故事，如薛仁貴東征、薛丁山征西，一一搬上台面，畫中有戲，他百看不膩，目不轉睛地盯著，有時師傅還請他幫忙拿墨盤，儼然成爲得力幫手。民間美術的繽紛造形與艷麗色彩，早已深深地烙印在他的腦海裡，他心目中的世界就是除了這種親切可愛、雅俗與共的民間藝術品外，是什麼都沒有的美麗新世界。然而十歲時，父親卻因肝癌去世了，鄭善禧已非四歲，母親辭世時還懞懞懂懂，此刻他悲痛萬分，美麗新世界中從此少了一位關愛他的慈父，而那幅「課子圖」也成爲他刻骨銘心，永誌難忘的圖象。

十三歲時鄭善禧進入漳洲龍溪中學讀書（現今爲漳州第一中學），美術老師黃士傑留學巴黎，常常叫他們自由畫，鄭善禧仍是對李明月師傅巧手所雕塑的廟宇浮雕，念念不忘，他仍會獨自跑到漳州東門街上一座供奉閻王爺的東嶽廟，看李師傅所雕塑彩繪的十殿閻王故事。而學校後方一座芝山亭，每當向晚時分，他常爬上亭子，俯瞰漳州街市，眺望九龍江帆影片片，此時烏鴉歸巢，老鷹盤桓，自然景致令他十分難忘，也成爲他來台後常常入畫遣懷的山水意象。

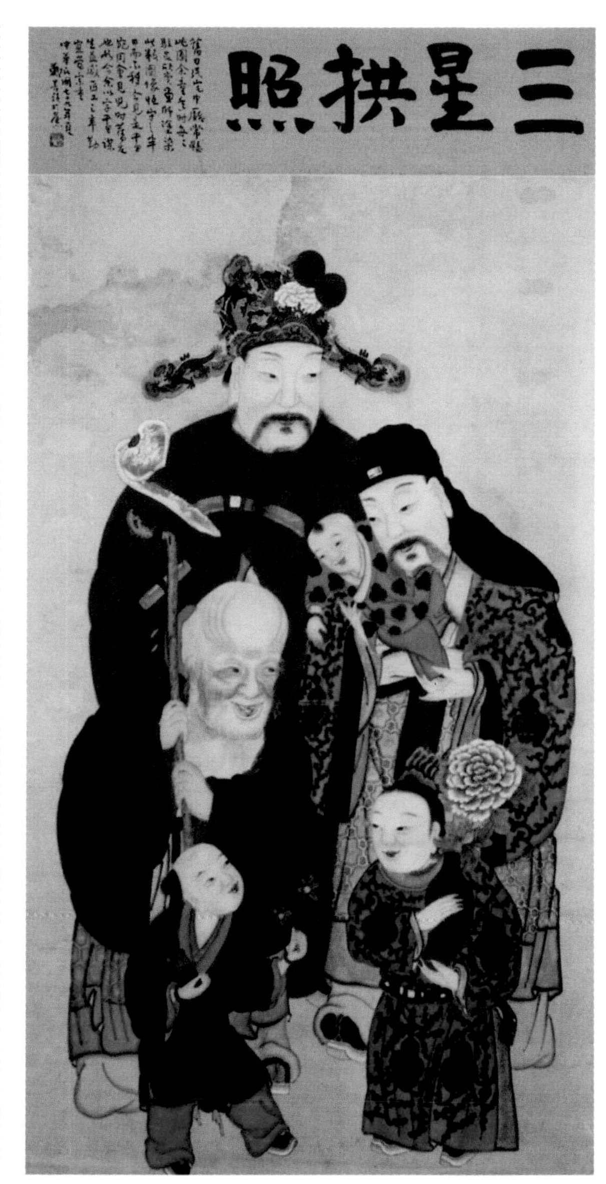

（三）歷經抗戰、內戰，逃難到台灣

鄭善禧讀初中時，仍是抗戰時期，他所讀的龍溪中學，早就被日本飛機炸毀了，學校遷到鄰縣南靖。此時的中國，眞是風雨飄搖，不但外要抵禦強悍的日本軍，內還有共軍與國軍的地盤爭奪戰，共軍與國軍的衝突一直是中國持續的內戰。一九四四年戰爭危急之際，國民政府蔣中正主席，號召知識青年從軍，成立「一寸山河一寸血，十萬青年十萬軍」的青年遠征軍，同時共軍一面應付日軍的掃蕩，也一面壯大自己的實力。當時學校的同學，有不少人進入國民黨當幹部，也有人加入共軍，學校成立許多讀書會，學潮、遊行不斷，政權即將易幟。

一九四五年日本投降，帶給中國的不是和平，而是更激烈的內戰，國、共之間的矛盾、衝突正日益擴大。社會動盪不安，金融發生危機，人心惶惶。鄭善禧一個初中畢業生，不治他技，只能做做織布、賣布的小本生意。一九四八年國軍已節節失利，國共幾次大戰役，勝負已決，一九四九年十月一日共產黨在北平宣布建立中華人民共和國，同年十二月七日中央政府遷都台北。

國局丕變，許多人紛紛逃離，鄭善禧一介平民，仍老實地依據共產黨的工農兵政策，安份地在漳州賣布。一九四九年共產黨攻打金門，鄭善禧親眼目睹共軍在九龍江畔死傷慘重的悲劇。共產黨把江上所有行船的船隻與人員，不管是平底船或尖底船，全部集合，往金門開去，又用人海戰術，將人圈在木材釘成的三角架上，任其飄流到對岸，攻打金門。(註1) 這次金門古寧頭大戰，國軍大捷，也是台海第一次戰役，從此形成兩岸對峙的局勢。

鄭善禧的大哥、二哥在大陸淪陷前就已經先行前來台灣，只留下三哥和他共同留守家園，由於他三哥畢業自軍官學校，經歷過徐蚌會戰又擔任過營長，負傷亡命返鄉，他始終是位忠勇的軍人，不能適應新政權統治。有一天他突然被公安人員抓走了，鄭善禧心急如焚入漳州城打探消息，在朋友家中居然遇見了剛從拘留所逃脫出來的三哥，兄弟倆人開始展開大逃亡。他們借來幾錢金戒子，牽著一輛腳踏車，一村騎過一村，在樹叢間潛逃。有時下坡，剎車不及，鄭善禧便以雙腳抵住車輪，腳踝常磨得出血，他仍然忍痛逃命，只是他的心情雖然緊張，卻有著看風景的玩興，把逃難當成旅遊，把破舊的客棧當飯店住。在亂局中，他們由福建到廣東，再搭火車往深圳，再乘廣九鐵路到新界關口，直到入境證下來，兄弟倆牽著那輛亡命天涯的腳踏車，與難民一起搭上大輪船，終於來到台北，掙得了自由。這一年是一九五〇年，韓戰爆發，台灣頓時成為美國軍事在亞洲邊防的第一防線，由於美援提供了軍援、經援與物質，台灣社會轉趨安定。

(四) 在「南師」以校為家，讀書學藝

經歷了離鄉、逃難之苦，好不容易到了台北，為了謀生鄭善禧下台南踫碰運氣，他一面找工作，一面報考台南師範學校，因為那一年（1950）第一次招考「藝術師範科」，機緣難得，鄭善禧雖然來不及準備，仍孓然一身應考，考國文、歷史、地理、作文又畫靜物寫生，再加上筆試，或許上天疼惜這位流亡學生，居然讓他考了第四名，無父無母的他，感恩上蒼的厚愛，讓他有飯吃，又有書可讀，他欣喜萬分，一入「南師」就以校為家，奮發圖強。在南師既沒有名畫可以臨摹，又沒有太多圖書資料可供參考，他只有埋頭練苦功，每天放學後就先跑出去寫生，再回校吃晚飯，每隔一兩天，他就畫出一張水彩風景畫，所有台南市的古蹟，他都畫遍了，火車站附近的旅客，他也畫了大量的速寫，他以土法煉鋼的方式，畫它百遍、千遍也不厭倦，就像體育科同學告訴他練單槓的秘訣就在不斷地

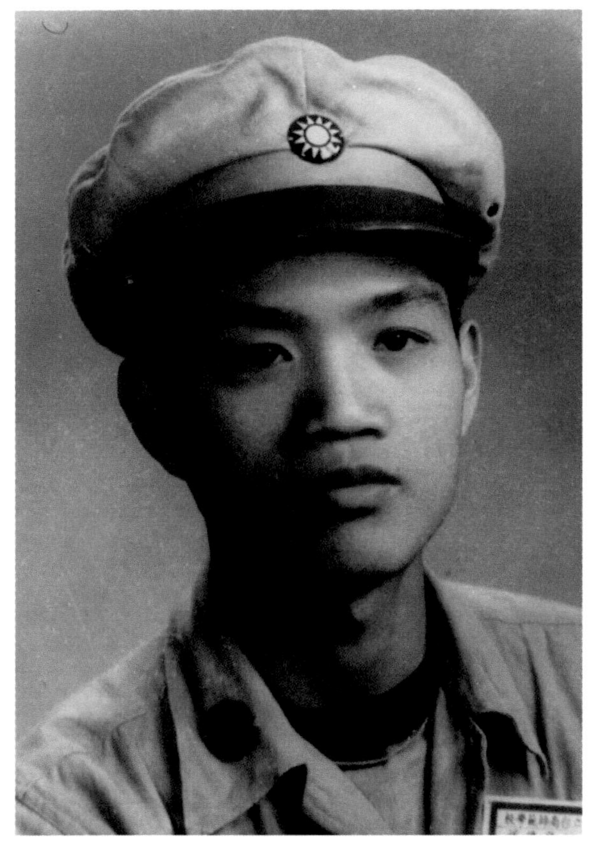

就讀台南師範學校時期的鄭善禧 1953年

拉，才能提高自己的能量。他的寫實功夫就像拉單槓一樣，不斷地從自然中，從生活中實際磨練而來。鄭善禧與班上同學感情極好，並無省籍隔閡，況且他不會藏私，因爲國文課幾乎只有他一個人聽得懂，班上多數的本省籍同學都摸不著頭緒，考試時，鄭善禧便以台語一一傾囊相授，很得同學的喜愛。所以放假時，他有時也到本省籍同學家玩玩，有一回他到台南縣西港鄉下郭源下同學家，他一看到水圳就跳入水中，有如一條蛟龍，好像又回到小時候在家鄉九龍江生龍活虎地游泳一般。(註2)

在學校他除了畫水彩外，也寫書法，他把張濟時老師珍藏的一本大字譚延闓顏書《麻姑仙譚》，細心地描摹做成摹本，再傳抄全班同學，大家人手一本字帖，勤練顏字，當時流行壁報比賽，鄭善禧的插畫加上樊湘濱的書法，使南師的壁報永遠稱雄南市。而後爲體育科主任周鶴鳴畫體育圖解，也非鄭善禧莫屬了，勤於街頭寫生的他，參考世界著名運動選手照片，勤加揣摹人體結構與運動動作，終於無誤地完成任務，在他的繪畫歷程中增添了特殊的新鮮體驗。在南師的學生生涯，鄭善禧終於練就了一手絕活，提起筆來要畫什麼，就畫什麼，不爲別的，只爲畢業後能多畫插圖，在動亂時期，謀口飯吃而已，他那敢奢想成爲畫家。

(五)意外考入師大，全方位學習

一九五三年鄭善禧畢業後，當了三年小學教員，在寒暑假期間，有時他北上參加雕塑前輩蒲添生的「雕塑講習班」，還塑過一尊石膏翻模的〈孔子像〉入選全省教員美展，從此他的內心已準備更上一層樓，挑戰當年全省獨一無二的師範大學美術系。

結果他在大學部落榜，卻意外在專修科名列榜首，他上榜的水墨作品是畫一幅〈大鱸魚〉，他的人生每每在重要關頭，總是峰迴路轉。因爲這一年爲了九年國教實施，在大學部外又增收了一班二十五人的專修科，師資與大學部相同。鄭善禧在班上，由於當過老師，不作怪，又博學，在一群稚氣未脫的高中畢業生中，顯得老成持重，被同學冠以「老夫子」的尊稱。(註3)

讀了兩年，鄭善禧插班進入美術系三年級，他才眞正感覺到當年在「南師」只是畫插畫而已，在這裡名師雲集，山水畫、人物畫、花鳥畫、畜獸畫、油畫、水彩、素描、書法、設計樣樣都要學。尤其國畫講究用筆、皴法及詩詞題跋。溥心畬老師淡雅秀逸的詩書畫合一的文人畫，令他嘆爲觀止，而他那一句「畫不題就如看默片。」更是讓他受益匪淺。林玉山老師的圖畫

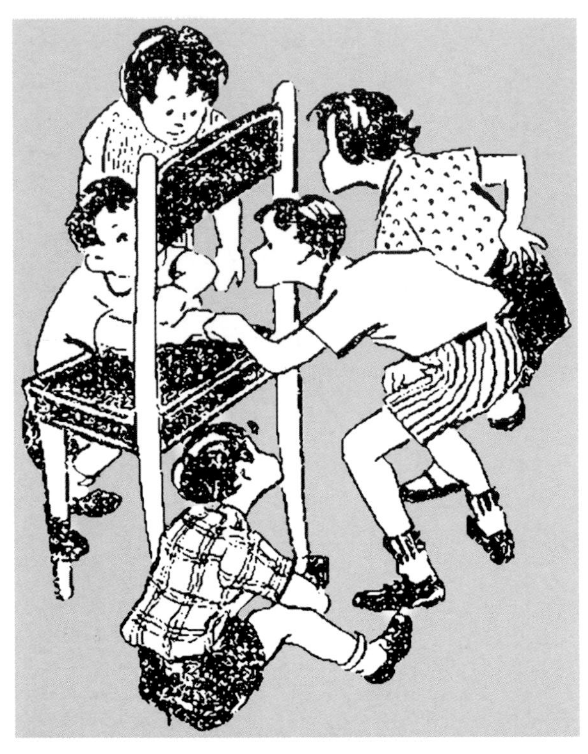

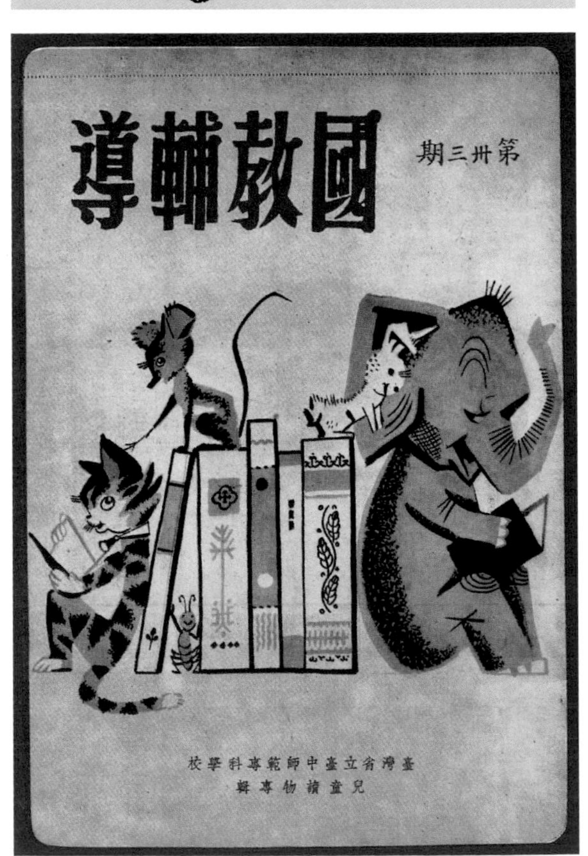

鄭善禧在《國教輔導》月刊所繪製的插圖（上圖）

鄭善禧為《國教輔導》月刊所設計的封面（下圖）

鄭善禧 旭日東埔 1967年 彩墨 83×57cm（右頁圖）

寫生課程，重視體察自然，捕捉對象的形與神，注重眞實情感的表達，因而使他體驗到寫生是「一本萬變」，須從自然中畫出具有實體感的山水畫或動物畫，他對林老師上課時一隻手同時握著兩管毛筆，轉用自如的作畫神態，印象最爲深刻。而教油畫的廖繼春老師，總是話不多，鄭善禧只要看他如何調色，畫出粉紅駭綠，顏色交織的作品，就非常心滿意足了。至於黃君璧老師他那雄強筆力的白雲飛瀑，就夠他震撼的了。

許多同學上課時挑好的畫稿臨摹，下課後又繼續到老師的畫室學畫，鄭善禧則徘徊在裱畫店裡，觀賞大陸畫家傅抱石、徐悲鴻等名家作品，他背臨筆意，回家後再默寫山水。他入師大那一年，一九五七年，雖然五月畫會、東方畫會相繼成立，他們的美術革新運動，對在學中的鄭善禧影響有限，他仍是熱衷寫生，只求紮下深厚的根基。閒暇時，他常到西門町紅樓戲院旁的舊書報攤上，尋找過期的美國雜誌上的繪畫圖片，最奇妙的是他又特別留意像「仙履奇緣」等迪斯奈卡通圖片，卡通來自現實，卻又超乎現實的鮮活造形與新穎創意，既有藝術性又有大衆性，比純藝術更吸引他。他的學習不是僅限於學院，學院之外才是學習的開始。

（六）任教「中師」，出入山間，發展濃墨重彩中國畫

一九六〇年鄭善禧師大美術系畢業，台中師專馬上請他去當助教。這位助教非同小可，又教書又編輯《國教輔導》月刊雜誌，他不但在雜誌中畫插圖設計封面，編得圖文並茂，又開闢了「國教藝苑」專欄，介紹中外古今名家名作，推廣美育，即使在教務、編務兩忙下，他的幹勁仍然十足，並沒有停止繪畫創作，他擅於運用時間，常常和學校的另一位老師張錫卿兩人聯袂到偏遠的南投縣信義鄉東埔等各處的山地小學進行

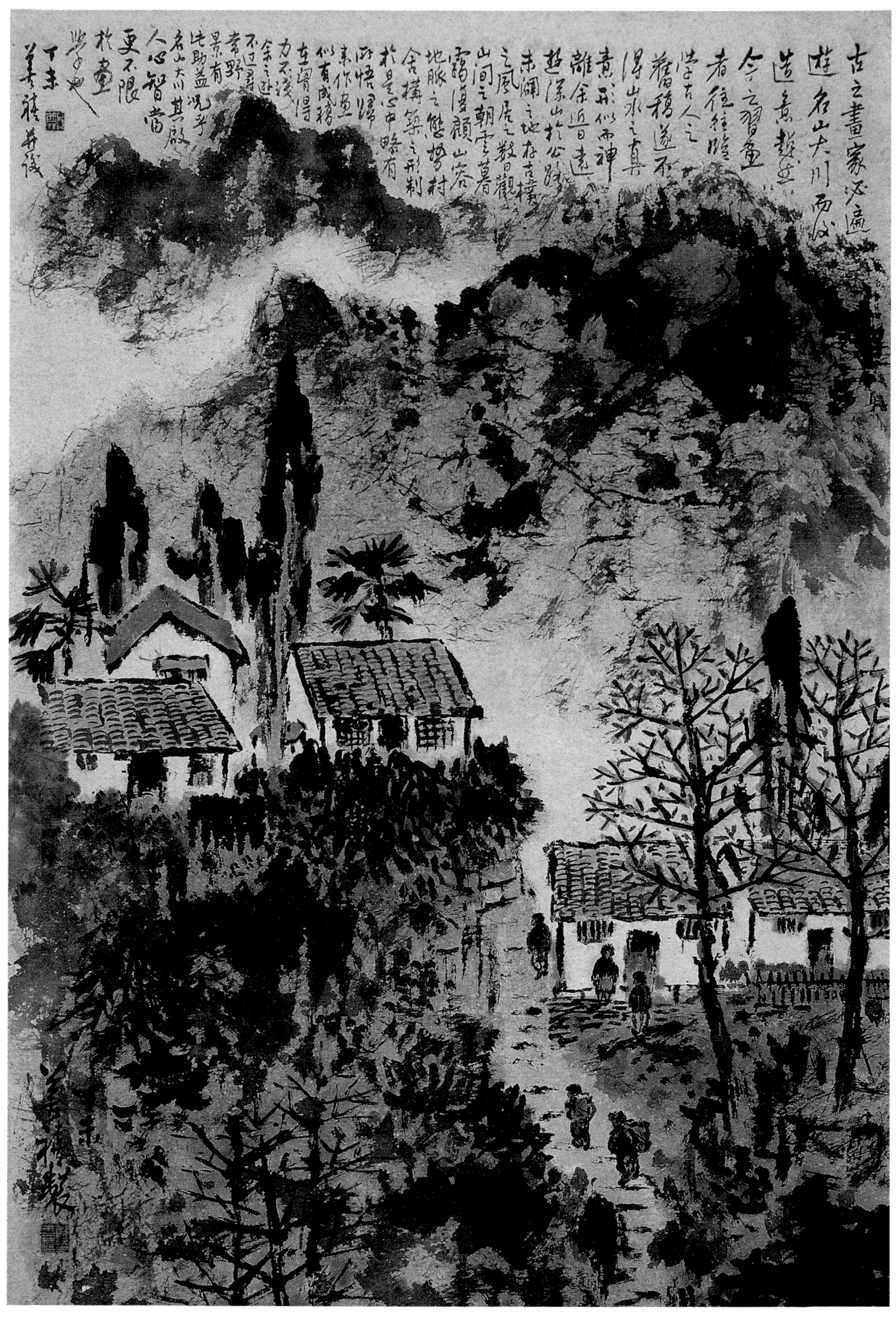

輔導教學，並在當地寫生作畫。

〈旭日東埔〉（1967），畫家題跋說明了他的創作過程：「古之畫家必遍遊名山大川而後造意超然。今之習畫者往往臨學古人之舊稿，遂不得山水之眞意，形似而神離，余近日遠遊深山於公路未闢之地，存古之風，居之數日，觀山間之朝雲暮靄，復顧山容地脈之態勢，村舍構築之形制，於是心中略有所悟，歸來作畫，似有成稿在胸，得力不淺。余之遊，不過尋常野景，有此助益，況乎名山大川其啓人心智當更不限於畫學也。」他雖然翻山越嶺，險象環生，新的構思，新的造形，就從他與大自然的親炙中誕生。當他努力經營自家山水時，同時也是六〇年代台灣抽象水墨盛行的時代，他不免也玩玩抽象畫，〈懸流〉（1964）看似抽象畫的點、線、面構成，其實是畫山水瀑布，似抽象又不太抽象，是抽象化的山水畫。畫完後他總覺得抽象畫始終不合自己的脾胃，他仍舊要就地取材，留下自己眞實的感受比較實際。他再度從自然中發現新的美感，他的筆調變得濃重，結構也結實，充滿靜謐的鄉土氣息。他畫水彩也同時畫水墨，而他畫水墨畫得如瘋如魔，常常把畫紙釘在門板上，他不怕畫壞，畫了再改，改了又畫，他畫得入木三分，門板烏黑發亮。他懂畫畫，也懂得燒畫，更有心情看一縷縷輕煙直上，色澤由淡而濃，終至飛灰湮滅。他那豪勁的大筆觸，胡塗亂抹的筆法，既不太舊又不太新，他汲取自然再參以己意，所畫出的山水竟被稱爲「台灣山」。

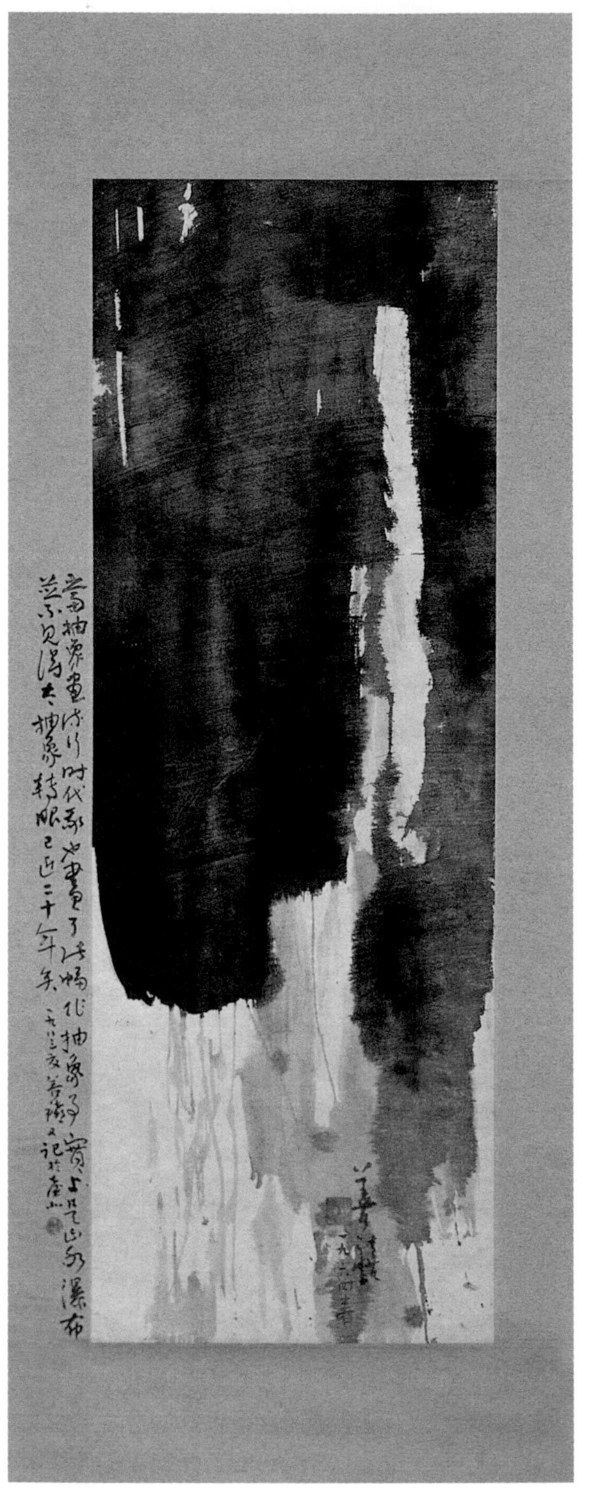

鄭善禧
懸流
1964年
彩墨
78×27cm

的確，台灣山不同於大陸山，台灣山渾圓不峻，終年草木蒼鬱，山路上沒有持杖過橋穿道袍的高士，而是腳踏實地，草根味十足的台灣農夫。他賦以作品眞實感、貼進感與親切感，因而在全省台灣美展及全省教員美展中多次奪魁。他的畫風在當時威權保守的水墨藝壇是異軍突起的少見面目，他已逐步往「中國水墨在地化」的探索路上邁進。

一九六九年鄭善禧在省立博物館首次舉行個展，展出近百幅作品，之後便赴紐約參加國際兒童美術教育會議，一週會期結束了，他並沒有回國，沒有家累的他竟然在美國待下來，他到處遊美術館看展覽，甚且在一家工廠畫裝飾畫，裝飾畫是裝潢建築內部用的圖畫，顏色須配合室內的色彩，也須注意到四季不同的色調變化，鄭善禧常把公司提供的雜誌圖片，依己意再改造，以壓克力顏料製作裝飾畫。有時他也要耍中國的毛筆技巧，有時更用掃把大力揮掃，在這段當「畫工」的一年多日子裡，他對色彩的運用大有心得。偶爾也在廖修平的帶領下到第十七版畫工作中心，做絹印，日子過得充實而愉快。

正當鄭善禧沉浸在美國各地的博物館，努力汲取東、西方的經典藝術時，七○年代的台灣卻在風雨飄搖中，一九七○年的退出聯合國，翌年的中日斷交，一連串時空情境的大逆轉，人心激盪。而鄭善禧也正面臨回國的兩難，他想起朋友翟先生曾講過阿拉伯馬要是離了生長之地，就英雄無用武之地的故事，美國即使再好、再安定，終究不是自己的土地，他當下開悟，旋即束裝返國。出遊美國兩年最大的意義，是讓他更了解文化的差異，站在異國的觀點上，他對中國繪畫的現代化更深具信心，也更深入思索國內的水墨畫生態。「四十而不惑」，回國後鄭善禧終於破除對婚姻的迷惘，決定與羅昆芳女士結婚，他的人生從此邁入新的境界。

在台中師專任教十八年，他努力學習八大的花鳥畫，也對齊白石結合民間藝術與文人畫的獨特畫風，體會更多，更從留日畫家林之助老師處了解東洋畫色彩的多元多樣，加上他在美國對現代藝術大師馬諦斯、畢卡索的體會，使他逐漸發展出濃墨重彩的繪畫，這也就是他所說的「旅居美國兩年期間，最大的收獲不是了解美國，而是對中國的體會更深入。」他甚至發現中國人一直

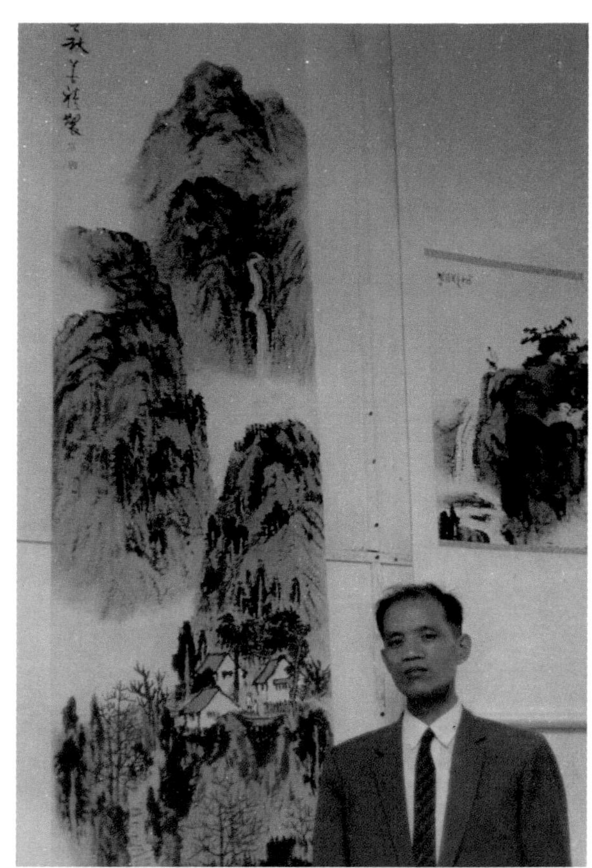

1969年鄭善禧第一次個展於台灣省立博物館（上圖）

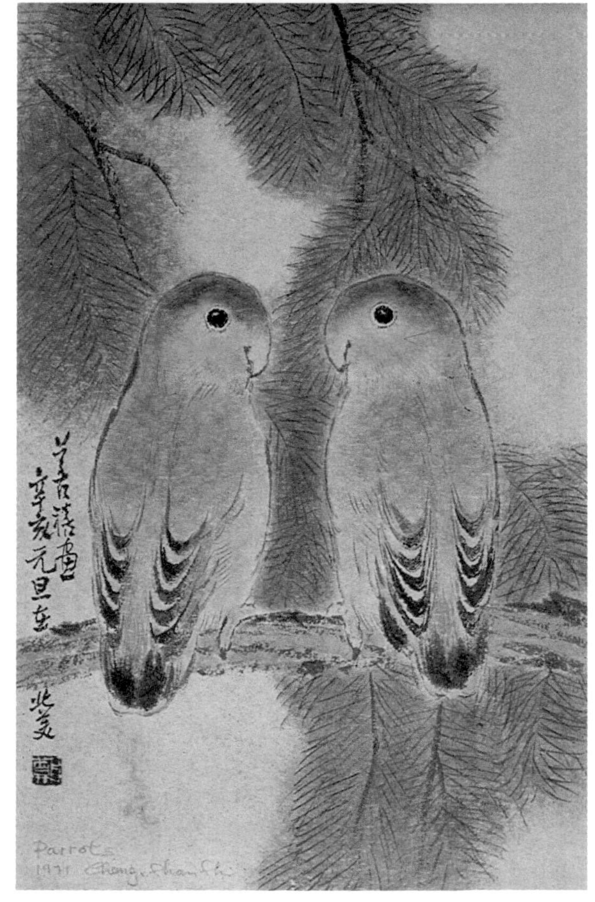

鄭善禧以一幅在美國所畫的〈心聲〉（1971年），寄給在台灣的女友，表明心聲。彩墨（下圖）

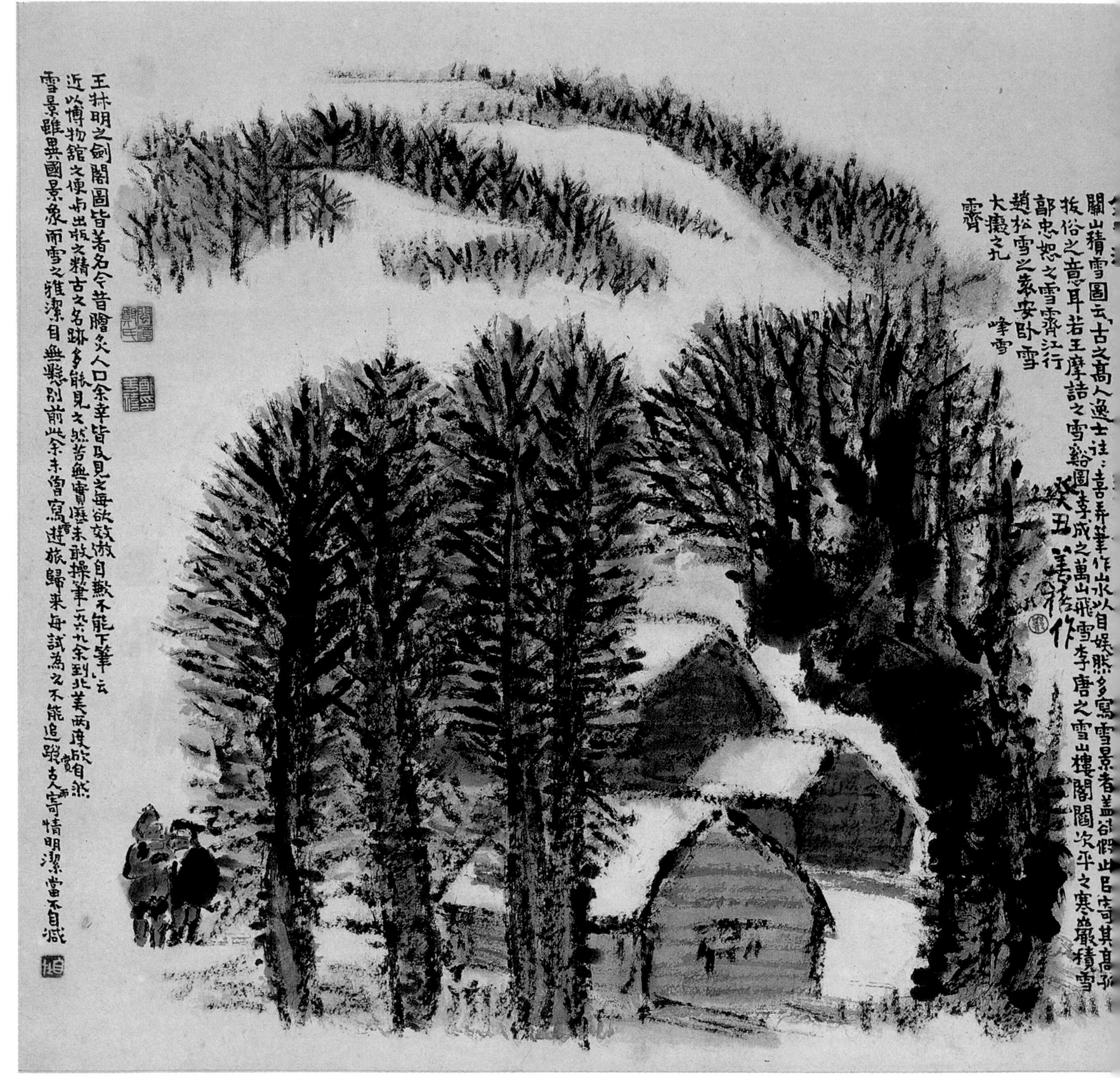

鄭善禧
寒林積雪
1973年
彩墨
60×60cm

講究丹青繪畫，現在是色彩的世界，他主張中國畫應該回復丹青，而不單只是水墨而已，他畫下他前所未見的視覺震撼，就是他第一次看到的雪景，第一次看到滿山江遍的秋景，第一次看到異國的奇珍異獸，他用色鮮麗明亮，著實令人一新耳目。鄭善禧認為洞庭秋月，瀟湘夜雨是水墨，陽明山花季，媽祖巡境是繁彩華麗，中國畫可因應情況需要而改變，不一定要僅守著水墨。

七〇年代初期，雖然外交上國際逆流不斷襲來，又遭受經濟風暴，有人移民出走，也有人落地扎根，在動亂不安的時刻，一九七四年政府在蕭條中，轟轟烈烈地推動十大建設的公共投資，帶動經濟起飛，穩定國內政經情勢，政府與民衆同舟一命，患難與共。一九七五年高棉、越南相繼淪陷，中南半島的歷史悲劇，也危及亞洲局勢，國人又逢蔣中正總統去世，國家陷入深沉的悲慟中。

鄭善禧畫出〈慈湖陵寢〉(1976)，寫下「慈湖岸畔綠蔭濃，億萬人民憶蔣公，風雨漫天溪谷冷，蜿蜒佇候拜遺容。」的心境感懷。蔣中正時代雖然結束，全國民衆仍在自立自強中團結一致，大家要唱自己的歌，跳自己的舞，畫自己的畫，擺脫西方文化的邊陲，立足在安身立命的家園上。一九七六年洪通、朱銘從鄉土出發的展覽，被認爲是台灣鄉土思潮蓄勢待發的重要灘頭。

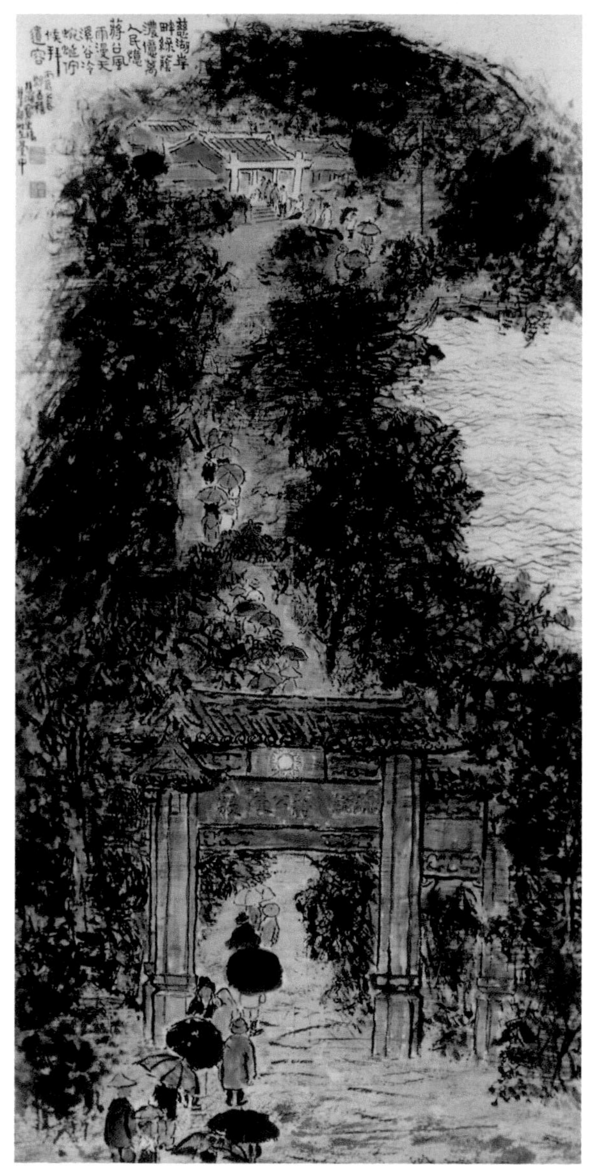

鄭善禧
慈湖陵寢
1976年
彩墨
135.5×69.5cm

(七) 任教師大，寫生、練字、作陶，修鍊為美術家

一九七七年鄭善禧回母校任教，他戲稱自己在師大教的是「光屁股」、「畜生」的課，他對學生要求嚴格，而且從不遲到，許多學生上他的「人體素描」及「畜獸寫生」，都上得又愛又怕。因爲「人體素描」他要求學生直接以水墨毛筆畫在國畫紙上，不但要抓住形體的量感，表現姿態，又要注意比例，處理遠近空間，捕捉神情，更要懂得運筆，表現書法線條的節奏、韻律及墨色的濃淡、乾潤變化。

而在動物園寫生，更不像一般遊客輕鬆地去郊遊一般，動物奔跳不定，畫面上很難捕捉，須先仔細觀察再下筆。他也舉溥心畬老師教他畫動物時的例子告訴學生：「鸚鵡叫時冠毛會張開，不叫時冠毛則合起來。」所以要了解動物的動態習性之後再畫出牠的姿態，在造型、用色及筆墨控制上，都非用心經營不可。而鄭善禧雖身爲老師，他也和同學同步學習，他的許多動物畫都是與學生在動物園現場寫生之後，再回畫室完成的。〈紫綬降福圖〉(1978)是以動物園兩隻倒掛的蝙蝠爲主角，再配以齊白石筆意的紫藤，傳統中另有一番新意。

學生雖也有圖稿可供臨摹，但那只是僅供參考，他要求學生「像我就不像我，不像我就像我。」要師老師之心而非師老師之跡。他更常鼓勵同學要「亂畫」，「畫得認眞要扣分，但不認眞沒分。」他要同學放膽去畫，才能從中找出表

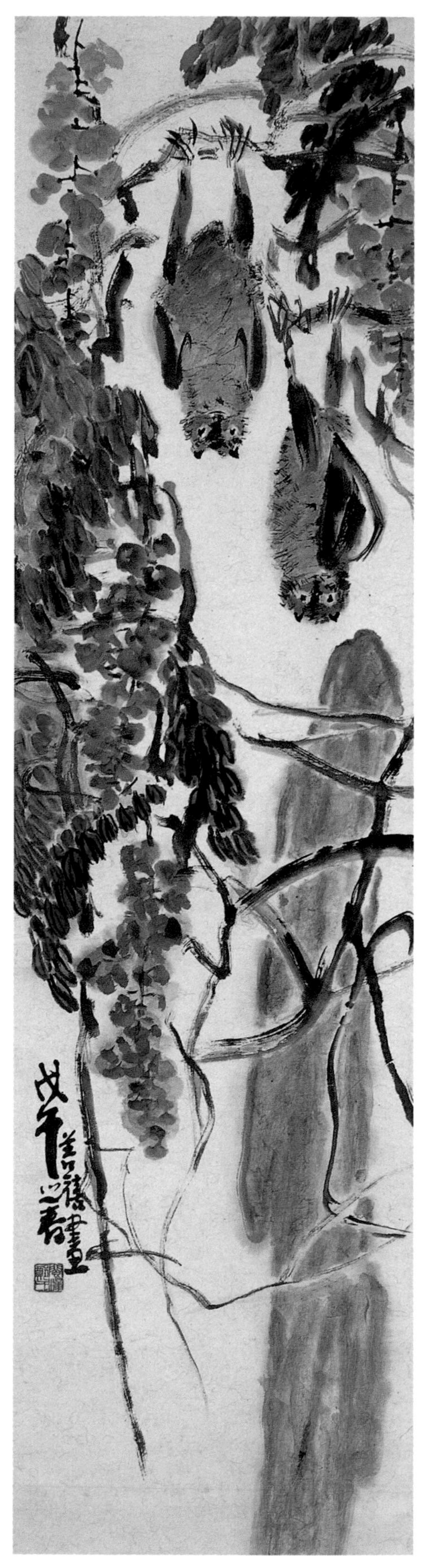

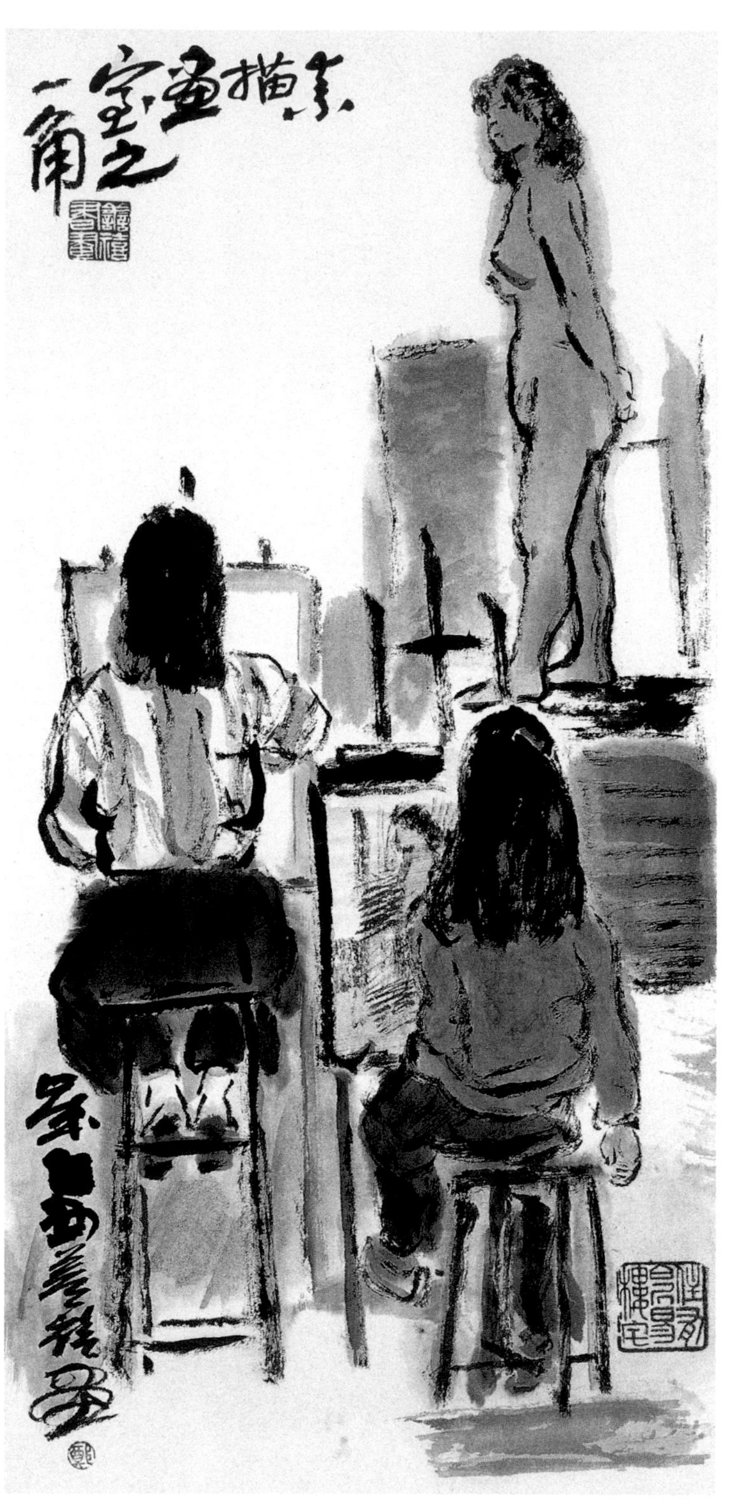

鄭善禧
紫綬降福圖
1978年
彩墨
133×34cm（左圖）

鄭善禧
素描教室一角
1985
彩墨
60.5×29.5cm（右圖）

鄭善禧
懸枝兩狐猴
1987年
彩墨
69.5×45.5cm
（右頁圖）

現方法，創意才會誕生。而他也常常在上課中隨手畫起〈素描教室一角〉(1985)，或在動物園寫生時畫牛、畫狐猴及各種動物的站姿、坐姿、臥姿、睡姿及玩耍的模樣，他笑稱自己一輩子在做學生，同學一期一期地畢業，而他一次又一次地留下來，他是眞正的「學不厭，教不倦」。

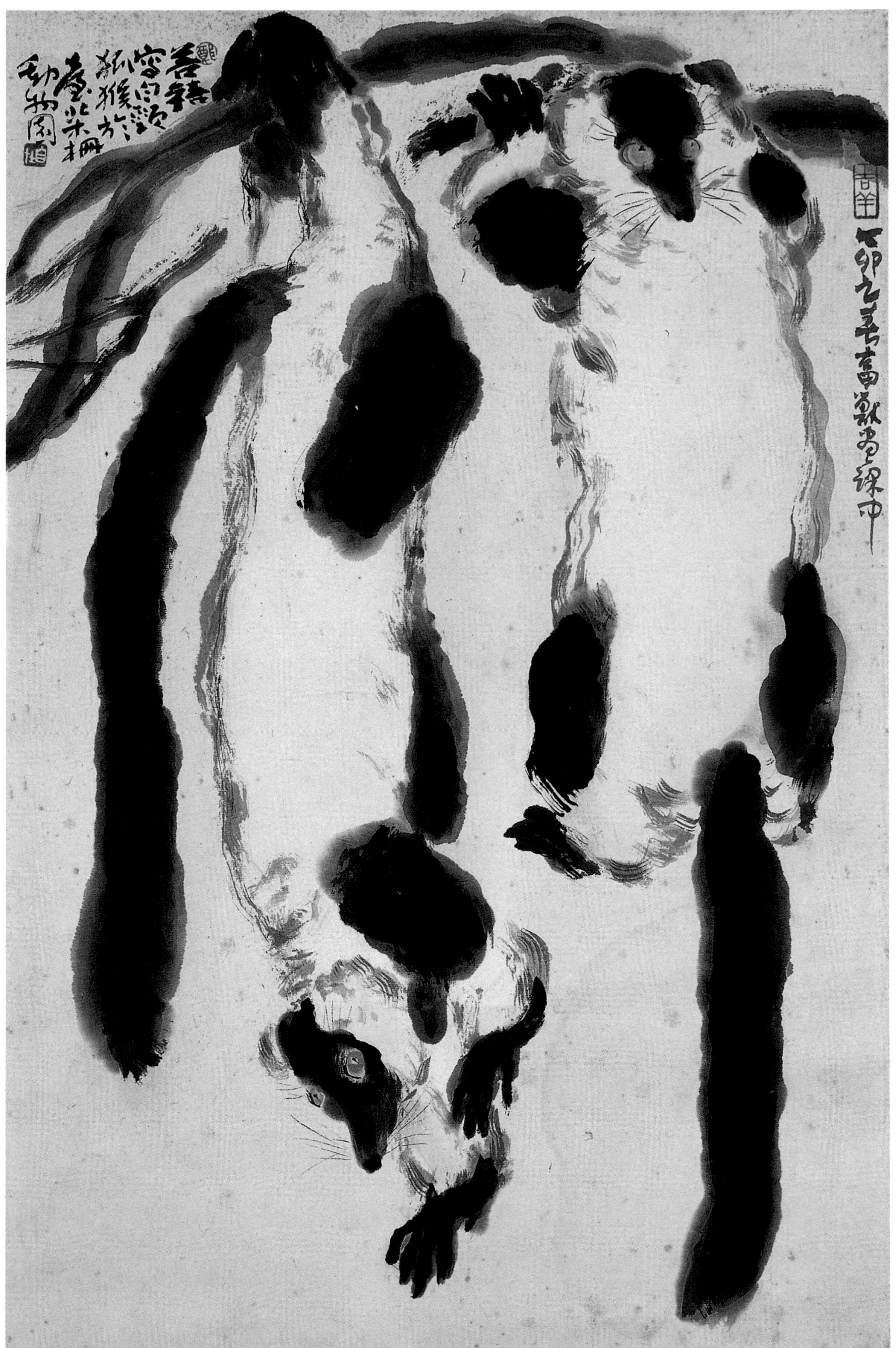

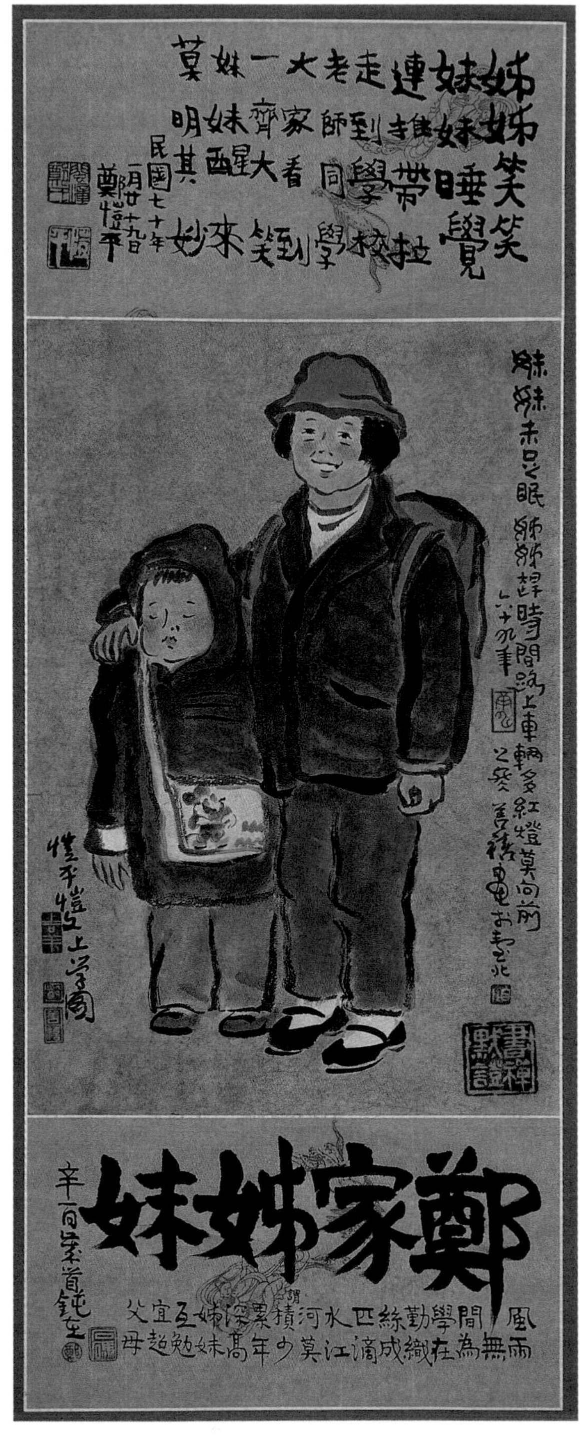

在家中他也教女兒畫畫，並以她們爲模特兒，記錄下她們學步、玩耍、上學、讀書的成長歷程，甚而連她們的熊、貓等玩具或布娃娃也成了他作畫的對象，所有他喜歡的民俗戲偶或家裡看得到的茶壺、杯子、便當、電話、摺扇、舊書，或水果盤上的荔枝、芒果、葡萄，他都信手拈來，趣味無窮。他的創作態度一向是抓緊「當下即是」的感受，毫不猶豫地揮灑出來。

鄭善禧回母校任教的那一年，正值鄉土文學論戰，西方／本土，現代／傳統的斷裂，成爲那一代作家、藝術家的切身關懷主題，也是本土思考紮根落土的年代。一九七八年當林懷民以「薪傳」舞出台灣的悲壯史詩時，正是中美斷交，民心士氣激昂，全國上下團結一心，社會菁英大結合，攜手共渡時代巨變。鄭善禧作爲一位教師、一位畫家，他只有更勤奮、更篤實地畫出台灣本土之美，象徵著台灣人苦拼實幹，「鞠躬盡瘁，死而後已」的牛，正成爲他最愛表現的題材。混合著閩粵、漳泉及諸省的節俗慶典，深藏著民族

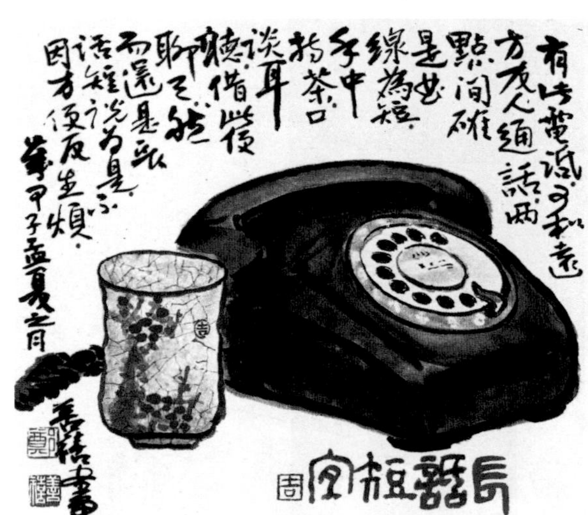

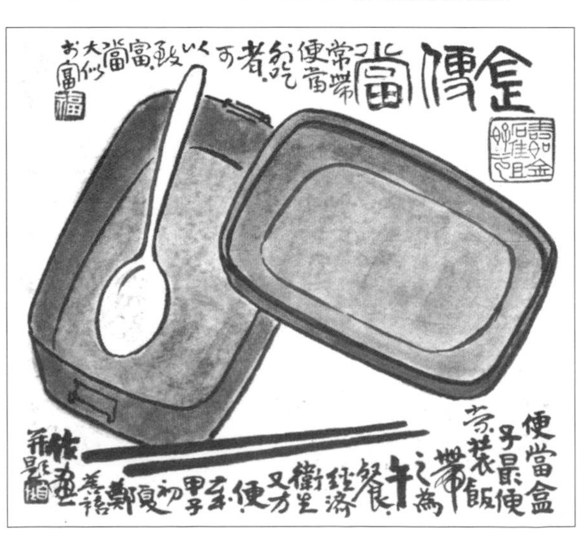

鄭善禧
姊妹上學圖
1981年
彩墨
80×31cm（左圖）

鄭善禧
長話短宜
1984年
彩墨
24×27cm（右上圖）

鄭善禧
金便當
1984年
水墨
27×24cm（右下圖）

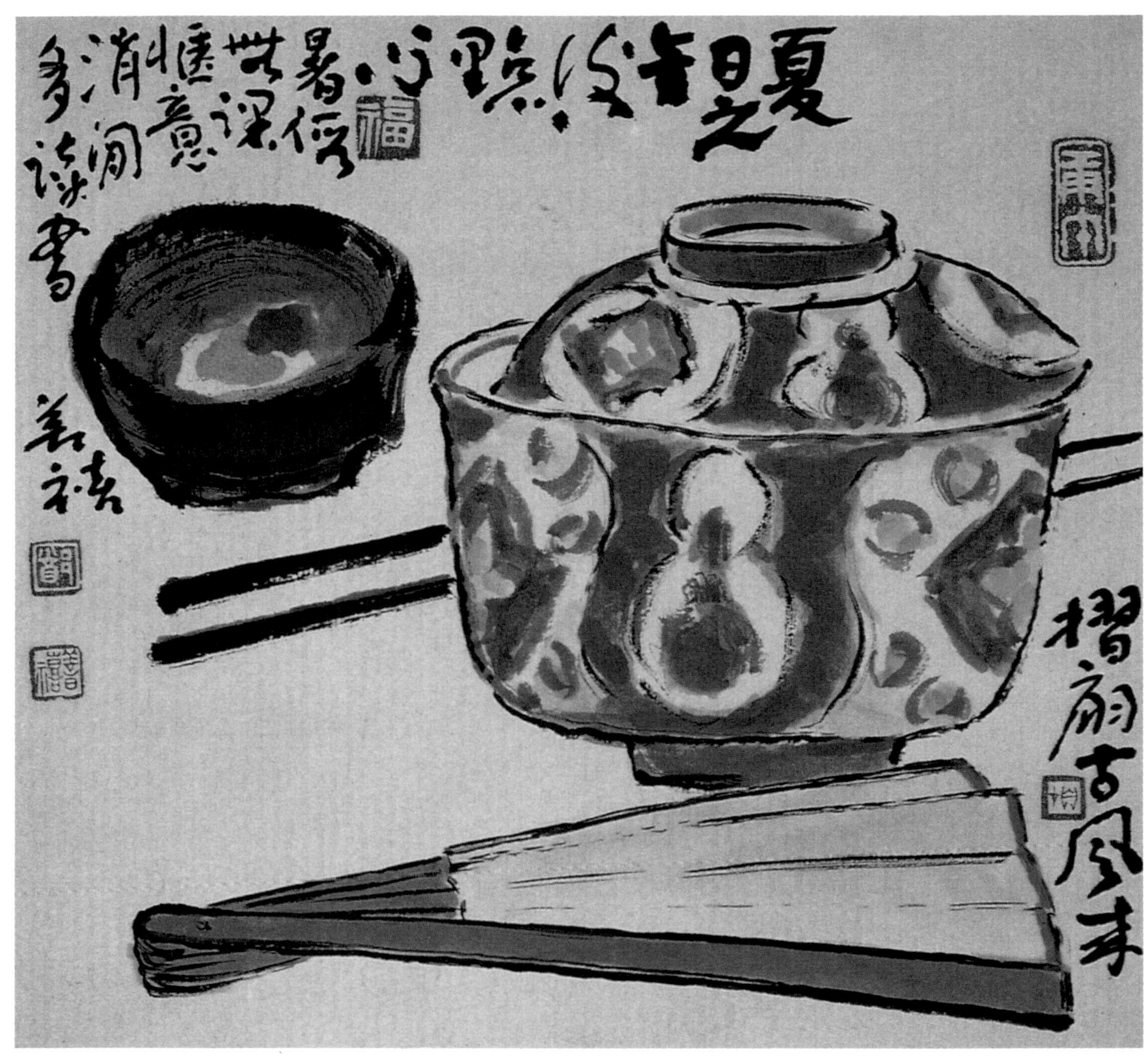

鄭善禧
夏日午後點心
1990年
彩墨
25×24cm

的共同記憶與情感，一九七〇年電視上的「雲州大儒俠」布袋戲，一開播便風靡全台，鄭善禧也從民間藝術中汲取靈感，畫出他本土風味濃厚的「布袋戲」(1979)，以作品反應時代情感。

八〇年代經濟飛躍，政治解嚴，報禁解除，論述多元，勃發的本土意識，帶動美術館時代的來臨及畫廊的大量出現，使藝術生態蓬勃而活絡。鄭善禧的創作形式也有了巨大的改變，除了水墨畫外，他更熱衷彩繪陶瓷。每星期至少畫一、二天，在器形、彩畫、胎釉三方面，大膽實驗。他深知歷史上的大畫家沒有不作陶瓷創作，如畢卡索、馬諦斯、米羅、夏卡爾都有陶瓷傳世。他也在圓盤、圓瓶、圓碗或方瓶或各種造型的器形上繪製。

畫陶瓷與畫水墨不同，陶瓷可以在上面層層加疊色彩，若燒出來不滿意還可以補彩重燒，甚至燒得面目全非，成爲釉彩交融的抽象畫，可玩性、可變性極高。玩性不減的鄭善禧，從小就愛捏塑泥巴，如今童心未泯，玩出名堂，他的彩瓷畫，面目之豐富，數量之多，當今無人出其右。因爲他是「全世界學透透」，古今中外的作品，在他手中都變成「名畫變奏曲」，有如畢卡索畫馬奈的〈草地上的午餐〉或畫維拉斯蓋茲的〈侍女〉一般，畢卡索以立體派的構圖，安排光線、

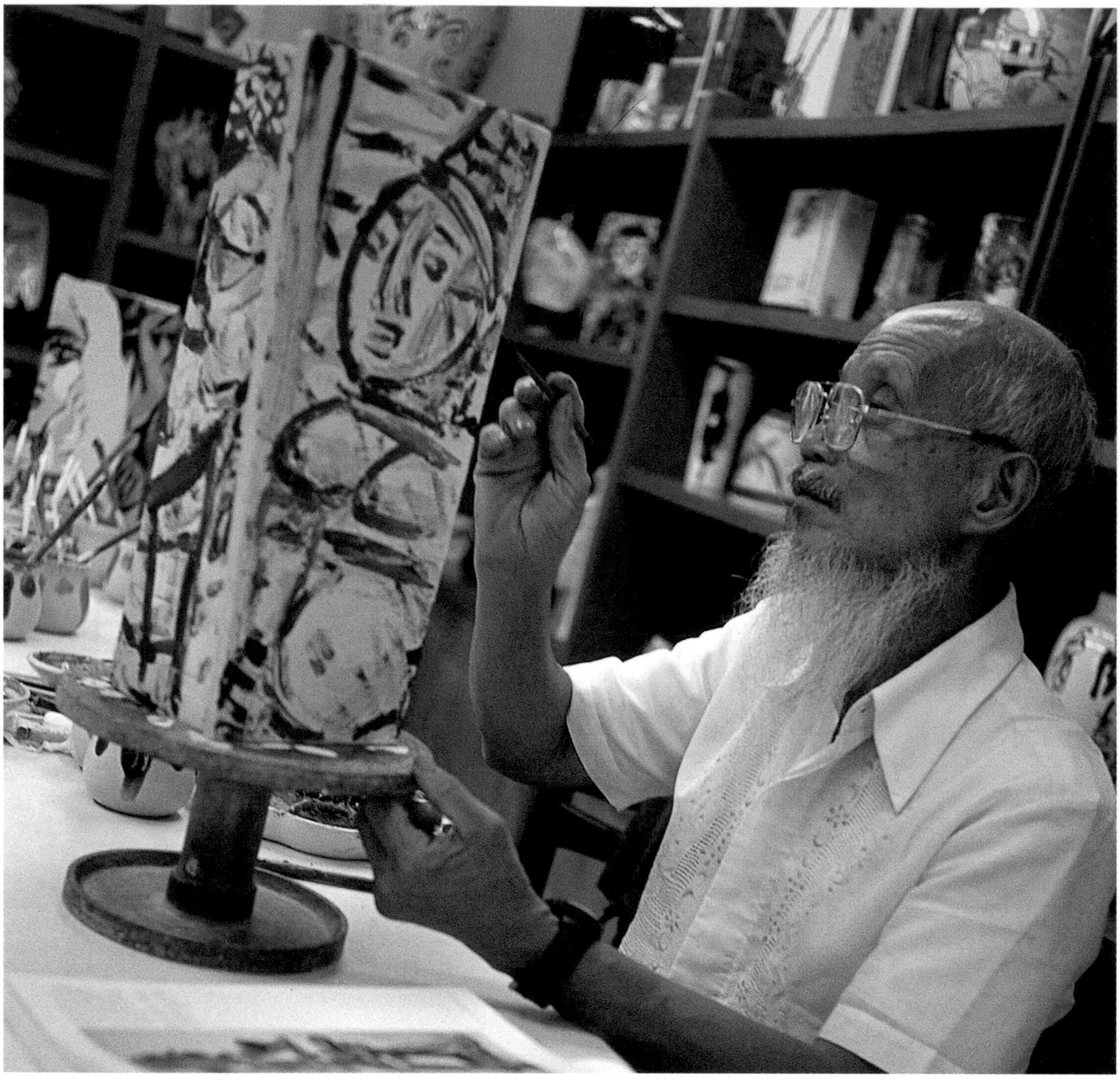

鄭善禧在瓷揚窯繪製彩瓷　2002年
鄭惠美攝（上圖）

鄭善禧
女性佳侶方曲瓶
1999年
陶瓷彩繪
15.5×11×40.5cm
瓷揚窯提供（下圖）

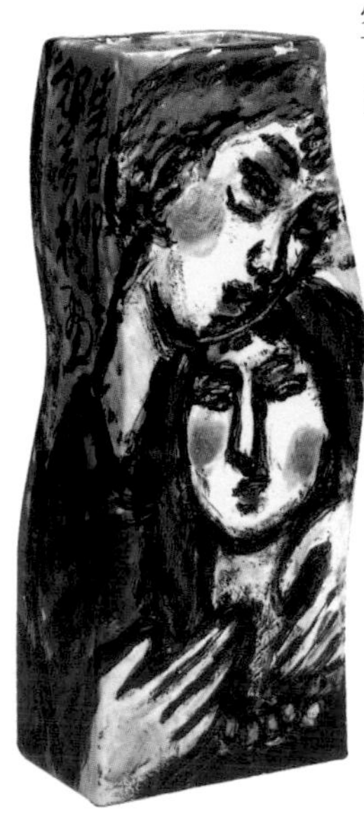

空間、色彩，重新繪製名畫，以現代的造型賦予名畫新的時代生命力。鄭善禧也以自己素樸、拙味的筆法，移寫名畫。

他的彩瓷畫不管是臨摹或變奏或自運，不論是書寫、鐫刻或彩繪，他的筆法比在平面作品上作畫更趨大膽、奔放，在浴火之後，自成天趣。由於彩瓷比紙、絹壽命更長，材質是土，感覺溫馨，小小的尺幅，既要有設計性又要有裝飾性，什麼器形、器物都可入畫，令他玩味無窮，終生不膩。畫了二十多年的彩瓷，由早期的生澀到如今的渾然天成，他自謂是「沒有風格的風格，不務正業成正業」，正是他工匠精神的體現。

八○年代的台灣富裕多元，資訊工業蓬勃發展，經濟的快速成長，使消費走向精緻化，國人出國旅遊風氣盛行。鄭善禧五十歲以後的壯遊，有時與畫家朋友或學校教授共同出遊，包括印

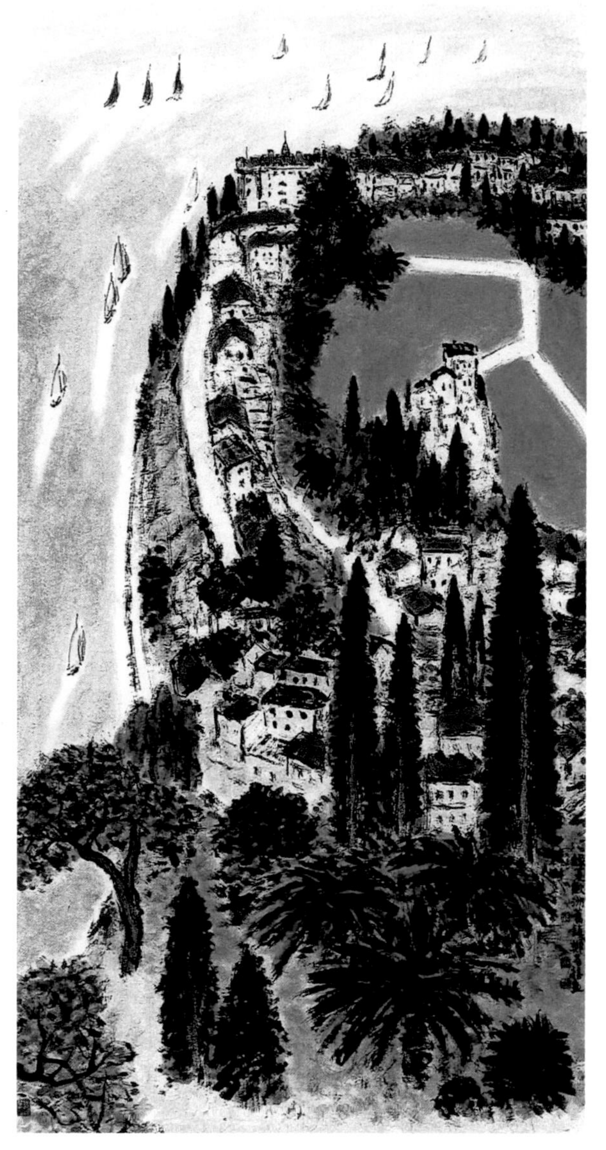

度、尼泊爾、沙烏地阿拉伯、中國的新疆、敦煌、三峽及歐洲的巴黎、倫敦等等多次的旅遊、寫生。飛越千山萬水，讀萬卷書，行萬里路，不同國度的文化，就像一本堂皇的巨著，值得品味再三。美麗斑駁的古城，摩登閃亮的花都，一一召喚著他，鄭善禧更愛神祕的風采，享受失落文明的滄涼美。豐富的行腳經驗，讓他在心靈及感官上產生新的激盪與思維，他的創作由對景寫生到運思造境，由模仿自然到妙造自然，如今畫的是醞釀於胸中丘壑的心景，他隨性而畫，任乎自然，悠然自在。

當台灣的外匯存底不斷升高，貿易能力不斷增強，台灣燃燒出經濟奇蹟，成為富裕社會的同時，我們的翠綠山脈是否仍亙古不變？我們胼手砥足富有生命力的台灣人，是否已經迷失在投機炒作，物慾橫流的金錢社會中？而此時鄭善禧六十歲（1991）自師大退休，晚年他選擇在林口過著清儉、自在的生活，就像他愛看的漢簡，愛

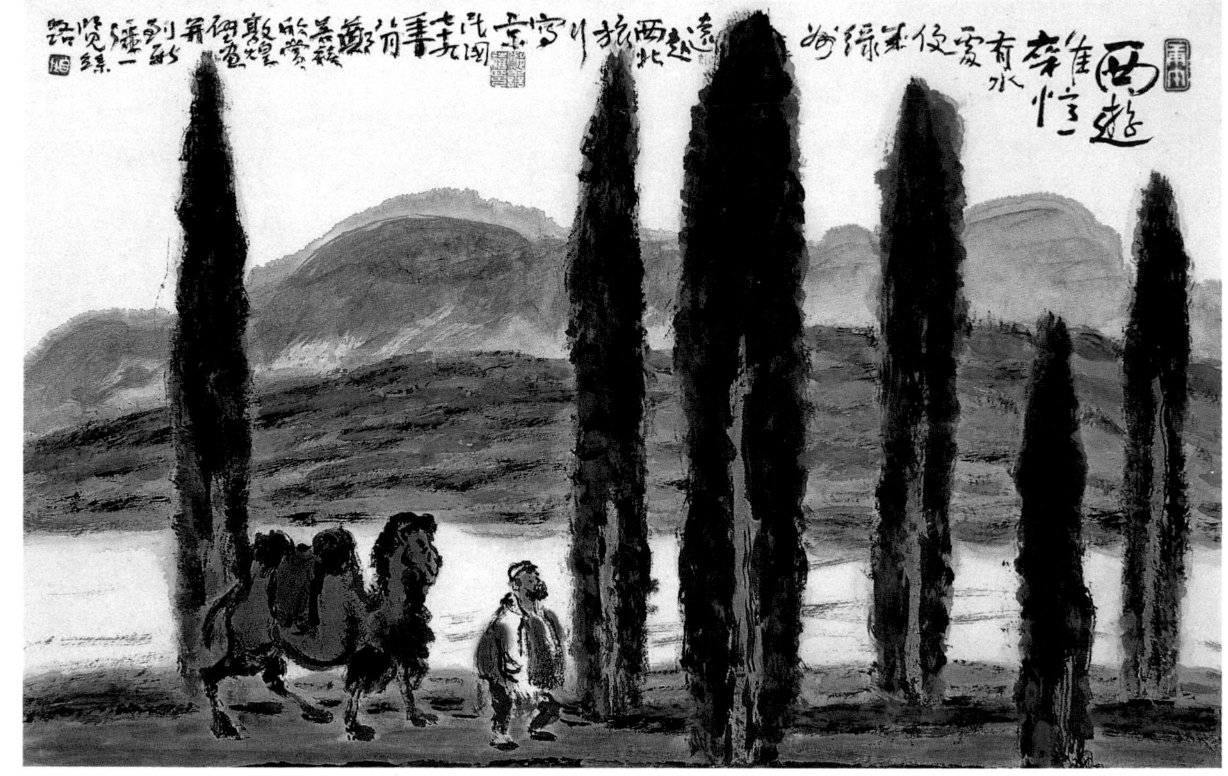

鄭善禧
綠夏歐洲舊鎮
1993年
彩墨
136×70cm（上圖）

鄭善禧
西遊雜憶
1990年
彩墨
68.5×45cm（下圖）

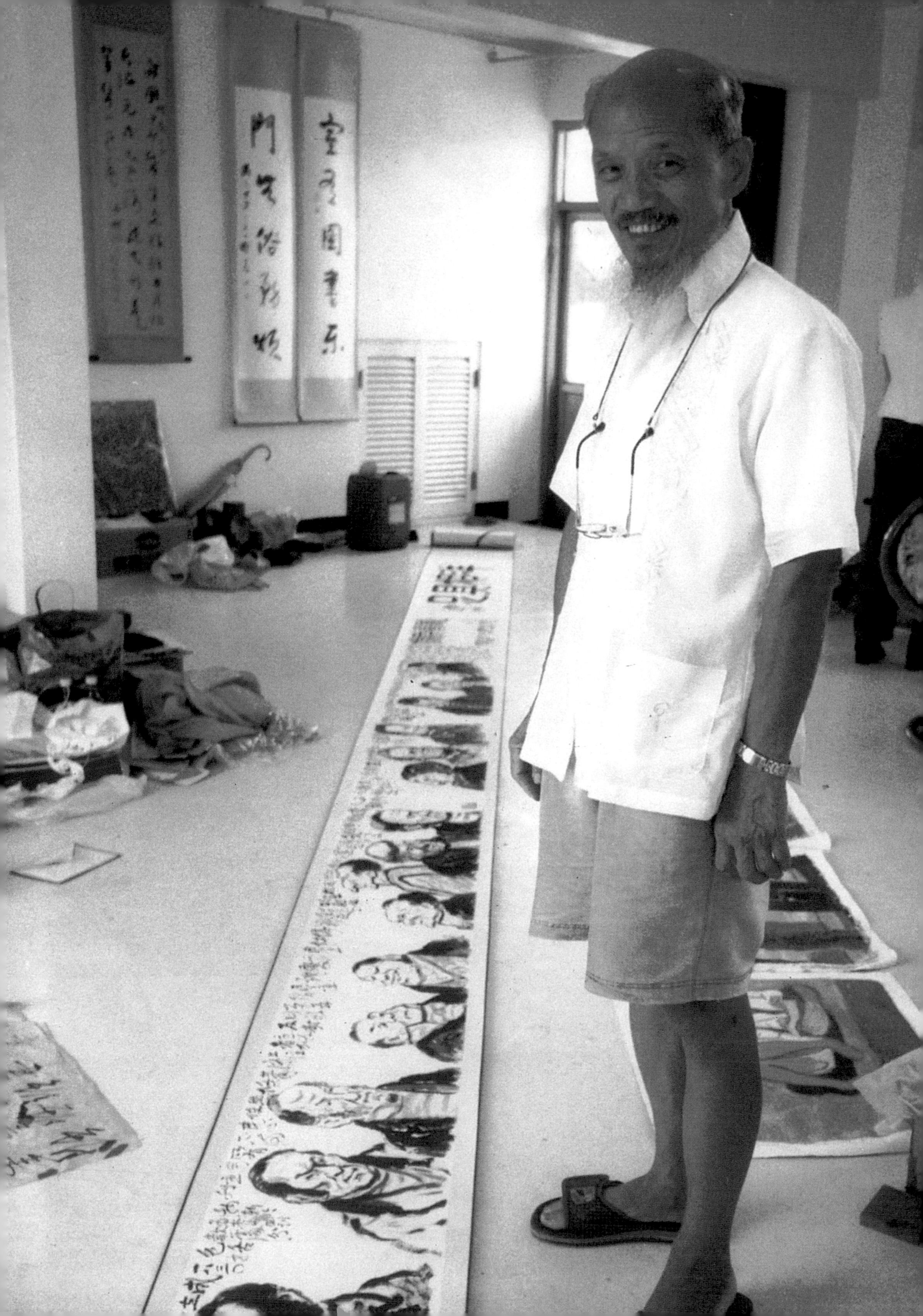

- 鄭善禧在謙軒農舍畫室 1997年 何政廣攝（左頁圖）
- 鄭善禧的畫桌 2002年 鄭惠美攝（上圖）
- 鄭善禧攝於台北個人畫室 約1985年 李銘盛攝（下圖）

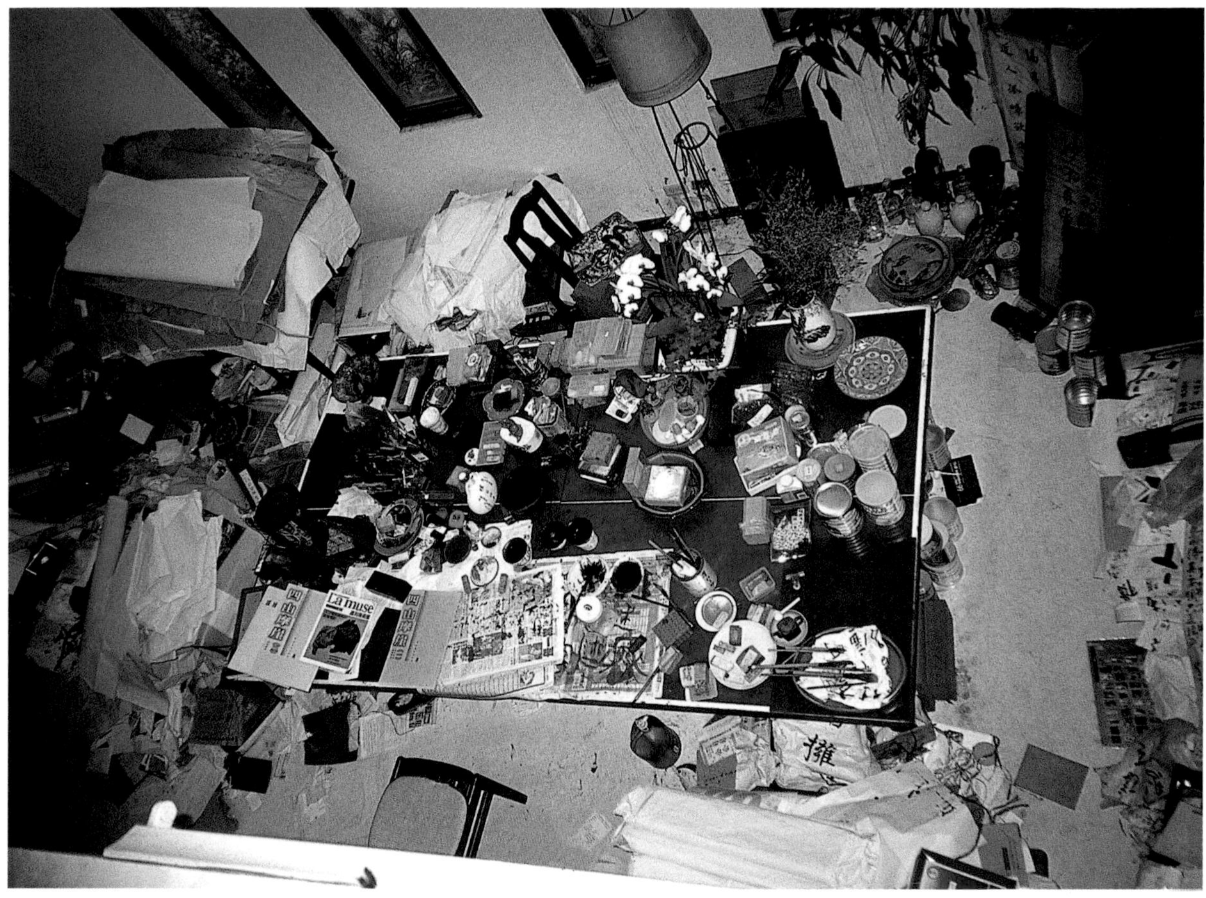

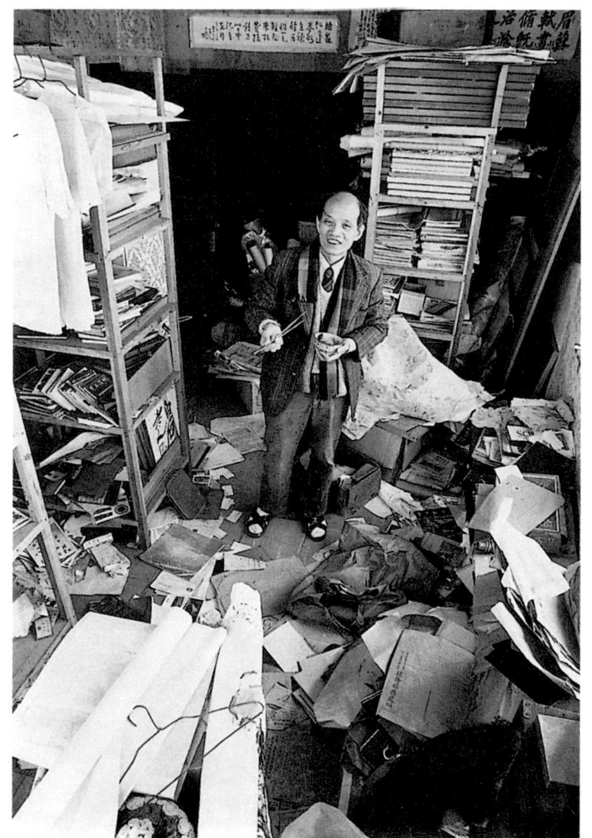

寫的開通褒斜道碑，素樸而不花俏。他清靜的小樓，亂而不亂，後庭有月，小樓無人，自己燒飯煮茶，評書論畫，隨興寫字，怡然自得。「室有讀書樂，門無俗物煩。」歷來美麗的光環，逐漸落實在生命主體的歸宿。對於身後之事，他早已了然，逝於山則骨灰播於山坡曠野，隨風散去；逝於水，則骨灰投於水中漂流，波揚四海。(註4)

註1：11月28日訪談鄭老師，2002年。

註2：訪談當年台南師範專科學校同班同學郭源下，2002年8月31日。

註3：訪談當年師大藝術專修科同班同學戚維義，2002年8月31日。

註4：鄭善禧對身後的看法，在2002年8月3日及8月7日多次的訪談中，時常聽他提起。

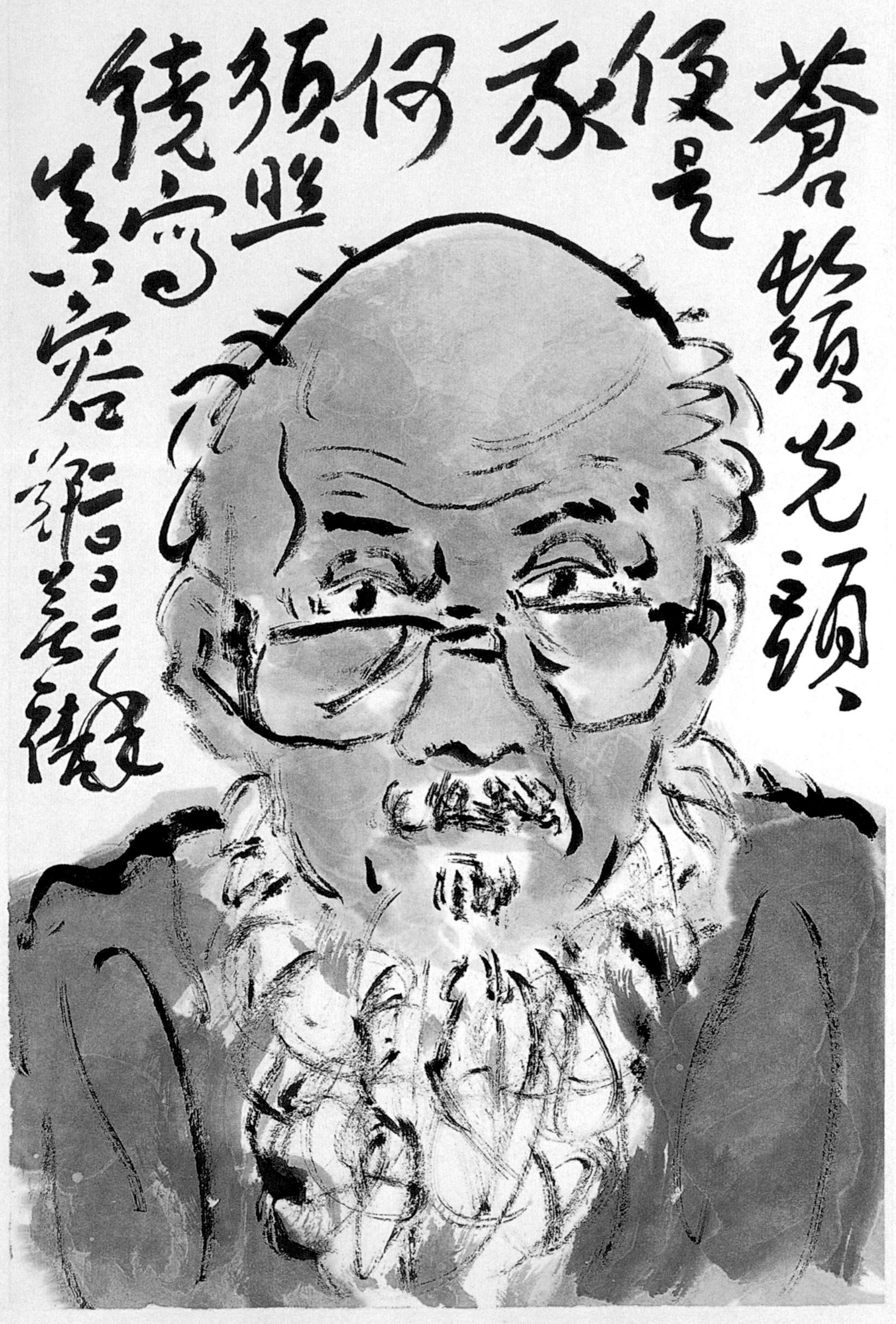

十年之後看此像的比現在更相像
善禧又識

鄭善禧自畫像
2002年
彩墨

二 鄭善禧的藝術歷程與風格演變

(一)藝術蒙養期(1950年前)

1.工匠畫：一九五〇年鄭善禧考入台南師範專科學校，從此邁開藝術的步履，其實在來台之前，他對藝術的喜好早已萌芽，就在他仍是孩童的時代，他已經開始上美術課了，只要鑼鼓一響，他就往廟裡跑。

「能看到廟會的熱鬧，站在露天下欣賞野台戲就很好。道士的建醮拜燈禮斗，和尚做佛事超渡亡魂，各種古老宗教儀式，都置有神壇，桌子架得很高，上面懸掛圖像，幡幢桌圍都繡有美麗的花紋，眞有可觀。之外，我還喜歡看石工木匠雕刻，泥水匠在屋脊貼嵌磁，看大師傅造神像，看糊紙匠紮彩樓糊大厝，看畫工畫壁畫漆門神，看繡花舖女工繡花樣。」(註5) 活生生的民俗藝術，質樸剛健，造型誇張，色彩艷麗，裝飾性強，是他最早的藝術啓蒙教育，廟宇神殿成爲他的藝術啓蒙學校。

他日後最崇拜由民間的雕木細工出身的匠師齊白石，可說來自他孩童時代對畫工、匠師的崇敬之情的昇華。他甚至認爲工匠畫才是他創作的源頭。

2.漫畫：小學時期鄭善禧就愛看連環圖畫，也喜歡收集香煙圖片，包括封神榜、水滸傳、三國演義、紅樓夢的人物圖片。他更愛看當時流行的豐子愷漫畫，豐子愷活潑生動又具幽默感的漫畫，簡潔而洗鍊，很吸引他，豐子愷的漫畫有學生漫畫(1931)、兒童漫畫(1932)、兒童生活漫畫(1932)。「我小學時做壁報就抄豐子愷的漫畫，因爲他的畫比較簡單。」(註6) 一向熱愛孩童的豐子愷，把孩童看成與神明、星辰、藝術同等地位，在他的隨筆、漫畫中，處處頌揚兒童，並以此諷刺成人社會的惡劣。(註7) 日後鄭善禧選擇以簡潔易懂的白話文學爲創作方向與題畫，與幼時就喜愛豐子愷的漫畫，受其薰陶，有著時空遙接的關係。

3.課子圖：一張課子圖，是畫師畫五、六歲的鄭善禧，隨侍在父親身旁，讀書求教的情景。這是他幼時所看到最難忘的現場作畫經驗，更令他新奇的是畫師五顏六色的顏料，從此鄭善禧開始展開牆上塗鴉，舉凡他平日在廟宇所看到的民間宗教的神祇，他都一一畫過，繼之則用帳簿抄寫芥子園畫譜，又在父親的教導下，臨寫他的楷書，一幅活生生的父教子的課子圖，成爲日後他創作的原動力。如今七十歲的鄭善禧寫書法更勤於繪畫，至今他仍保有他以勾描的方式所保留下來的他父親的書法。

4.織布、染布、賣布：鄭善禧初中畢業後爲了謀生，曾學過手工織布及漂染的技術，又賣花布，他所賣的深紅淺紅交錯的桃花格紋布，最受市場歡迎。鄭善禧他日後的繪畫，喜歡塗紅抹綠，大膽使用艷麗色彩，或許早在青少年時期他的織布、染布、賣布的經驗中可看出端倪。

5.逃難：鄭善禧讀小學時，正是抗戰時期，從小躲警報。而間關來台的逃難經驗，夜宿荒煙蔓草堆，爲了取暖還與豬同眠，一路掩逃，由福建而廣東、香港、台灣，一路看山、看河、看古墓、看烽火台，一村又一村，新奇又緊張的天涯行旅，逐漸沉澱成爲難得的美感經驗。「進入師大就讀，期考時藝術概論課虞君質老師要我們寫篇美感經驗談，我就把逃難時的所見所聞寫出來，對我而言，逃難確實讓我體會了前所未有的美感經驗。」(註8) 鄭善禧在逃離、流放的歷史經驗中，發現了荒郊野外的繽紛意象，豐富了他的視覺感官經驗，積澱了豐盛的創作泉源。

鄭善禧一九五〇年來台之前，對家鄉童年時代色彩繽紛的鄉野民間藝術的滿腔熱情，及對豐子愷漫畫的愛不釋手，甚而初中畢業後的賣布歲月與來台時的顛沛流離，都匯成他混合鄉愁的離散經驗，在往後他的創作中不斷發酵。然而童年及青少年時期的他，並無做畫家的想法，他的成爲畫家，是來台後困於生計，操危慮患的他在「飢餓的驅策」下，無所不能學，無所不想學，逼得他學得一技之長，苟居於亂世，無心栽柳，順勢而發。

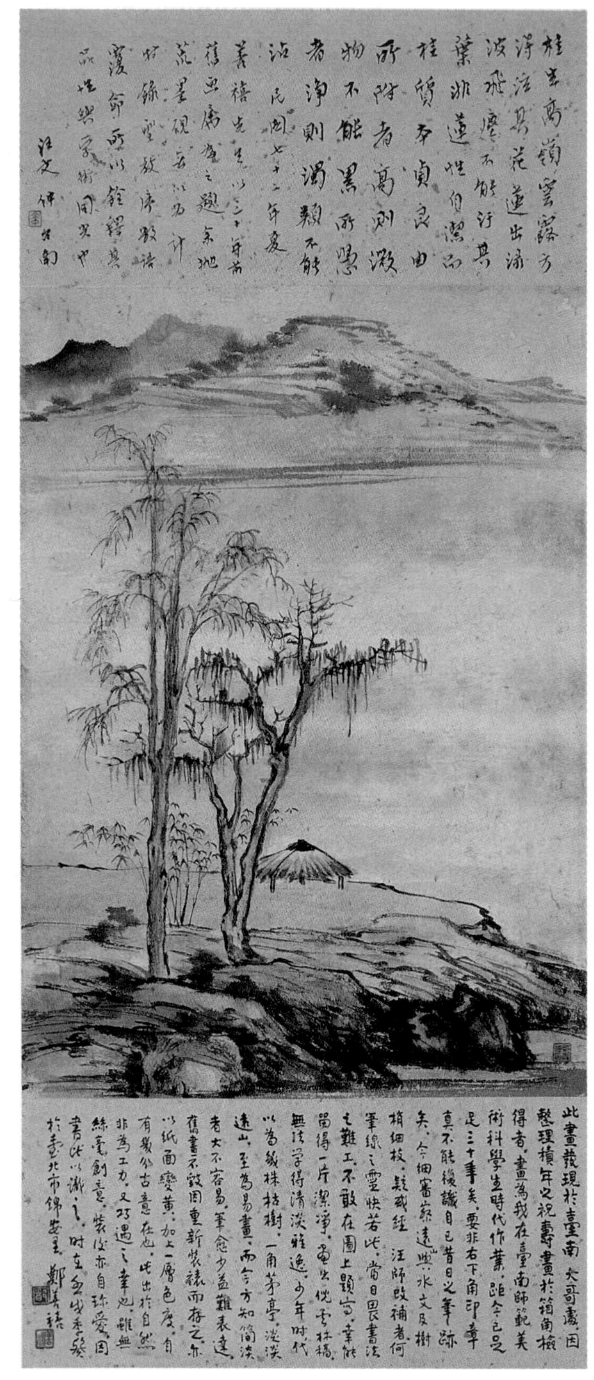

鄭善禧
茅亭遠岫
1952年
彩墨
52×38cm

鄭善禧
破舊的五妃廟
1953年
水彩
25.5×35cm
（右頁上圖）

鄭善禧
赤嵌樓夕照
1953年
水彩
31.5×43cm
（右頁下圖）

（二）藝術奠基期（1950～1960年）

這段時期從一九五〇年鄭善禧來台考入台南師範專科學校藝術科開始，到再進入台灣師範大學藝術系畢業爲止的師範教育學生生涯。

在台南師範學校的鄭善禧困學勉行，他到處寫生，無處不入畫，無物不可畫，紮下寫實根基，甚至爲體育科主任，繪製體育圖解，更加磨練他對人體結構的寫實能力。而他在國畫方面的臨摹作品很少，〈茅亭遠岫〉（1952）是僅存的臨摹元代倪瓚的山水，他以渴筆淡墨皴擦，橫向線條的折帶皴使山石呈現冷峻堅實感，畫面空茫孤寂，是否映顯出他離鄉的愁緒？而水彩畫倒是有三張，例如〈破舊的五妃廟〉（1953）、〈赤嵌樓夕照〉（1953）、〈碧潭煙雨〉（1953），可

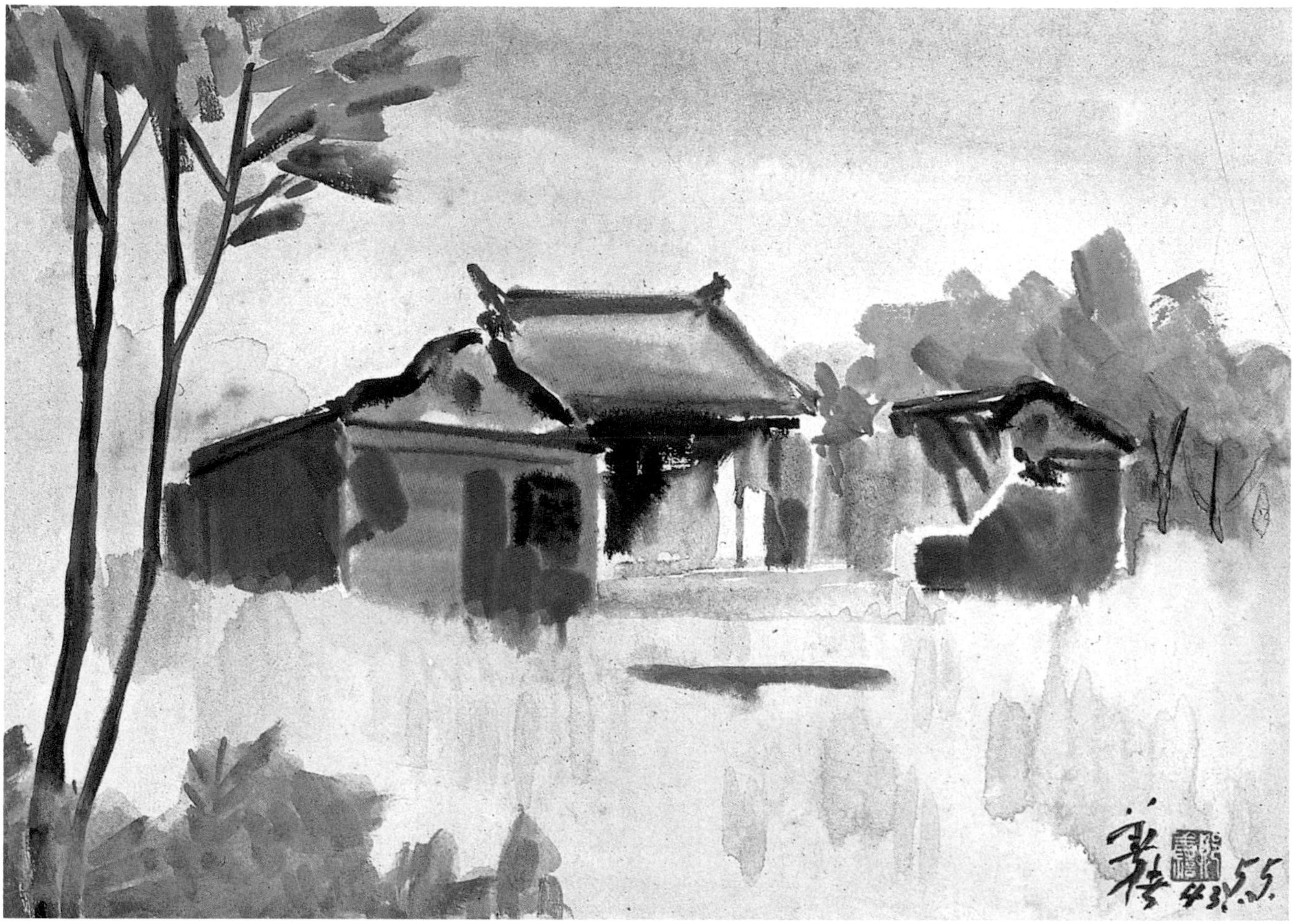

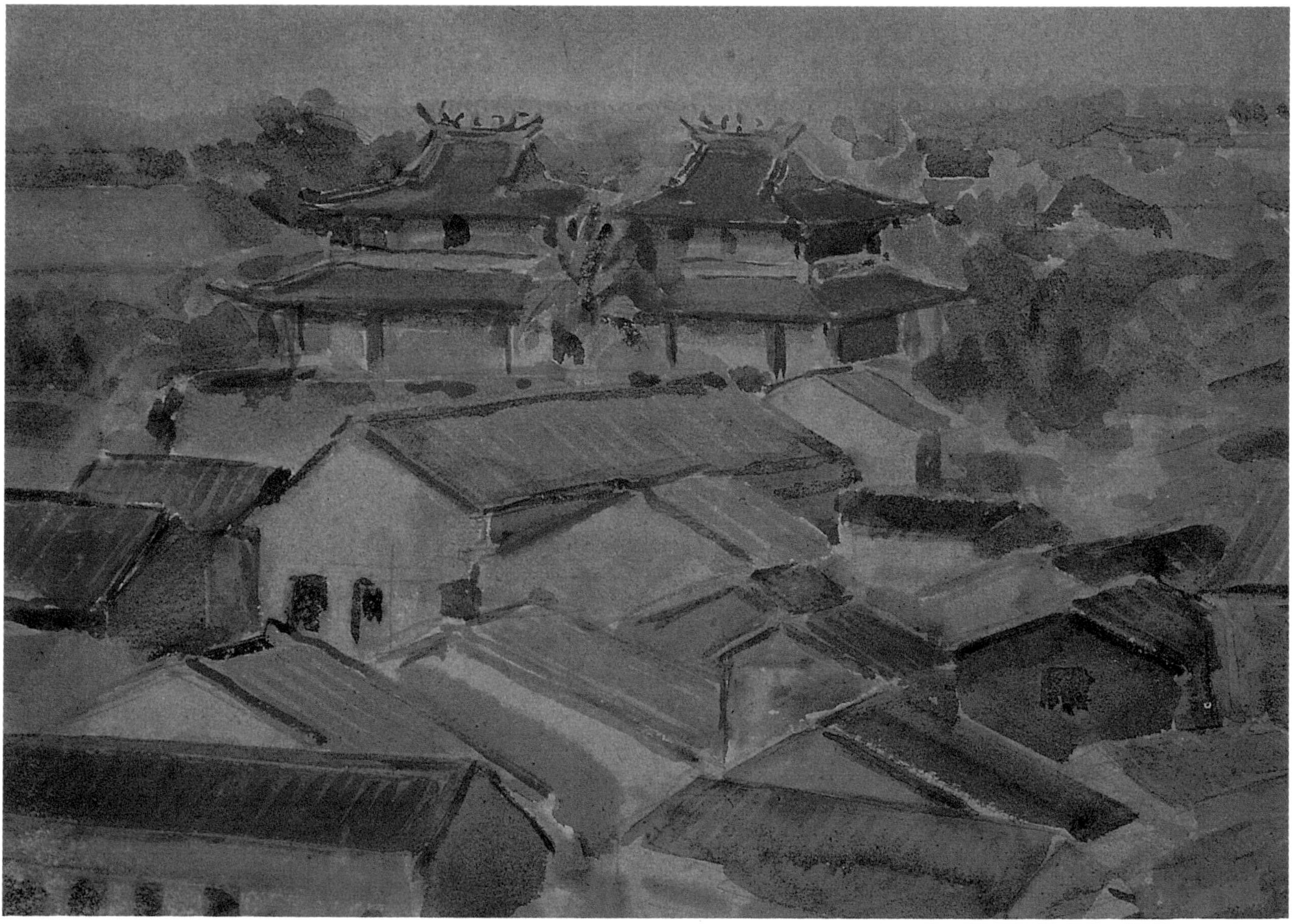

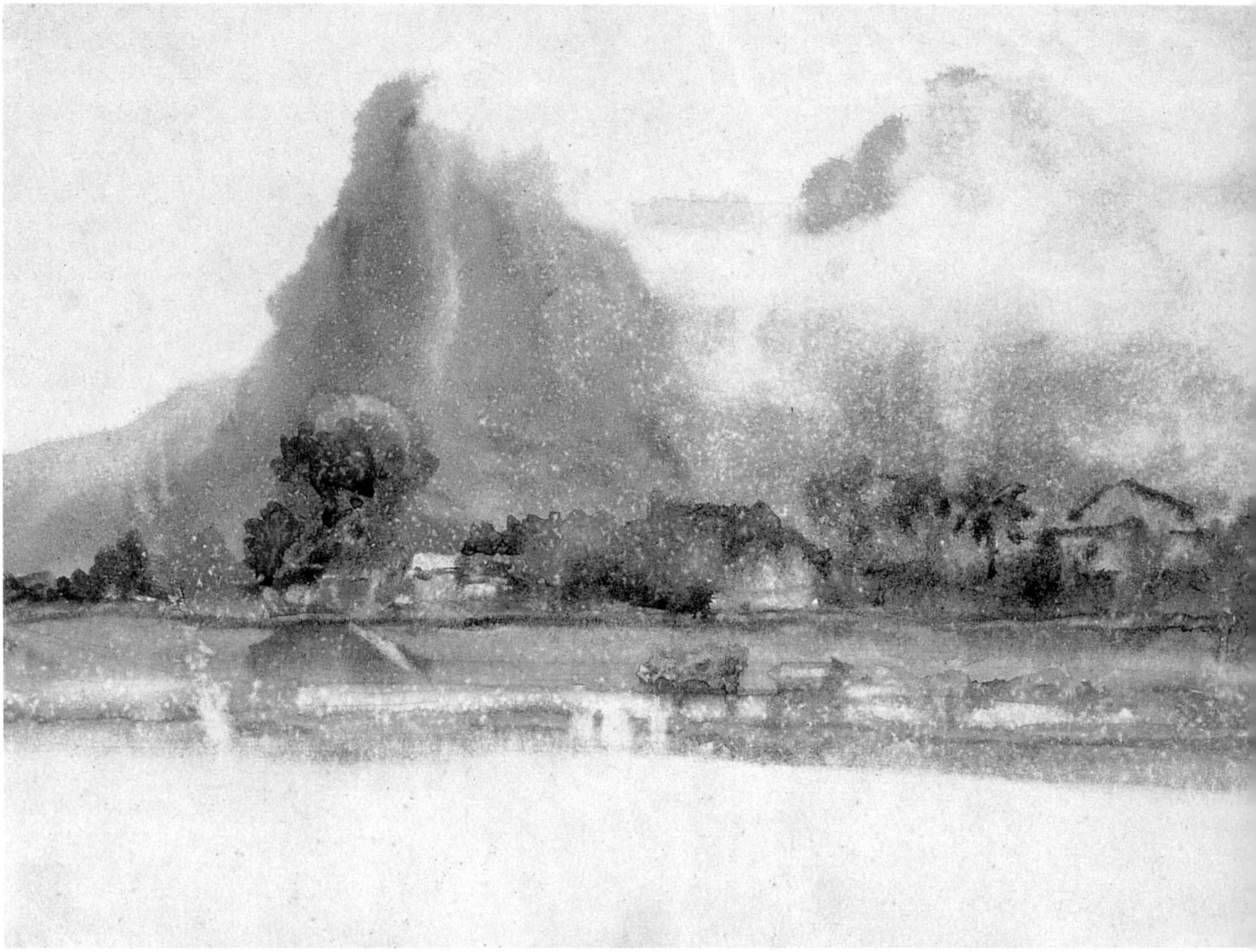

以看出他的繪畫歷程是由面對眞實的自然，描寫現實的景物的水彩畫開始，他的水彩畫曾獲得台南市美展特選、第二名及全省學生美展第三名，這是他台南古蹟走透透，雜耍賣藥畫透透的打拚成績，他練就如攝影機般的掌握形相，匠手精準的描寫工夫。

在台灣師範大學時期（1957～1960）是鄭善禧學習藝術的開展期，師大藝術系的學風在黃君璧主任的主導下，強調國畫寫生，而教學仍注重國畫臨摹。鄭善禧說：「當年國畫教學方式都沿著大陸文人畫傳統臨稿的老習慣，老師在開學時發一份畫稿，全班同學每人各領借一張去臨

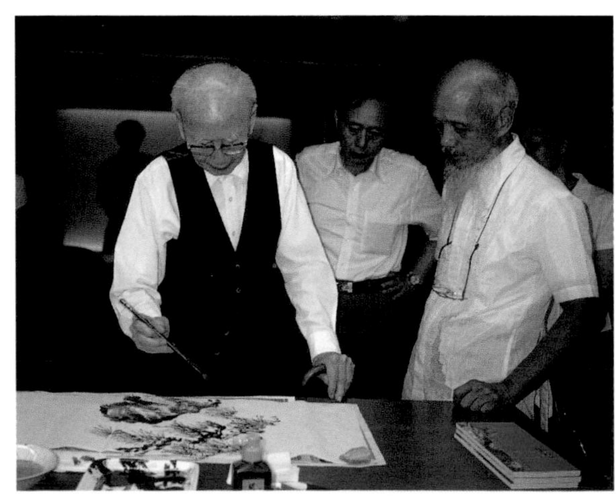

襲，畫完後再與同學交換圖稿，以酷似老師稿本為工。」[註9] 鄭善禧便臨寫黃君璧、溥心畬、林玉山的畫稿，也在學校附近的畫廊或裱褙店欣賞

鄭善禧
碧潭煙雨
水彩
1953年
25.5×35cm（上圖）

七十歲的鄭善禧仍如學生般畢躬畢敬地觀看九十五歲的林玉山老師現場作畫　2002年　鄭惠美攝（下圖）

鄭善禧
芝山無量圖
1959年
彩墨
96×44.5cm
(右頁左圖)

鄭善禧
空谷觀雲
1960年
彩墨
119×46cm
(右頁右圖)

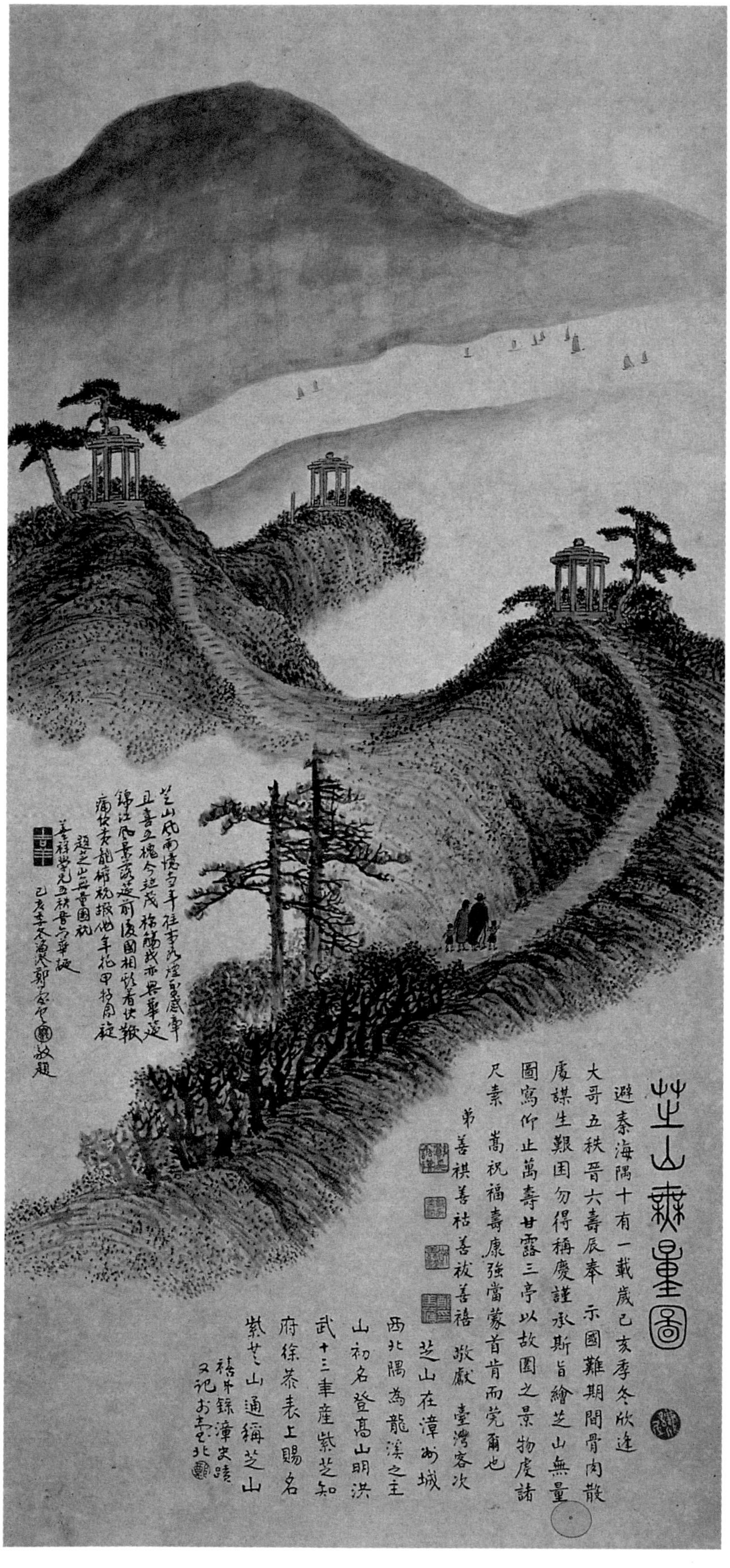

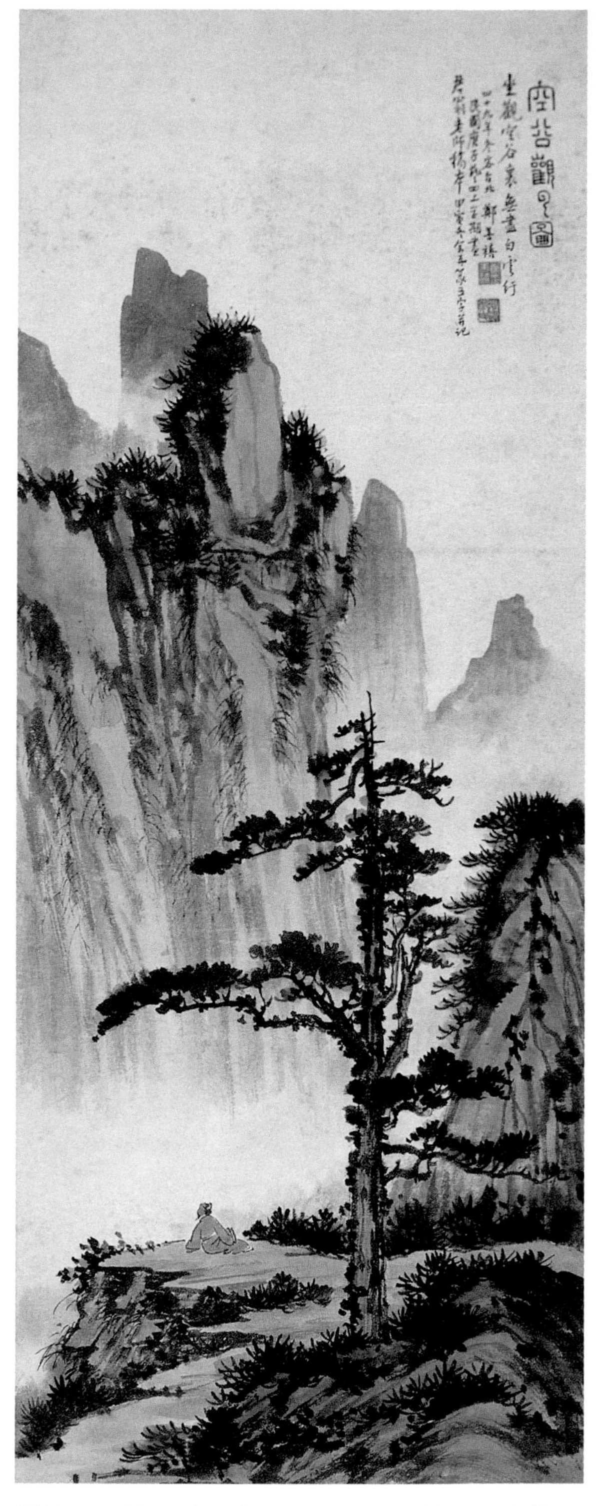

傳抱石、徐悲鴻、高一峰的作品，甚而回家後又背臨作品。

臨摹可以了解前人運筆、用墨之美，線條的起伏頓挫及章法佈局的意匠經營，所以師大的教學，仍非常重視臨摹，以傳承筆墨經驗。鄭善禧在大四時便有一張題爲〈空谷觀雲〉（1960）的作品，是臨摹黃君璧老師的稿本，由仿作可以體會黃君璧山、石、松堅實厚拙的用筆及他穩健、濃重的畫風。

鄭善禧在名師雲集的師大，終於打開藝術的視野，從黃君璧老師那裡習得山馬筆的妙用，從溥心畬老師得知文人畫的道理，及運筆的妙訣。然而這一時期有一個巨大的因素影響了鄭善禧的思維與畫路，就是在眾多老師之中，他對林玉山老師的寫生教學特別的鍾情。林老師的國畫課雖然依例有畫稿發下來，那只是聊備一格，他特別著重戶外的寫生，無論是士林園藝實驗場、圓山動物園、植物園、碧潭等地，都有他們師生寫生的蹤跡。尤其鄭善禧他常秉持其師「觀察自然，從事寫生」的理念，在忠實的寫生中求表現。(註10) 他一張大三時期（1959）所畫的〈祖孫秋江垂釣圖〉，在一九八二年林玉山老師在畫上補寫的題跋中還稱讚他「能依寫生方式實踐持恆，更以參酌古法，融匯書道，其表現與泛泛習畫者不同。」

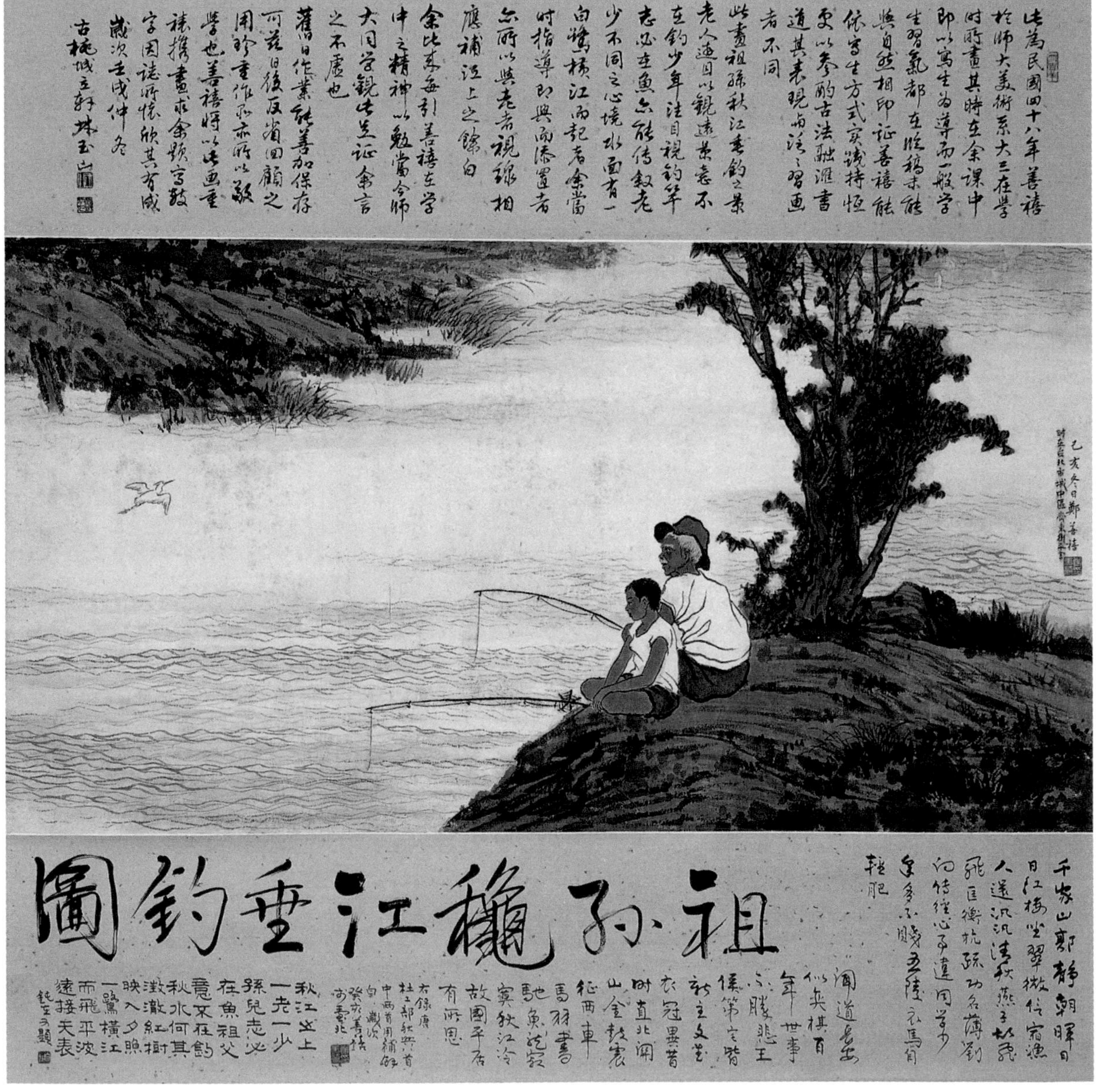

鄭善禧
祖孫秋江垂釣圖
1959年
彩墨
107×107cm

這張作品，他嘗試把臨古的披麻皴，結合他在圓山基隆河所寫生的祖孫垂釣人物，構圖雖仍是倪瓚的一江兩岸法，而視點已是定點取景，不是倪瓚的江天空闊無人跡的蕭疏、空靈。他試圖把國畫加入人間味，營造新意，尤其把祖孫兩人釣魚眼神的俯仰，描寫得細緻而傳神，人物成爲畫面的主景而不是點景，這是他嘗試結合傳統與現代的過渡期作品。

另一張大三的畫作〈芝山無量圖〉(1959)，是他憶寫家鄉漳州芝山風光爲長兄祝壽，他以清代梅清《松谷》冊中，秀潤的筆意入畫，山石的描繪以線條勾勒加墨點，成排的木棉樹依山勢走向排列，再配以豐子愷般的簡筆現代人物及石亭，用色淺絳，古意中有新趣，凸顯出鄭善禧在銜接傳統與現代之間所嘗試的努力。大四畢業前後的〈竹犬圖〉(1960)，更可以了解他要爲傳統寫意的竹與現實寫生的狼狗，在古法與現實之間作結合的企圖。

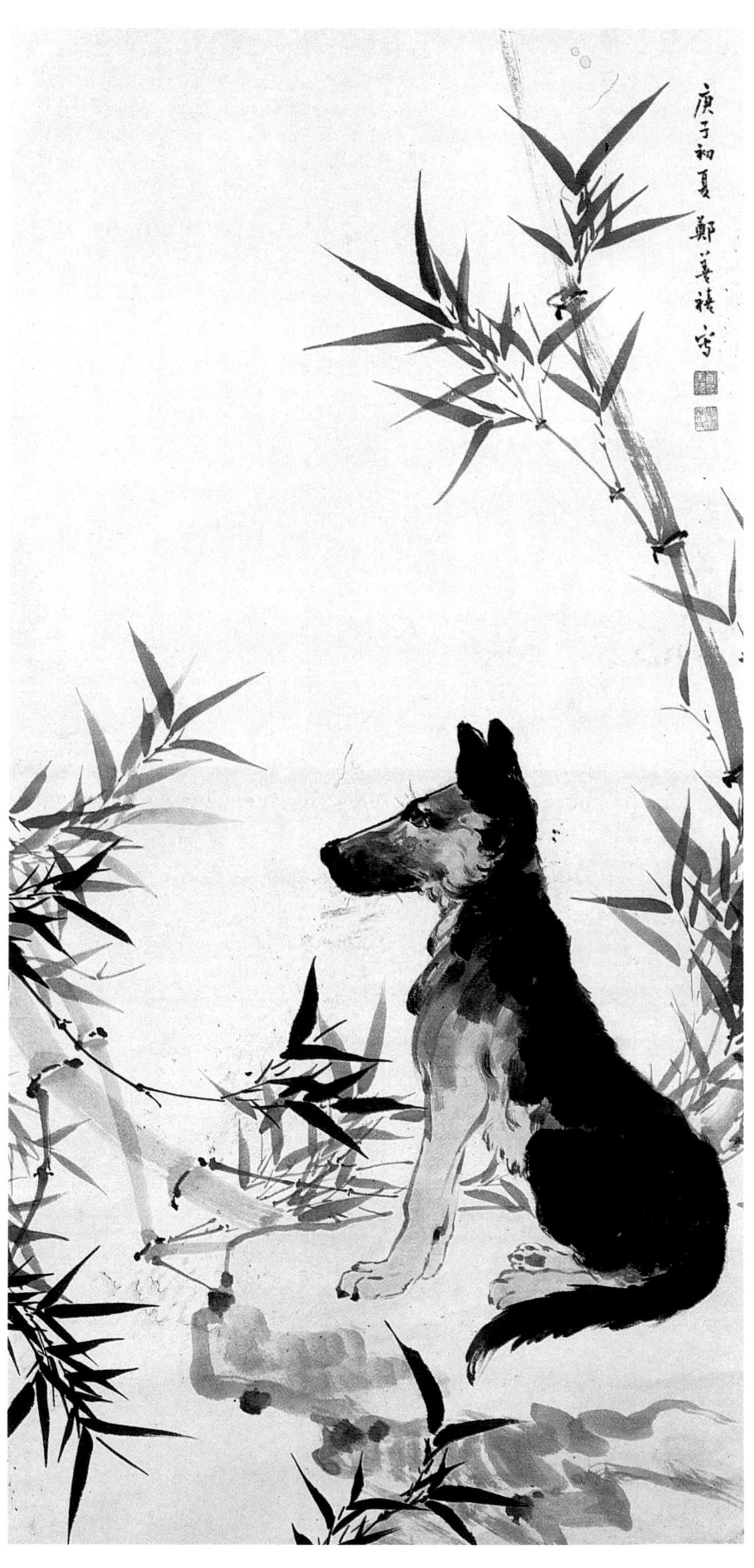

鄭善禧
竹犬圖
1960年
彩墨
119×58.5cm

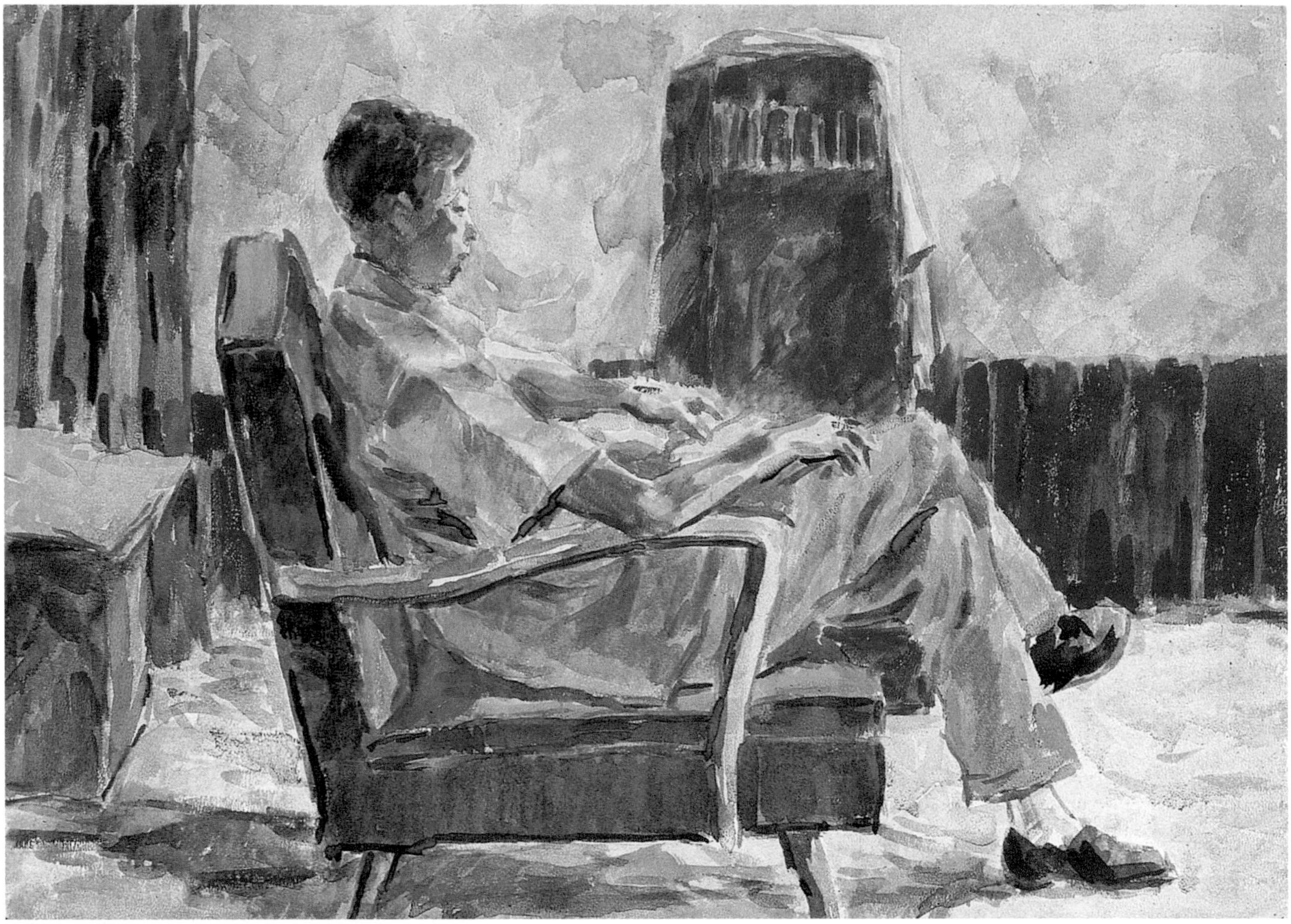

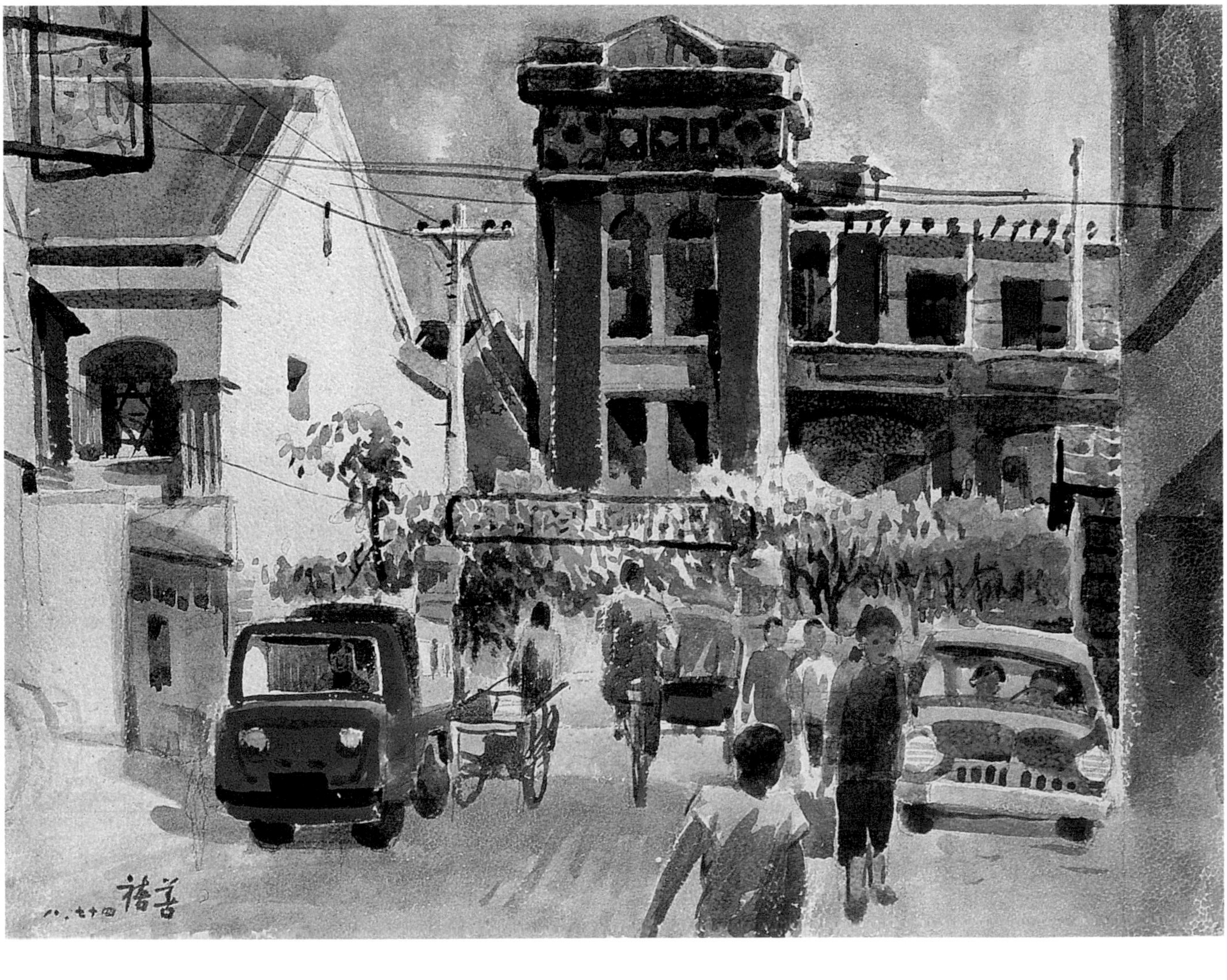

八.七十四 禧善

鄭善禧
畫室閑坐
1959年
水彩
39.5×55cm
（左頁上圖）

鄭善禧
街車樓舍
1959年
水彩
39×54cm
（左頁下圖）

鄭善禧
梵裝仕女
1958年
彩墨
96×30.5cm

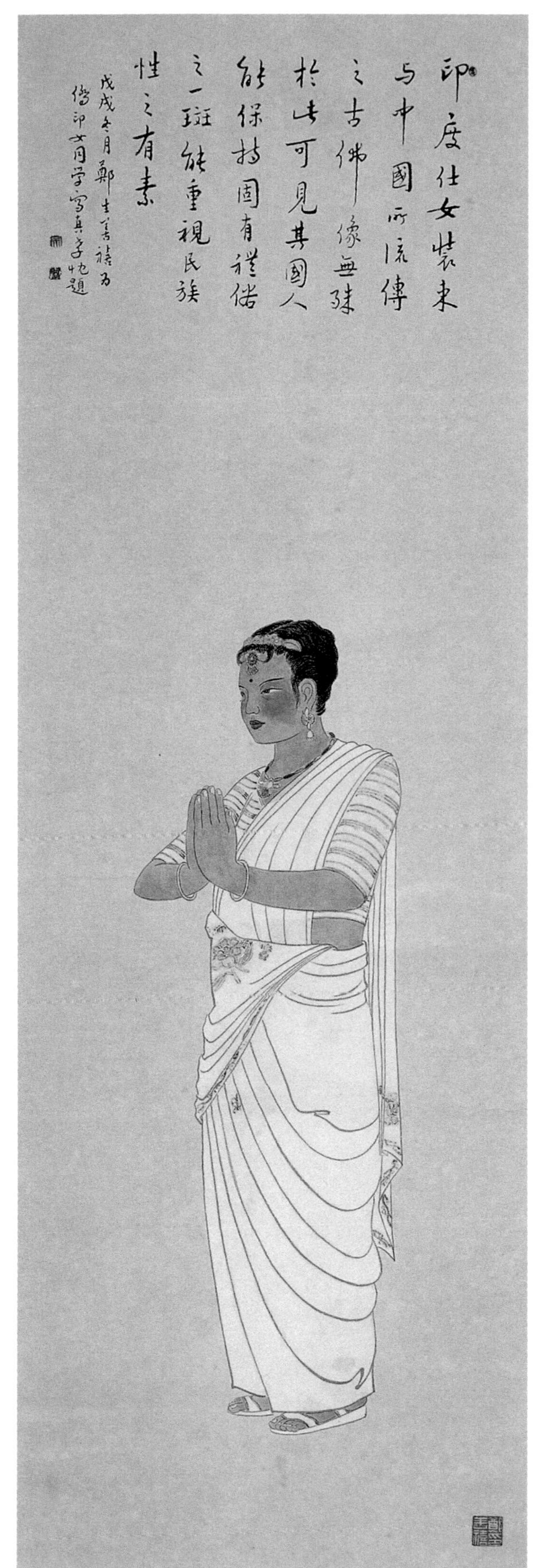

除山水畫、畜獸畫外，大二時期的〈梵裝仕女〉（1958）人物畫，是寫生印度僑生的作品，他把衣紋的盤折重疊畫得粗細如一，圓轉流暢，手環、耳環堆粉塡金，小腿若隱若現於裙角。形似準確，神情面相莊重又怡然，此作曾獲得系展前三名。

同時在學期間，他對廖繼春老師畫面色彩交織的油畫統調處理及作畫前的審愼思考態度，印象深刻。又對教水彩的李澤藩老師，將透明水彩與不透明水彩並用作畫，使作品具有渾厚的質感、量感，深有體會，因此鄭善禧的水彩畫作〈畫室閑坐〉（1959）、〈街車樓舍〉（1959）便有著如油畫般厚實的層次感。他也對馬白水老師純透明水彩的清靈灑脫，喜愛有加。鄭善禧在師大這樣具有中原傳統畫風及本土南國色彩的兩種不同地域風格、氣質的名師教學群薰陶下，又在國畫、西畫、設計不分組，全方位學習的教育體制下，他穩穩地吸收融合諸師之長，臨摹與寫生並重，傳統與現實兼顧，勤苦修鍊，在畢業後引發他持續探索現代國畫的可能性。

（三）藝術發功期（1961～1977年）

1.旅美前：一九六四年是他藝術發功的開端，一九六五年以〈閒話桑麻〉獲二十屆全省美展第一名，又以〈風雨歸牧圖〉獲全省教員美展第一名，一九六六年以〈逆水行舟〉獲全省教員美展第一名，一九六七年以〈草堂敘舊〉獲全省美展第一名，一九六八〈白雪青山〉、六九年〈懷古〉又獲全省教員美展第一名。這五年是他一生得獎密集期，他一出道，就以亂筆狂掃，雄放猛勁著稱。〈閒話桑麻〉（1965）為水墨淡彩，以濃墨濕筆，亂筆刷掃，寫巨巖飛瀑，寫老幹巨木，營造黑白高反差的效果，氣勢沛然，如脫韁野馬。主景卻又巧妙安排兩位農夫悠閒對談，沈穩樸實，寓動於靜。〈風雨歸牧圖〉（1964），描寫在排山倒海而來的狂風暴雨中，兩位披簑載

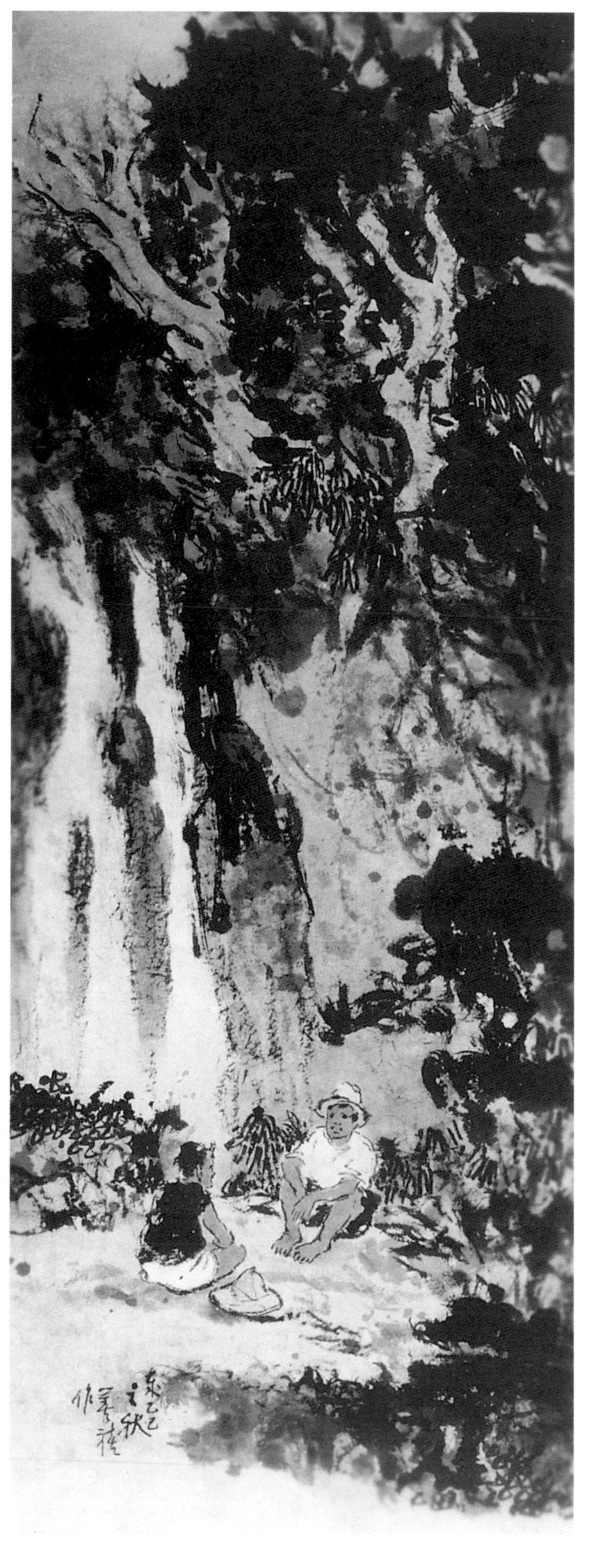

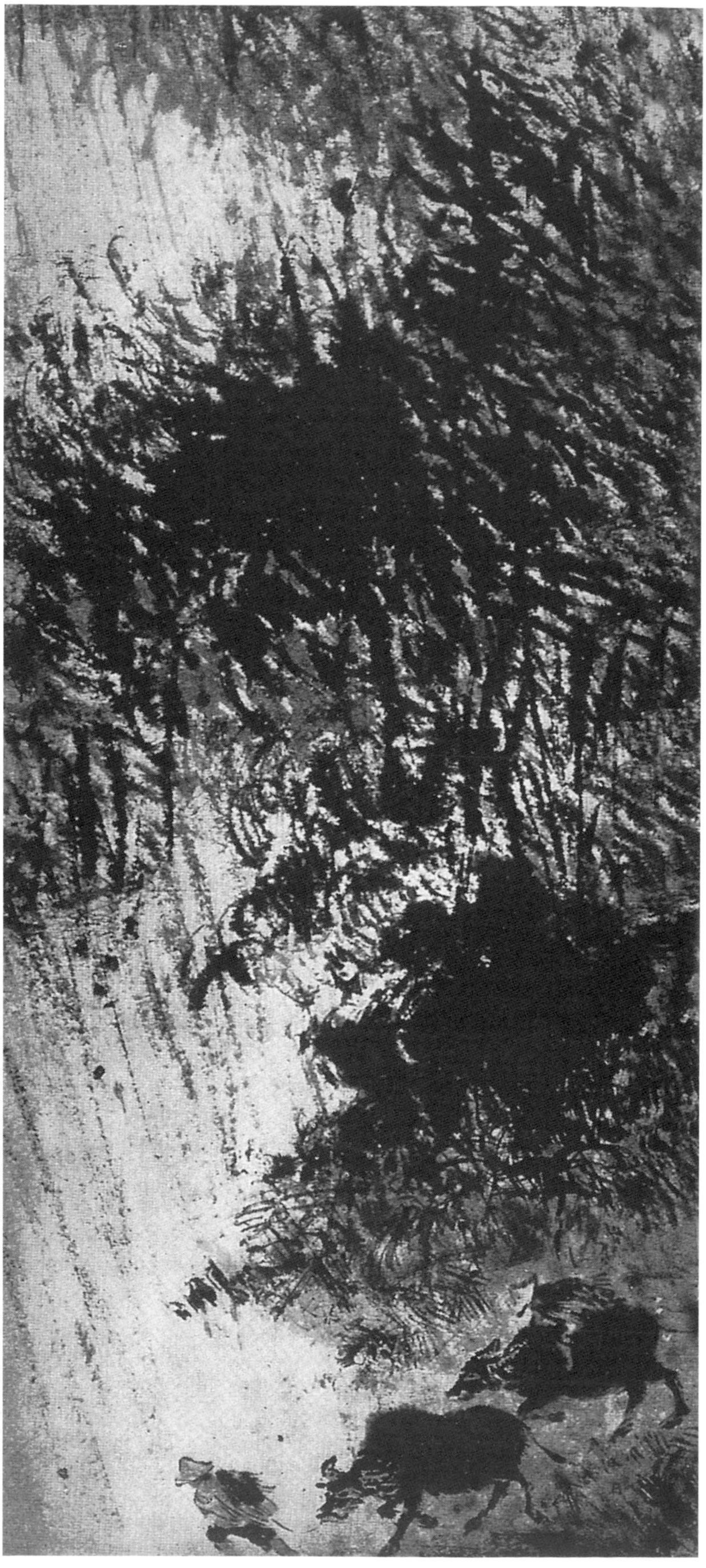

鄭善禧
閒話桑麻
1965年
水墨
90×180cm
(左頁左圖)

鄭善禧
風雨歸牧圖
1964年
水墨
90×180cm
(左頁右圖)

鄭善禧
草堂敘舊
1967年
彩墨
90×180cm（左圖）

鄭善禧
山崖賞瀑
1967年
水墨
120×60cm（右圖）

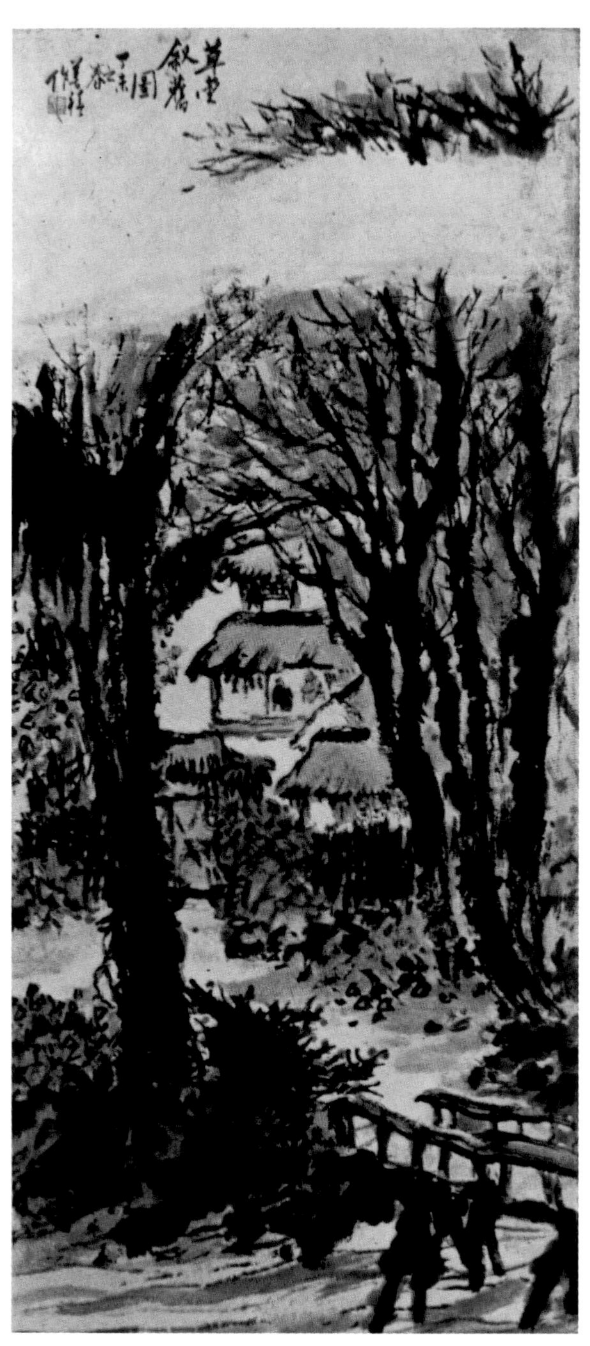

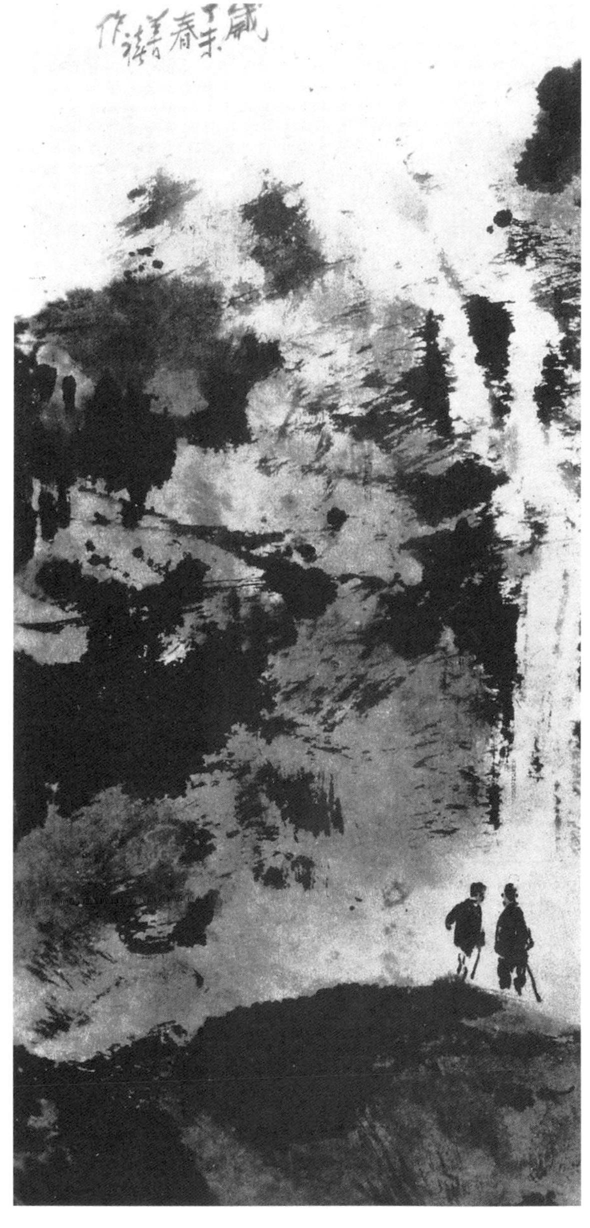

笠的牧童，一騎牛，一牽牛，人牛一體，正賣力地趕路。此畫比南宋李迪的〈風雨歸牧圖〉更具誇張的戲劇性張力，而他大筆刷掃，水墨蒼勁，又深富傅抱石〈風雨歸牧圖〉（1945）的驚心動魄感。

〈草堂敘舊〉（1967）又是亂中見序，以濃墨帶渴，率勁飛揚的筆觸，舖陳小橋、流水、林木、草堂、人家，其粗獷豪放的畫面構成，有著東洋畫家富岡鐵齋的意趣。〈山崖賞瀑〉（1967），信筆塗抹，但見山峰隱於雲中，流瀑沒於霧靄，蒼崖堅石，兩人怡然賞瀑。中景奔放自如的筆勢到前景緩緩收勢，率意中又有法度，躍動中又見寧靜。翌年的〈俯瞰清流〉（1968），以近景爲主，渲染之後又大筆皴擦的岩石上，又見兩人凝神觀水。

這幾幅作品大多爲得獎代表作，他不以傳統山水平遠、高遠、深遠爲佈局，率多以近景取勝，人物或觀瀑或敘舊，大都爲現實生活中的市

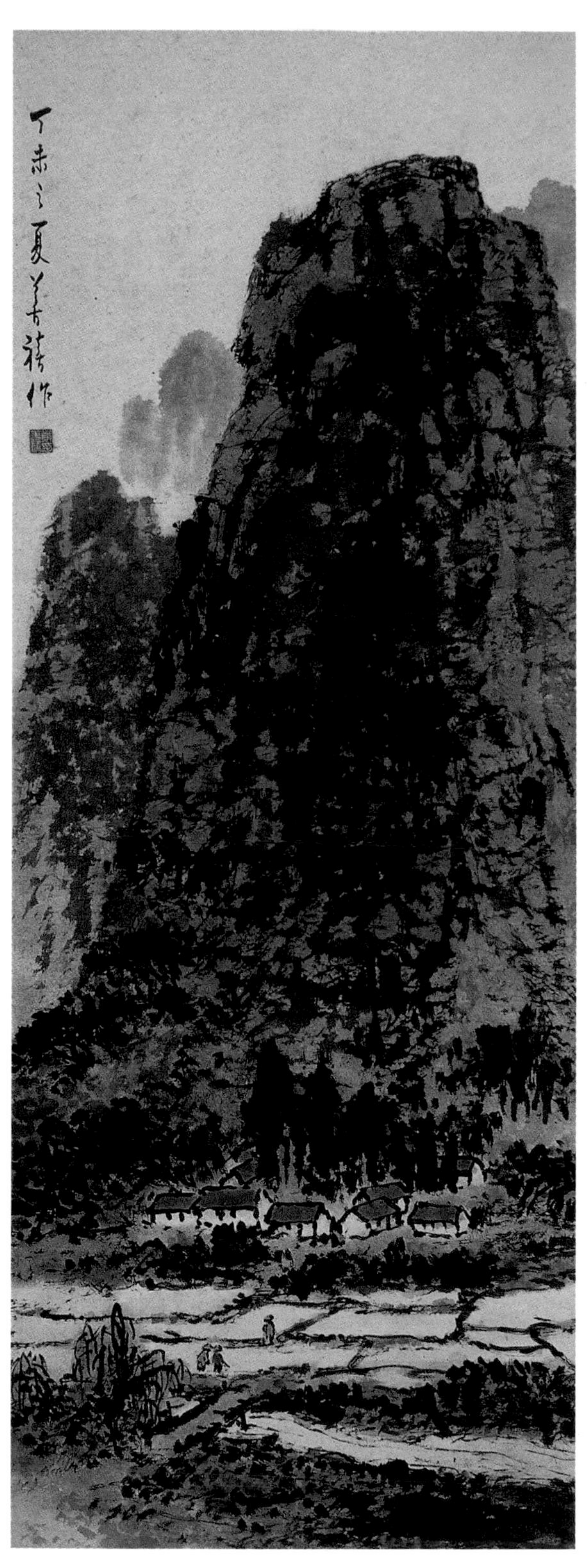

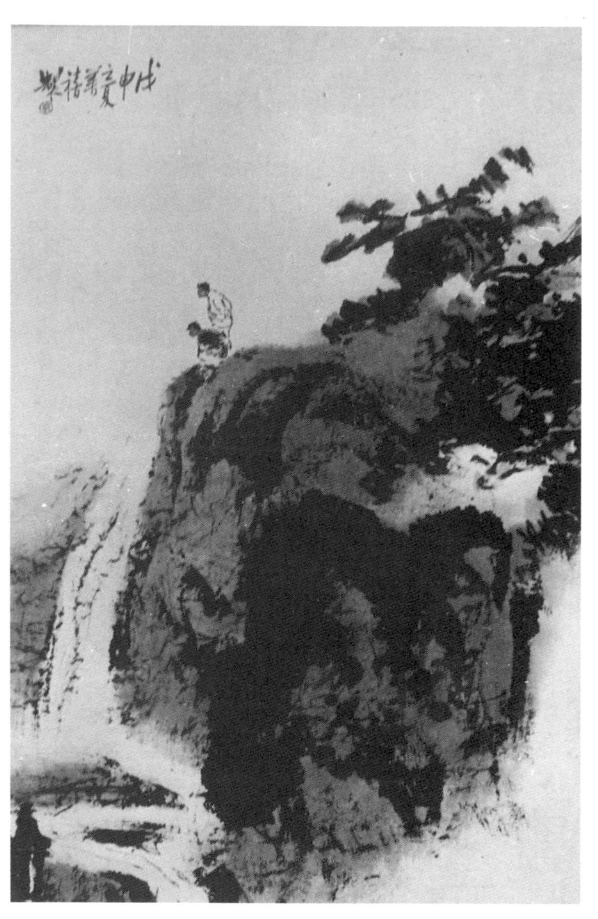

鄭善禧
春耕
1967年
彩墨
120.5×46cm（左圖）

鄭善禧
俯瞰清流
1968年
水墨
120×90cm（右圖）

井小民或農夫。他的筆法大筆狂掃，有草書韻味，又有傅抱石破筆散鋒的運用及墨氣淋漓的效果與富岡鐵齋的野莽豪放，畫面充塞著一股生猛元氣，奔騰流盪，有一種質盛於文的「野」趣，其大膽塗抹，恣肆的筆意，又蘊含著台灣早期書畫的「閩習」味。三十三至三十七歲年輕氣盛的鄭善禧，或許正是以這種野放的筆法，剛勁的銳氣，延伸傳統精神而又有新的時代感，震撼了評審吧！

一九六七年的〈春耕〉、〈山林獵影〉、〈旭日東埔〉、一九六九年〈豐樂山家〉、〈山居小雨〉，已逐步在山水畫中形塑出「台灣山」。以〈春耕〉爲例，山勢蒼莽，墨漬層層，林木蒼鬱，有宋畫的厚實感，而紅瓦白牆的農舍及戴斗笠的農夫與一畦畦的水田，寫生的臨場感十足。鄭善禧筆力的大膽奔放，構圖佈局高、低的強烈張力，看似甚無章法的畫作，被當時的畫家曹緯初批評爲「台灣山」。〈山林獵影〉畫中的人物，一人背包包，一人背相機，是極爲傳神的旅遊寫眞。

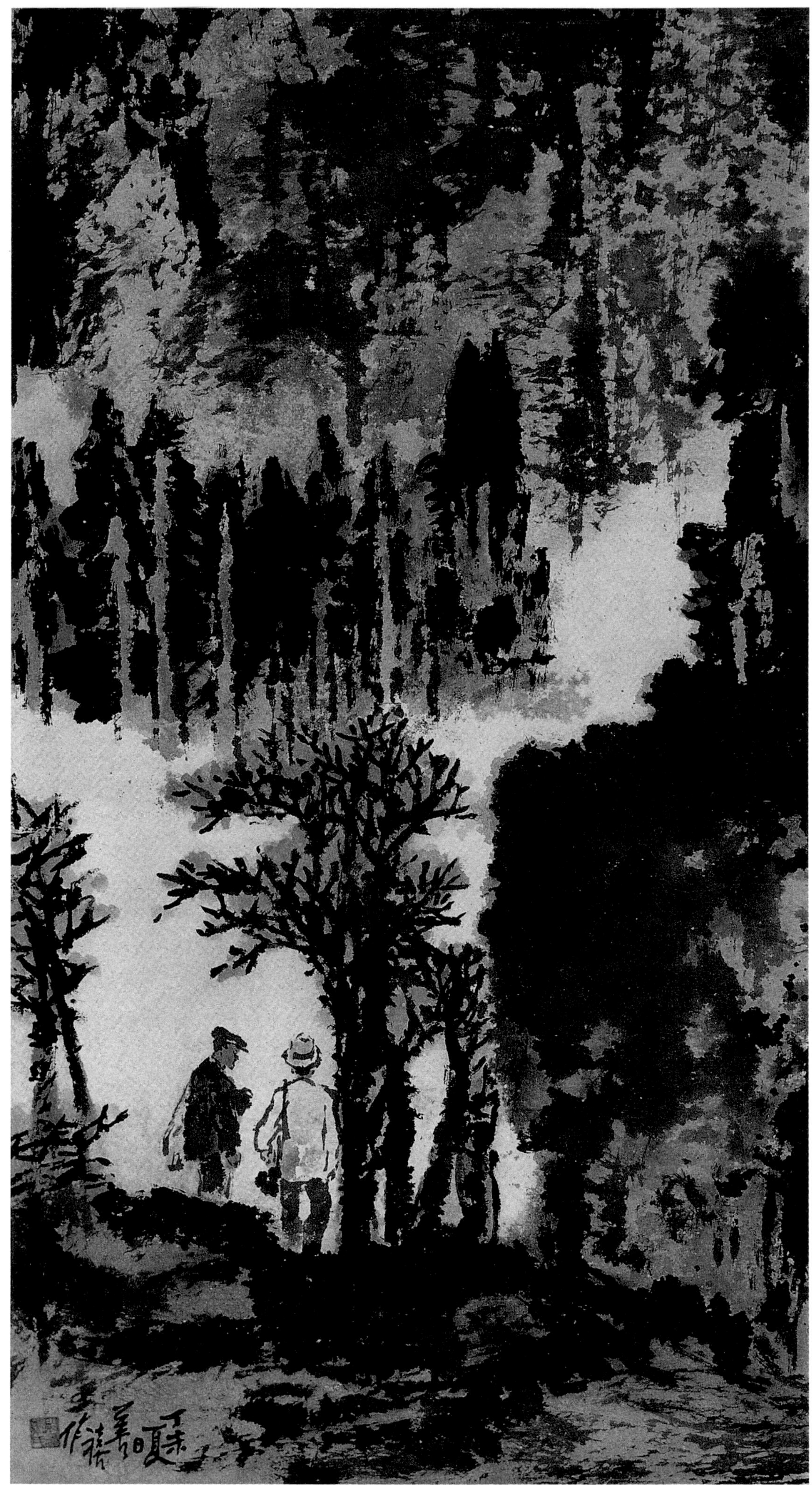

鄭善禧
山林獵影
1967年
彩墨
90.5×49cm

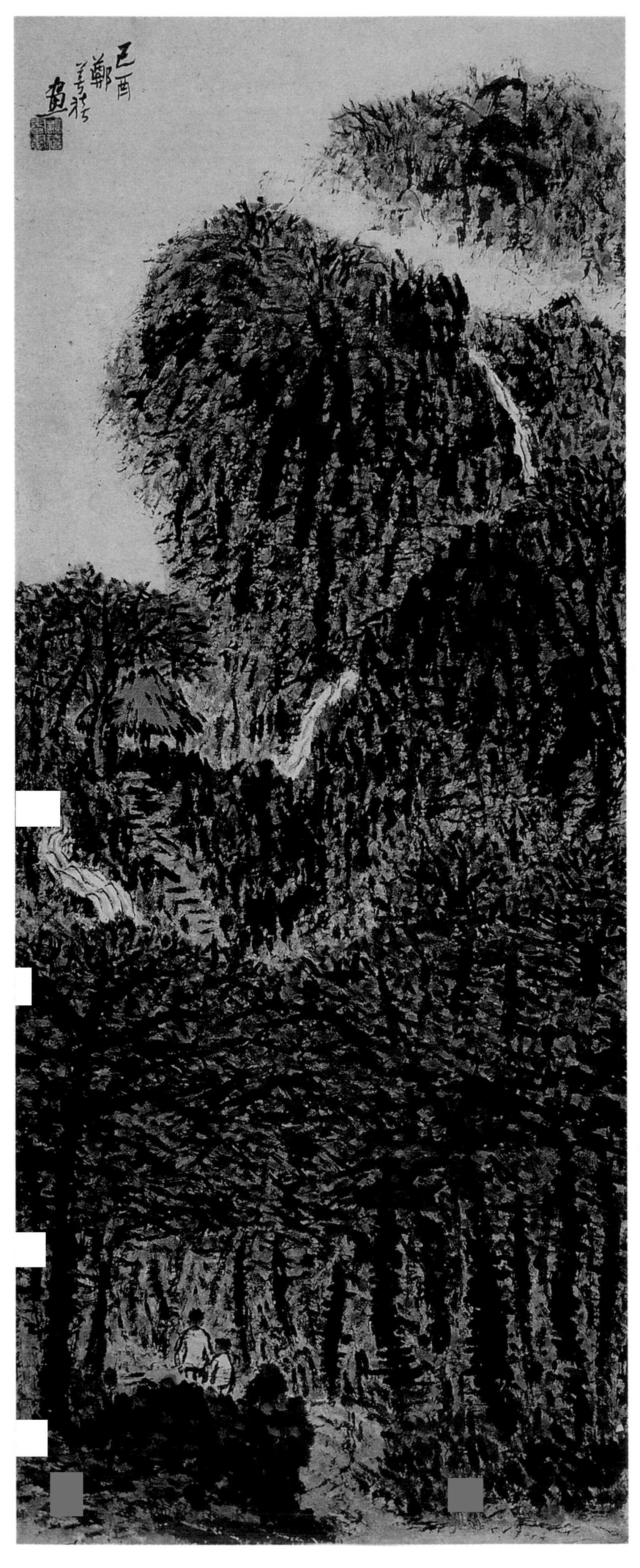

由於他任教台中師專，常須至南投山區偏遠小學進行輔導教學，跋山涉水的親身體驗，使他的畫作盡掃塵囂，充滿自然的畫境。往昔水彩所鍛鍊的寫生本事，終於內化為水墨摹形寫物的表現。尤其〈泉鄉山舍圖〉(1968)，在樹、屋舍的造型或人物、動物的點景上，其變化都比以往豐富，遠山雖然太逼近前景，但也正是他試圖轉變傳統山水的變貌之作。一九六九年〈秋林・草亭・山泉〉以縝密的筆觸，乾渴的墨色，擦染紅遍山野的林木枝葉，山泉蜿蜒，煙雲繚繞山間，明亮的紅赭色與粗黑濃重的墨色，白、黑、紅的對比，下實上虛的構圖變化，益見畫家匠心設計的巧思。同年的〈芝山薌水圖〉(1969)前景厚拙重點的木棉樹林，中景石綠重彩及濃墨的山脈紋理，遠景圓山與九龍江的船隻點點，雖是懷鄉憶舊之作，已大異於渡台畫家的傳統山水，更可感覺「閩台一家」青山綠水的地緣關係。此圖與十年前的〈芝山無量圖〉相比，可看出他十年之間的水山風貌已由傳統的筆法、淺絳的赭石、花青的用色，蛻變為「我自用我法」野趣又自出機抒的階段。

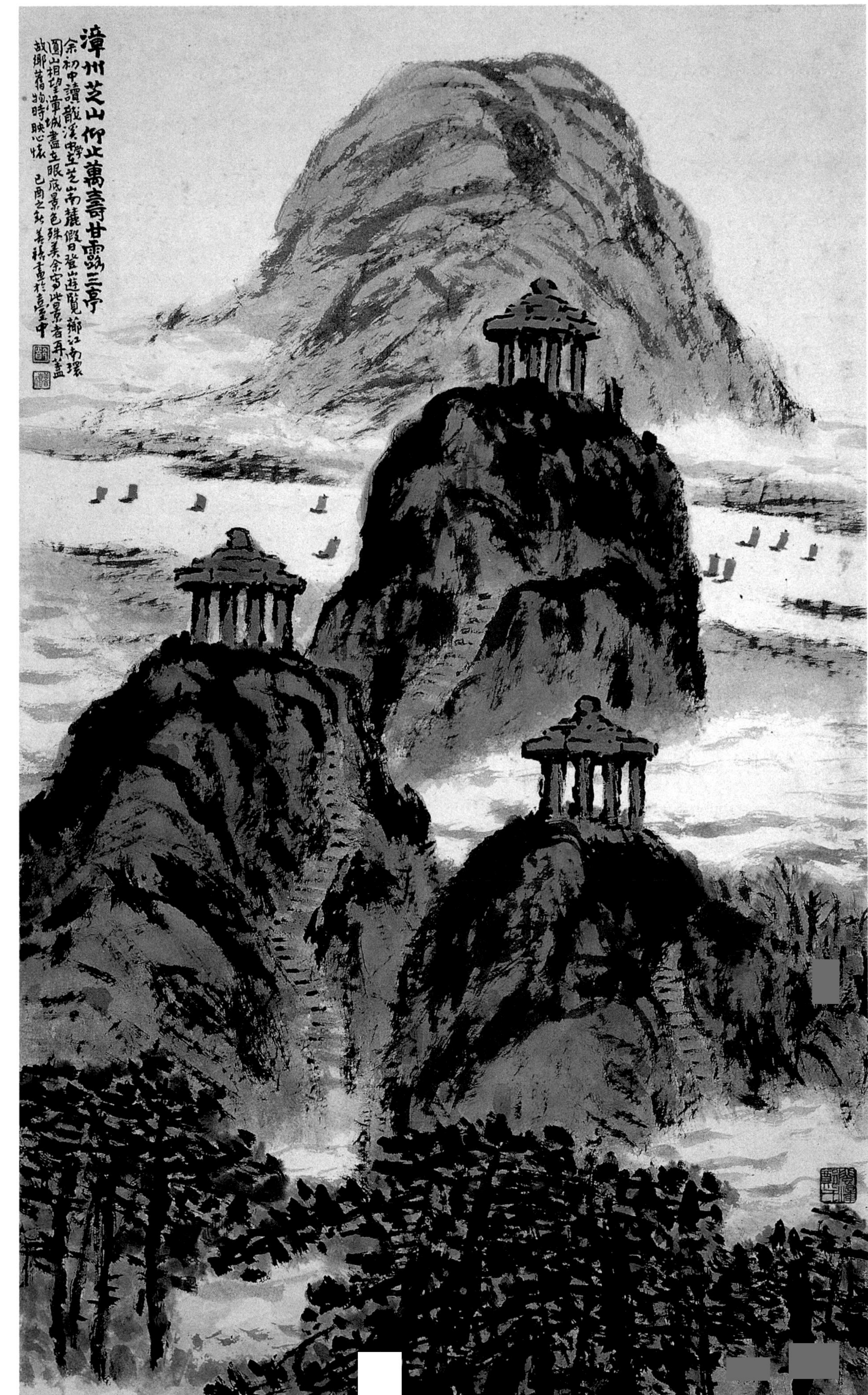

鄭善禧
秋林・草亭・山泉
1969年
彩墨
121×49cm
(左頁圖)

鄭善禧
芝山蘇水圖
1969年
彩墨
94.5×58cm

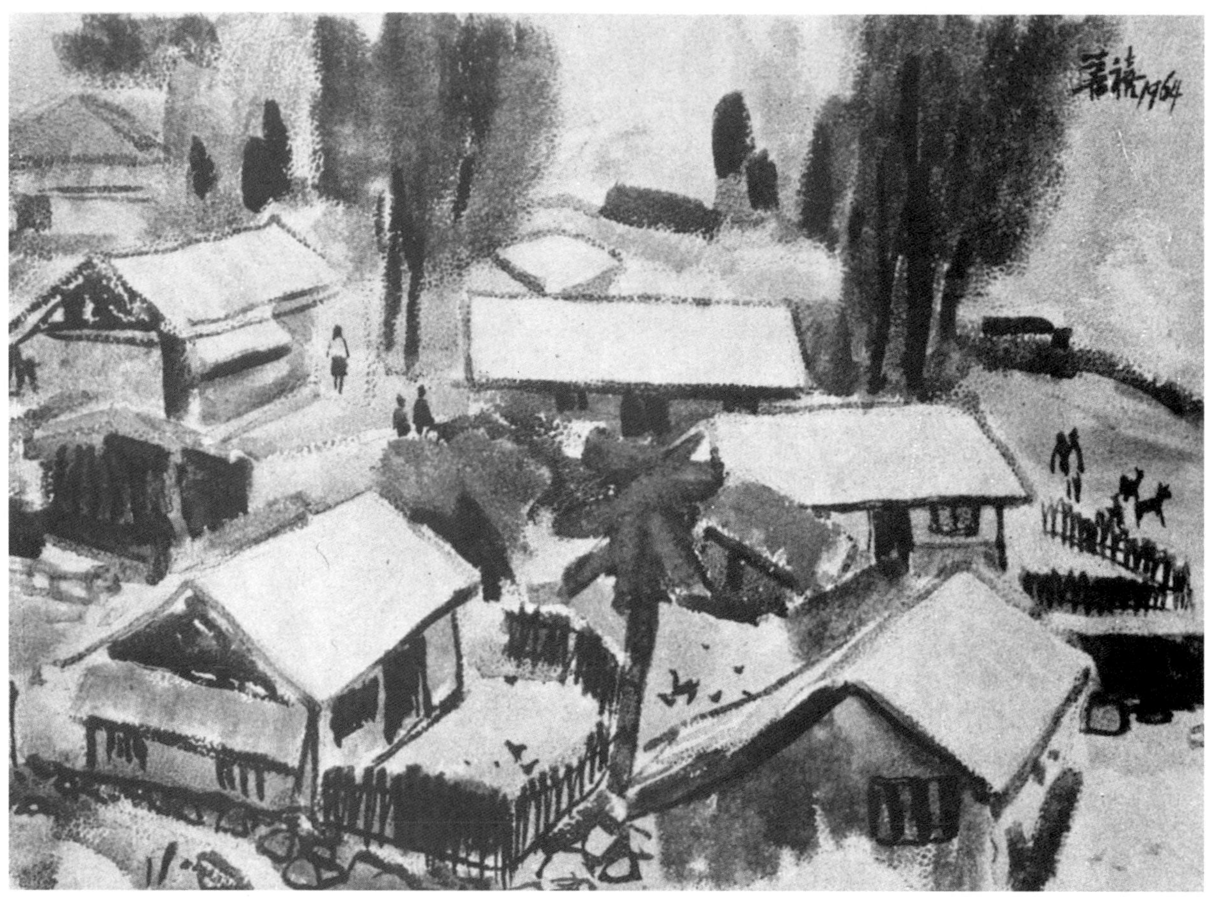

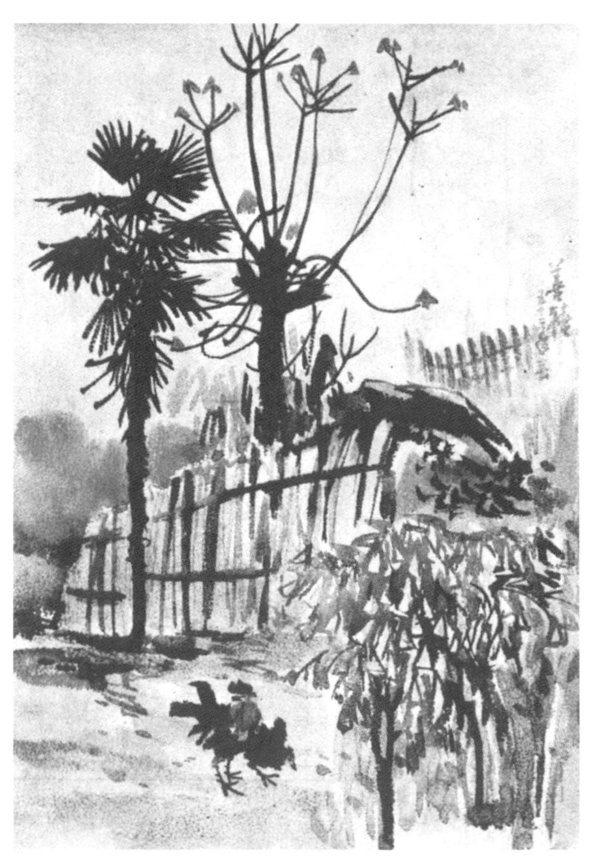

鄭善禧
阿里山的平房
1964年
水彩（上圖）

鄭善禧
東埔村景
1964年
水彩（下圖）

再看鄭善禧六〇年代所畫的水彩畫〈阿里山的平房〉（1964）、〈東埔村景〉（1964），竟含藏著國畫用筆的韻味，水彩與國畫，不同的只是媒材工具而已，他既畫水彩，也畫國畫，他親近自然，寫生自然的方法並沒改變。在都市他畫〈綠川鳥瞰〉（1967），雖是水墨畫，卻也是極好的水彩寫生題材，而在山巔水湄他畫〈信義鄉山途即景〉（1967），空濛之境適合水墨表現，前景山石的濃厚潤澤，襯出遠景的空靈霧靄，他以清新的心懷，寫下自然的妙境，層次與意境皆佳，是他往來南投山村的實景與造境的合一。由六〇年代中期、末期的山水畫，可以看出鄭善禧傳統與現代之間繪畫符號的遞變軌跡。他的轉變路向大致有三：一爲傳統面目濃厚但加上現實人物如〈山谷漫雲〉（1966）、〈山林獵影〉（1967）、〈遠峰萬笏朝空〉（1967），一爲粗服亂頭，大筆寫意，

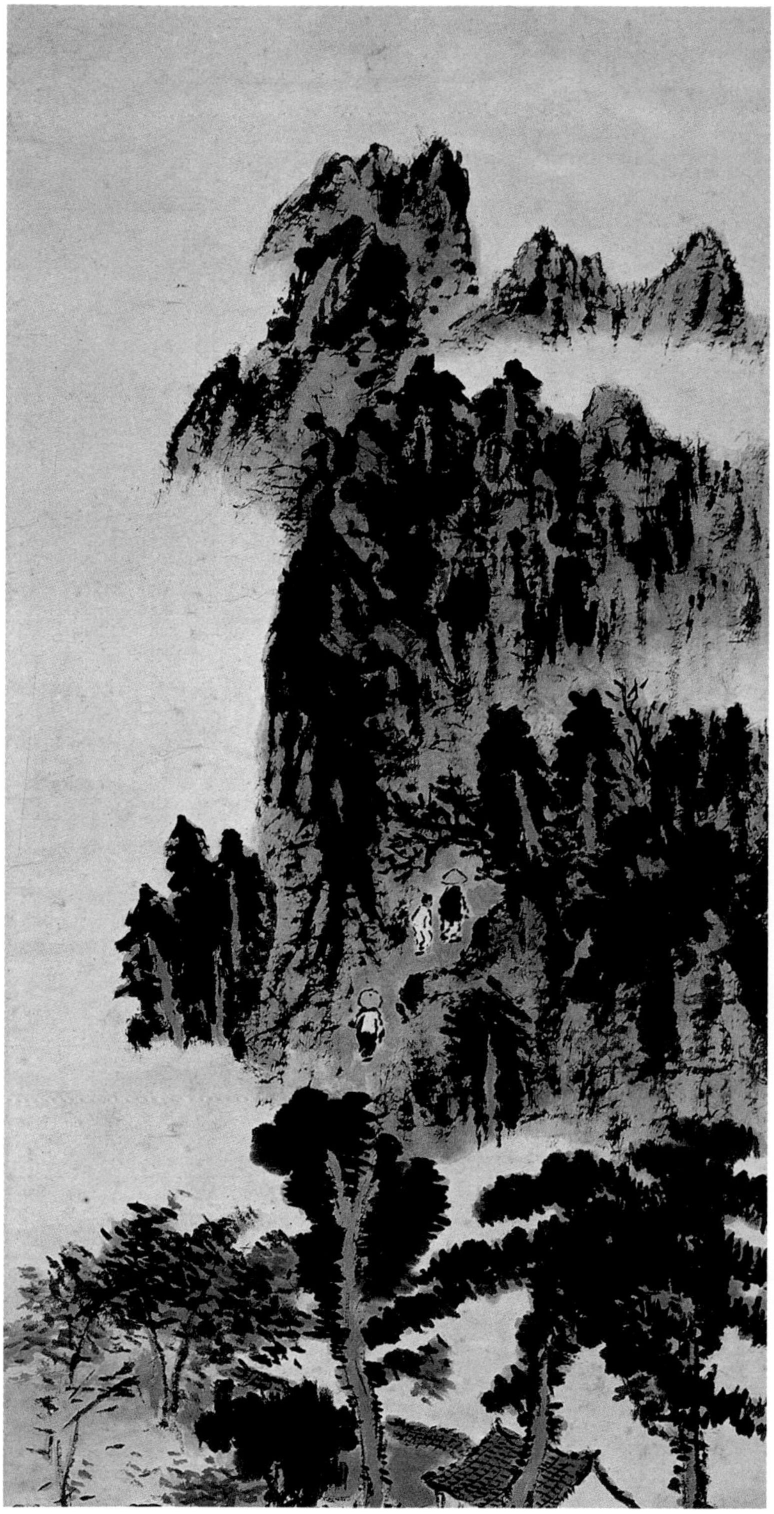

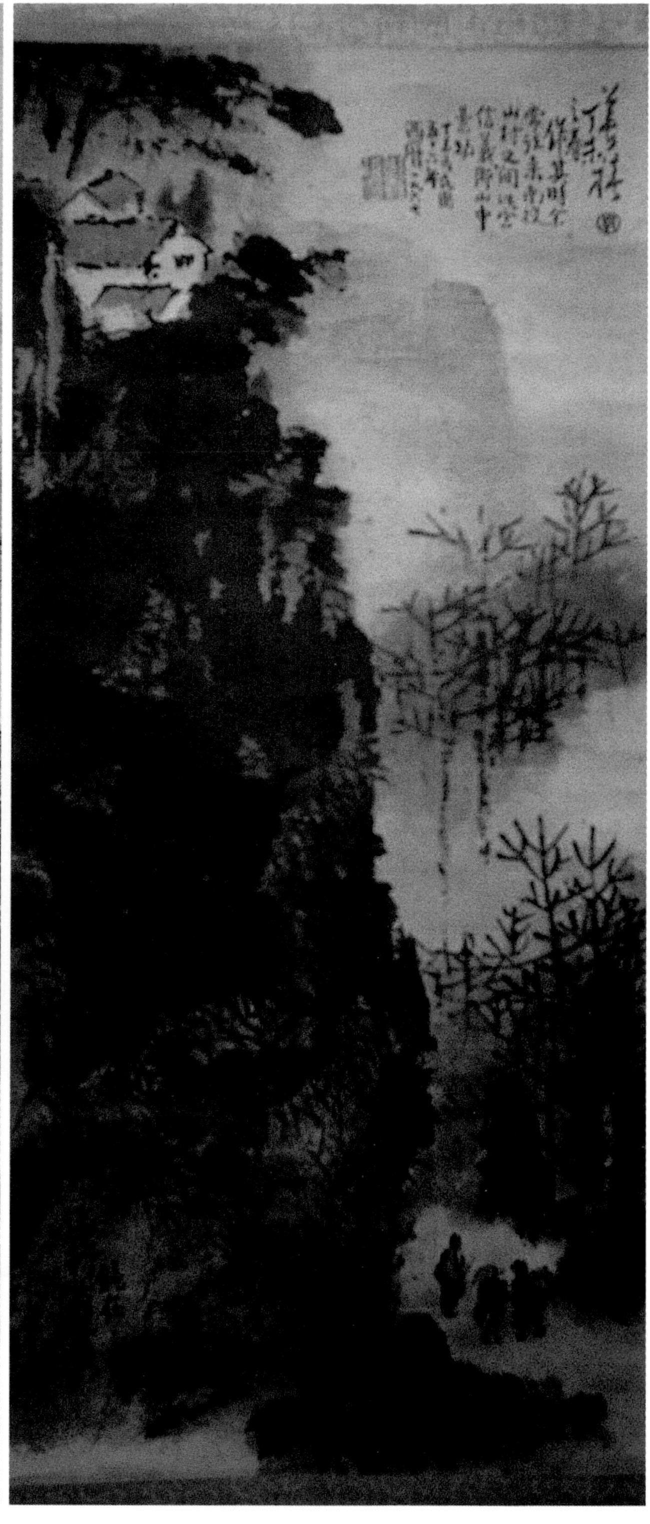

鄭善禧
豐樂山家
1969年
彩墨
127×64.5cm（左圖）

鄭善禧
信義鄉山途即景
1967年
水墨（右圖）

人物古今皆有，場景以平視空間爲主，無傳統三遠空間的層巒疊嶂，如〈山亭觀瀑〉（1964）、〈風雨歸牧〉（1964）、〈閒話桑麻〉（1965）、〈草堂敘舊〉（1967）、〈山崖賞瀑〉（1967）、〈俯看清流〉（1968），另一種路向則是粗具台灣風土的鄉土山水如〈信義鄉山途即景〉（1967）、〈旭日東埔〉（1967）、〈春耕〉（1967）、〈泉鄉山舍〉（1968）、〈豐樂山家〉（1969）、〈秋林‧草亭‧山泉〉（1969），這種路向所發展出的野趣、拙味及鄉村生活的現實感、在地感的山水畫，對於七○年代鄭善禧所建構的更具本土風的台灣繪畫美學，具有轉圜性、突破性的開展。

一九六九年鄭善禧旅美前一個月，首次個展於省立博物館，除展出前述山水畫外，亦有〈賣歌者〉（藝人）（1967）、〈雙禽〉（客鳥鄉音）（1968）及〈家凫〉（1967）等禽鳥、人物作品。

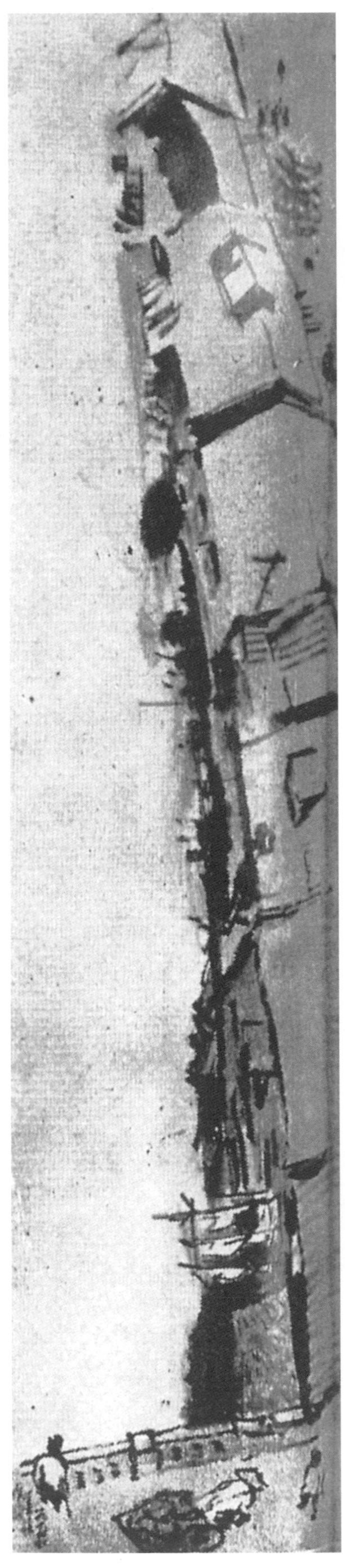

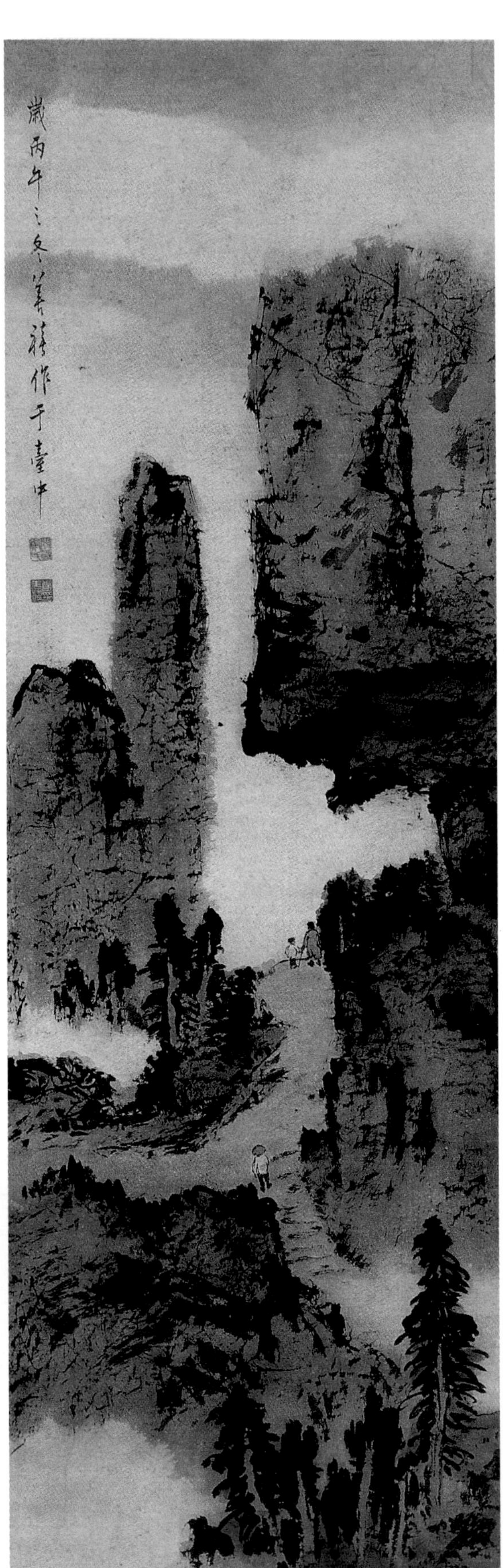
歲丙午之冬善禧作于臺中

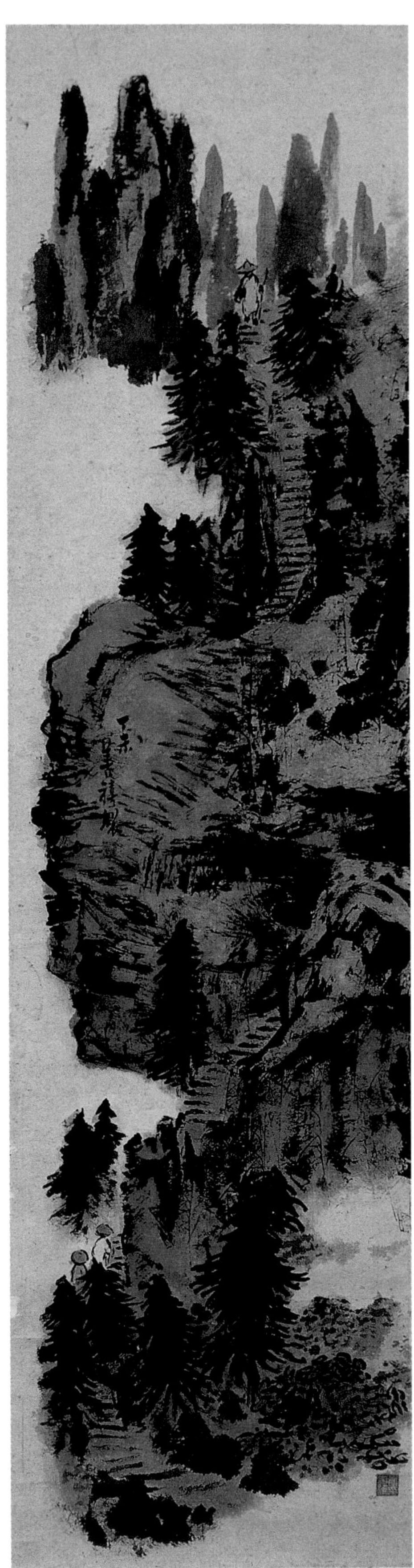

- 鄭善禧
  綠川鳥瞰
  1967年
  彩墨
  40×180cm
  (左頁左圖)
- 鄭善禧
  山谷漫雲
  1966年
  彩墨
  126×40cm
  (左頁中圖)
- 鄭善禧
  遠峰萬笏朝空
  1967年
  彩墨
  127×34cm
  (左頁右圖)
- 鄭善禧
  山亭觀瀑
  1964年
  彩墨
  121×50cm（左圖）
- 鄭善禧
  藝人
  1967年
  彩墨
  101×34.5cm（右圖）

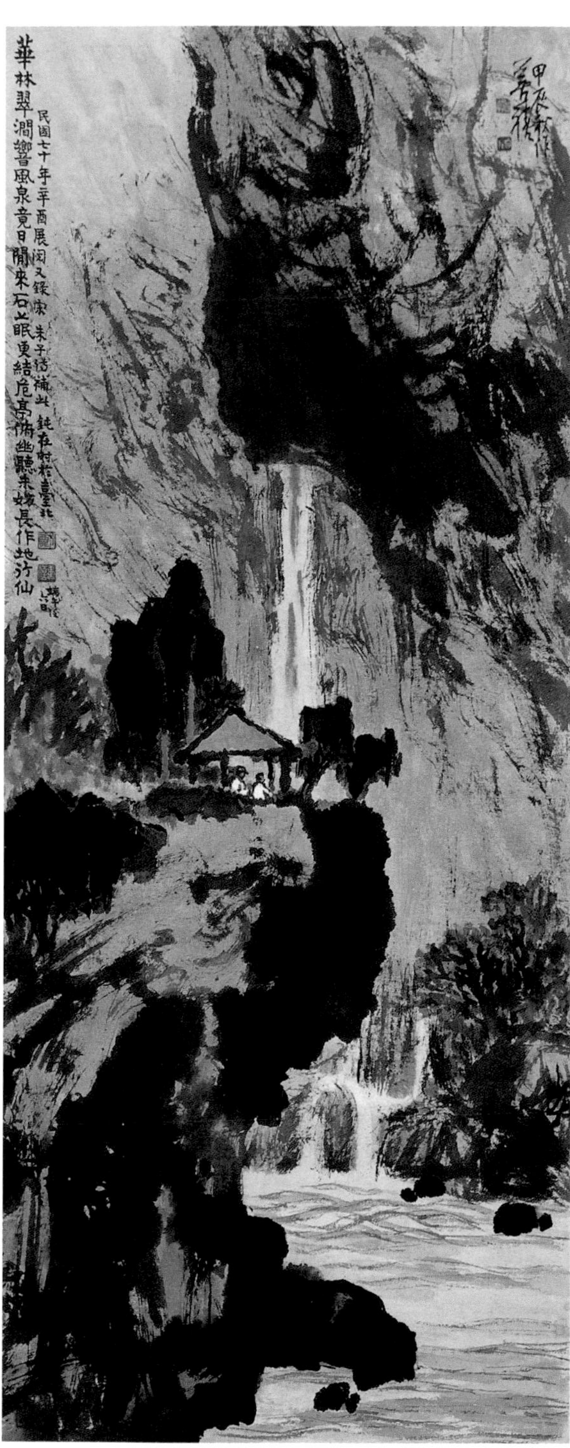

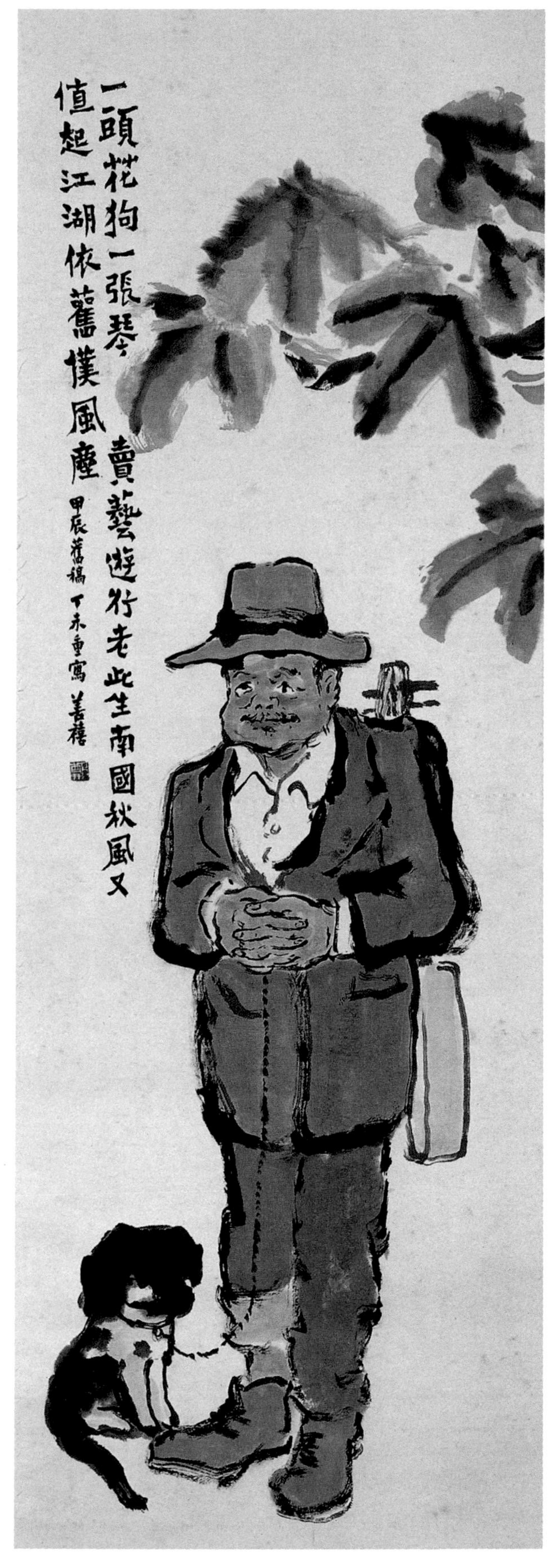

〈藝人〉（1967）爲作者台中街頭所見，他以大筆意描繪一位身著髒舊縐褶的西裝與長褲，戴著舊帽，穿舊鞋的藝人，踏遍街頭，行唱賣藝，似也道盡自己就像畫中的藝人，行走江湖，以畫藝行乞一生的心境。又以金農體書法題款自撰詩文，配以簡單厚拙的楓葉，充滿悲涼的畫境與他所欣

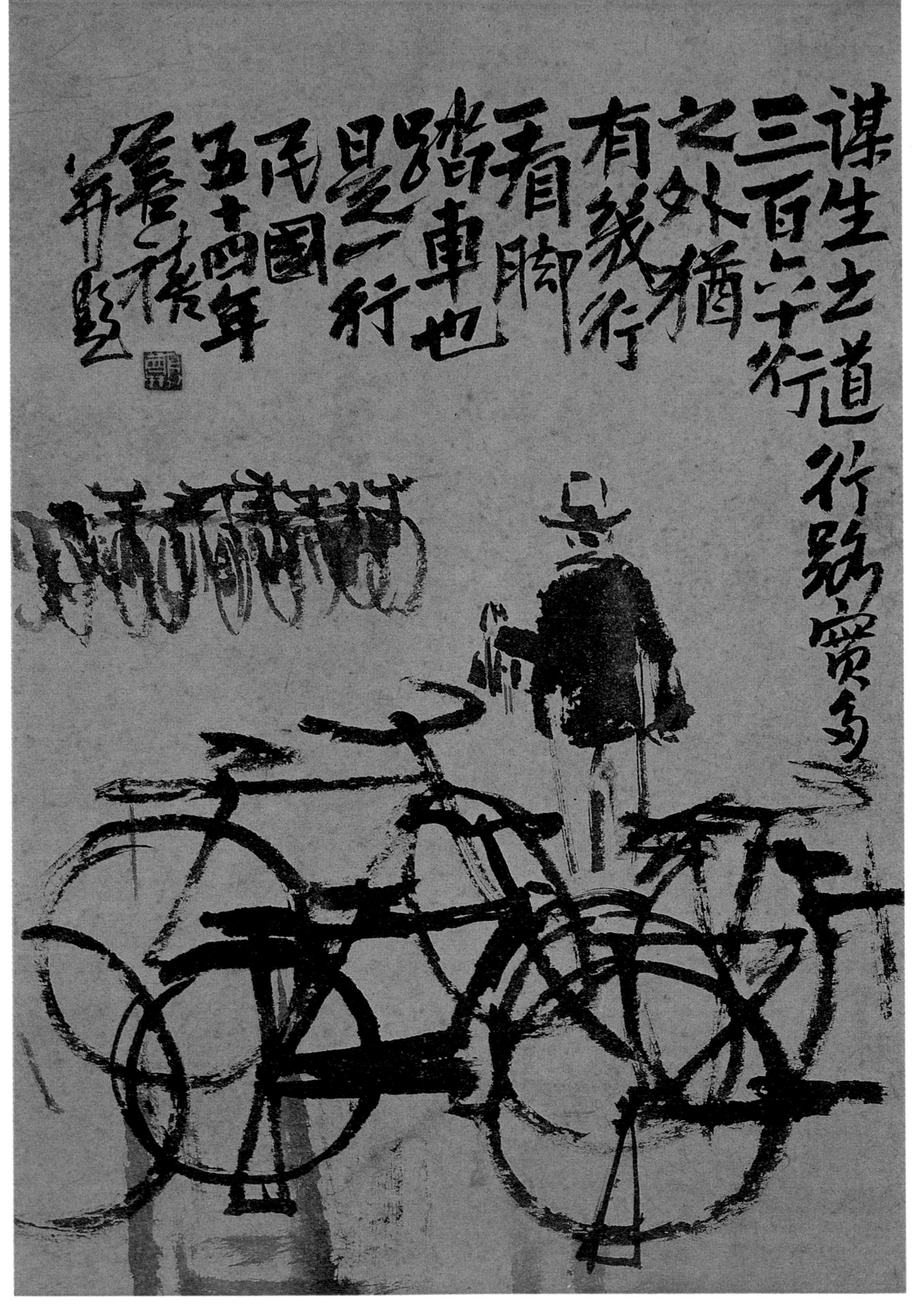

鄭善禧
看車者
1965年
彩墨
41×27cm

鄭善禧
小攤
1967年
水墨
180×45cm（左圖）

鄭善禧
雙禽
1968年
彩墨
37×34.5cm（右圖）

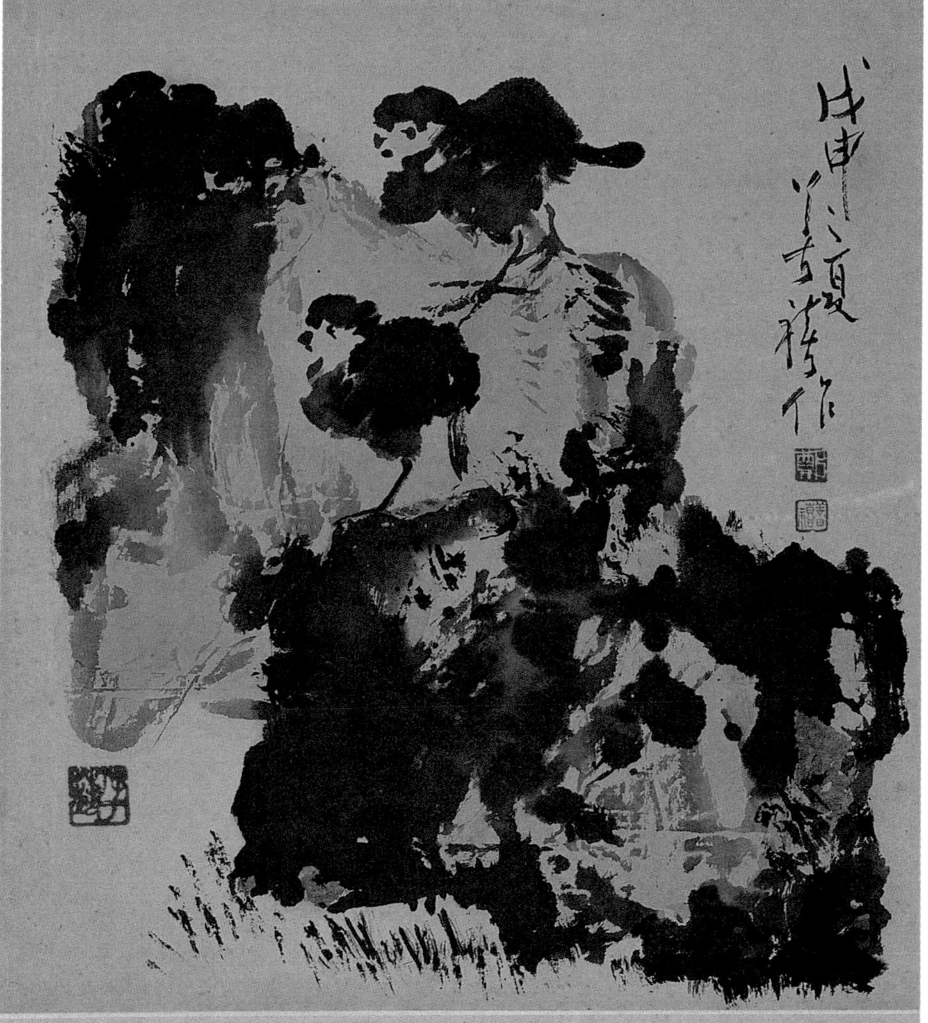

賞的高一峰的〈藝人〉有異曲同工之妙。他平日所練的北魏碑版、金農體及伊秉綬的漢隸，逐漸成爲他題款的字體。此外，〈看車者〉（1965），以水墨線條勾畫三百六十五行之外的看車行業，腳踏車是昔時他與三哥逃難來台的重要交通工具，他情有獨鍾地以插畫般的水墨寫意筆法，寫下他的心境感懷，也可看出他入世的關懷，〈小攤〉（1967），描寫樹蔭下的小吃攤販，樹葉大筆亂掃，一如他畫山水的飛揚筆觸，而攤前或蹲或坐在板凳上的客人，刻劃得逼眞又傳神，台灣的人物畫在鄭善禧的手中活靈活現，一掃古裝人物制式的表情與肢體語言。

〈雙禽〉（1968），是他以水墨畫他拾得來自故鄉包茶葉的雙料毛邊包裝紙，結合上下題款，寄寓著他與父親之間的濃郁深情及兒時學書的翰墨因緣。鄭善禧自嘆：「才拙根鈍，迄此無成。」此畫流露畫家內心深處幽微的情感，雙禽有著擬人化的象徵意涵，頗有八大遺風。〈家鳧〉（1967）水墨畫，既有眞實的形象掌握，又有寫意的筆墨趣味，把寫生注入筆墨生命力，殊爲難得。

鄭善禧出國前，大致仍以筆墨爲重，用色尚不明顯，藉著面對自然的寫生，觀察及努力汲取中國繪畫的傳統，如明末清初四僧，揚州八怪及趙之謙、任伯年、吳昌碩、齊白石的精神，在傳統中嘗試「變新」之道。

在人物畫方面，他以現實的時裝人物取代古裝人物，在山水畫上，寫生與造境兼融，用筆蒼莽，具有現實感的山水正逐步取代傳統的淺絳山水，下開新的山水美學觀。而在抽象畫盛行的六〇年代，五月、東方畫會的現代繪畫，不斷向國際畫壇進軍，鄭善禧當年嶄露頭角的「省展」被視爲保守的時代產物，在急進的抽象畫與傳統國畫的夾縫中，他亟思突破、革新，但他「不敢隨便當『叛徒』，不敢無理地『造反』，總希望『新』要新得好，『變』要變得通。」[註11]

2.旅美後（1969～1977年）：在美國短短的兩年（1969～1971），當他接觸到印象派、野獸派等現代繪畫的主觀用色觀念後，他發現僅用淺絳山水的花青或赭石表現台灣的青綠山水，仍嫌不夠，更無法表現亞熱帶濃蔭密佈的景觀。再加上他在美國曾畫過裝飾畫，對於壓克力顏料的濃艷色澤，頗能掌握。他認爲中國畫應該恢復唐宋時代的寫生經驗和用色條件，追蹤敦煌壁畫的厚彩質感。當色彩觀改變後，他的作畫題材也擴大了，他作畫的媒材更不同了，他畫面的構圖更爲緊湊，當認知結構改變了，整個創作的風貌都隨之轉變了。

在美國時期，他已經大膽地運用色彩，傳達他對異域風景或動物的視覺美感，異國的珍禽是他大膽用色、用筆富設計性又裝飾性的作品，如〈紅鶴〉（1971），再如〈海鴨群相〉（1971）由一隻到四隻的構圖，色彩紅黑對比，又有白色相襯，有齊白石紅花墨葉的用色觀，而同年幾張〈眼紅嘴硬〉、〈叨嘴〉、〈闊嘴吃四方〉、〈悔不該嘴黃〉等色彩鮮艷的一隻大鳥，停立在畫中

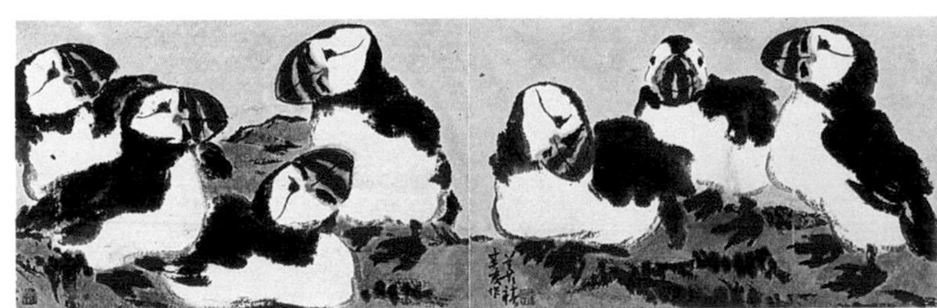
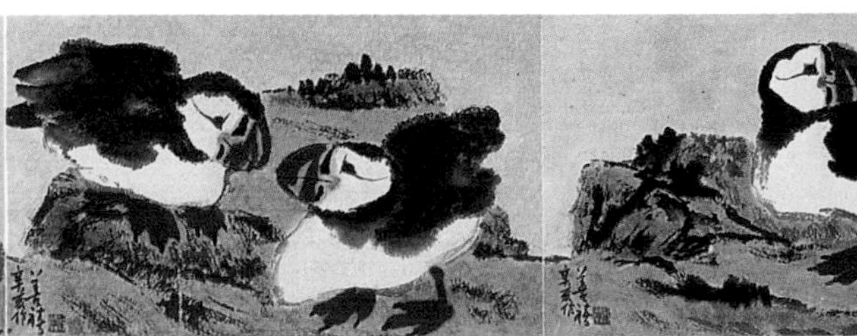

鄭善禧
海鴨群相
1971年
彩墨
24×150cm

鄭善禧
紅鶴
1971年
彩墨
63×37cm（右頁圖）

紅鶴

一九六九 民國五十八年 旅居美國 異邦景物世不新奇 頗寫往時鮮見物象 此其常 豫留寫小品

昔為新奇今不奇，數年之間景物移，國外珍品國內有，稀罕動物竟不稀，恭賀新春。善禧又題所感

世界之大奇形怪狀之物也多 此鳥以鶴名而頭喙生造特異 或余少見而怪 一九六九 善禧寫於美國 在北美

FLAMINGO

辛亥夏間余歸臺灣見臺北動物園已有此鳥成群飼於沼欄之中名為紅鶴 禧又記

轉瞬之間此畫已二十餘年矣。歲月不居，唯寫作能存筆紀耳。一九九三年二月在台北錦安里 純枝

寫生之作，出於自然物象，一本寫實形之不盡，必能到處旅行，常可發現新奇景物，於繪畫創作多有助益，所謂讀萬卷書，行萬里路，古今不移之道也。

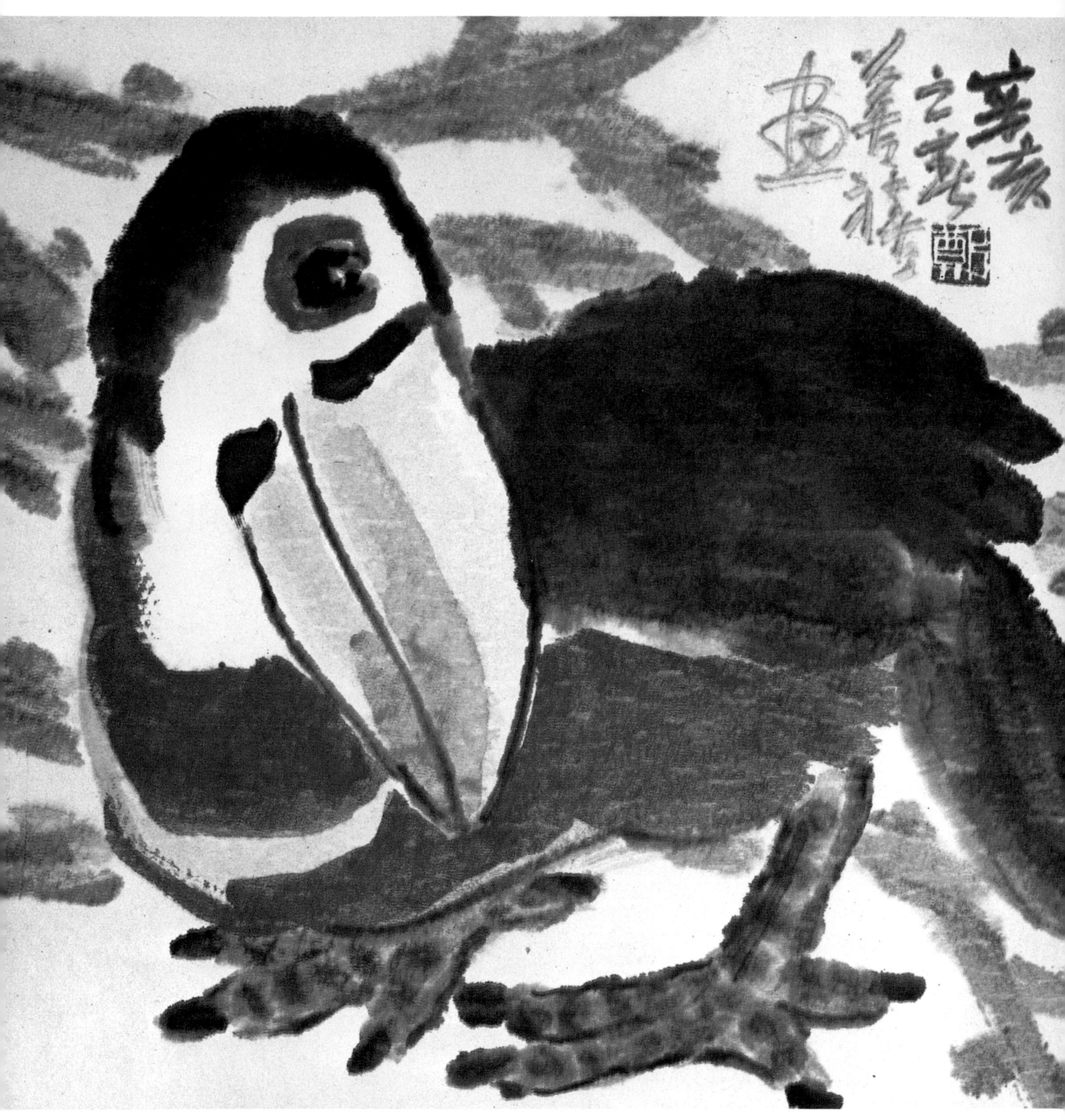

央，配以裝飾性的背景，畫面斗方，媒材爲餐巾紙，凸顯出他在異域創作的新嘗試，而在美國所畫的山水畫，反而有著懷鄉去國的鄉愁感，〈空山幽谷〉曾在美國最喧嘩繁榮的紐約，寫他尚未遊歷過的中國黃山松、石的奇異變化，是神遊故國之作，他初到美國，尚無法以中國筆墨畫出具有北美風土的繪畫，與他在未出國前所畫的台灣鄉土味的繪畫大爲不同。

翌年的〈翔集〉(1970)則大膽地表現群鳥齊飛的盛景，可以看出他受到西方構圖、用色的影響。〈老街．路橋〉(1971)他以恣意的筆觸，畫香港老街、路橋的破舊、斑駁與荒率感，現場感淋漓呈現，正是他想在繪畫上放手一搏的時候。回國後他慢慢沉澱出他在美國的所見所

鄭善禧
眼紅嘴硬
1971年
彩墨
25×26cm（左圖）

鄭善禧
空山幽谷
1969年
彩墨
99×62cm（右圖）

空山幽谷

最愛是空山
幽谷人迹稀
怪的是此畫
原就寫於小美
繁囂的紐約市

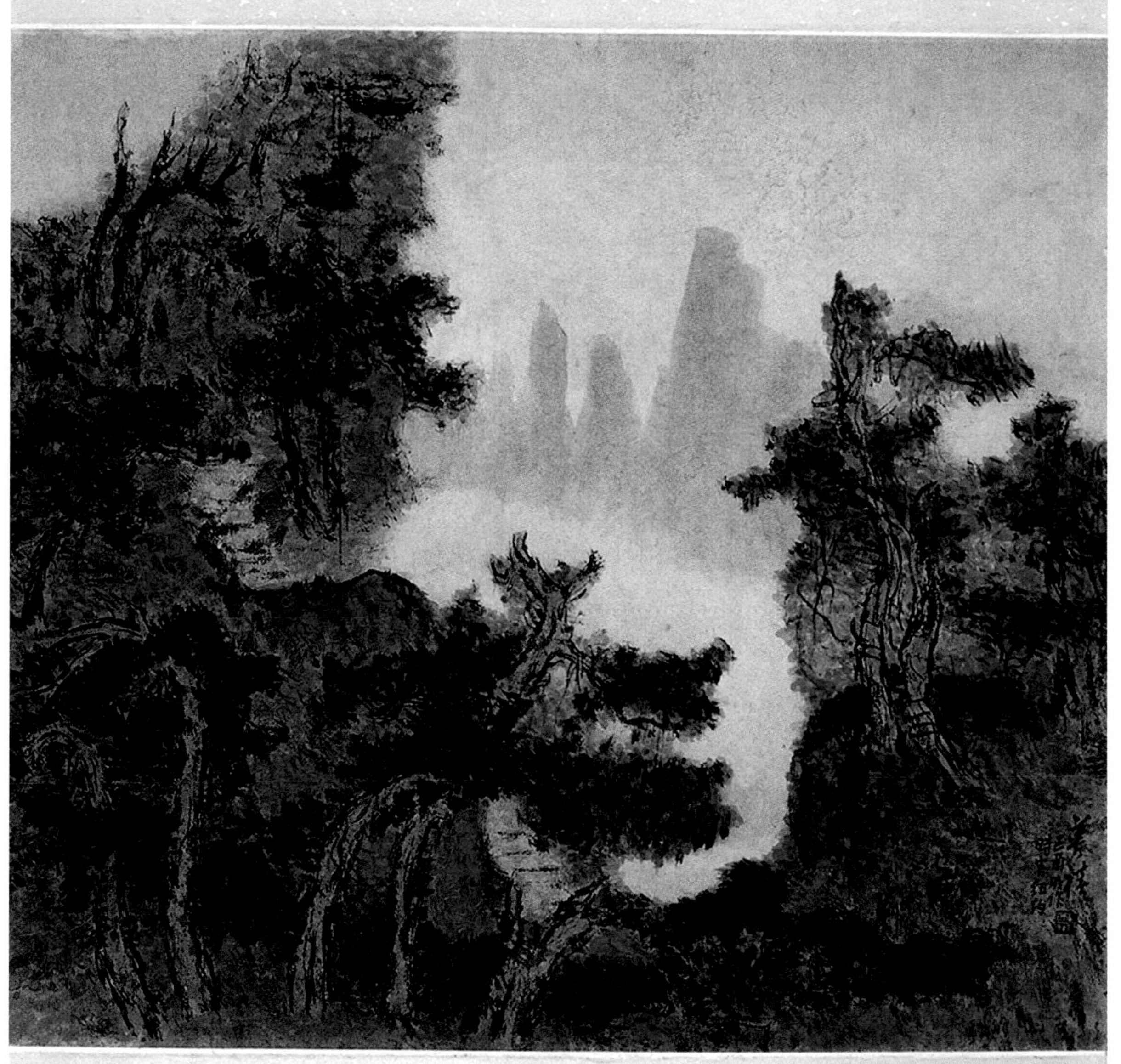

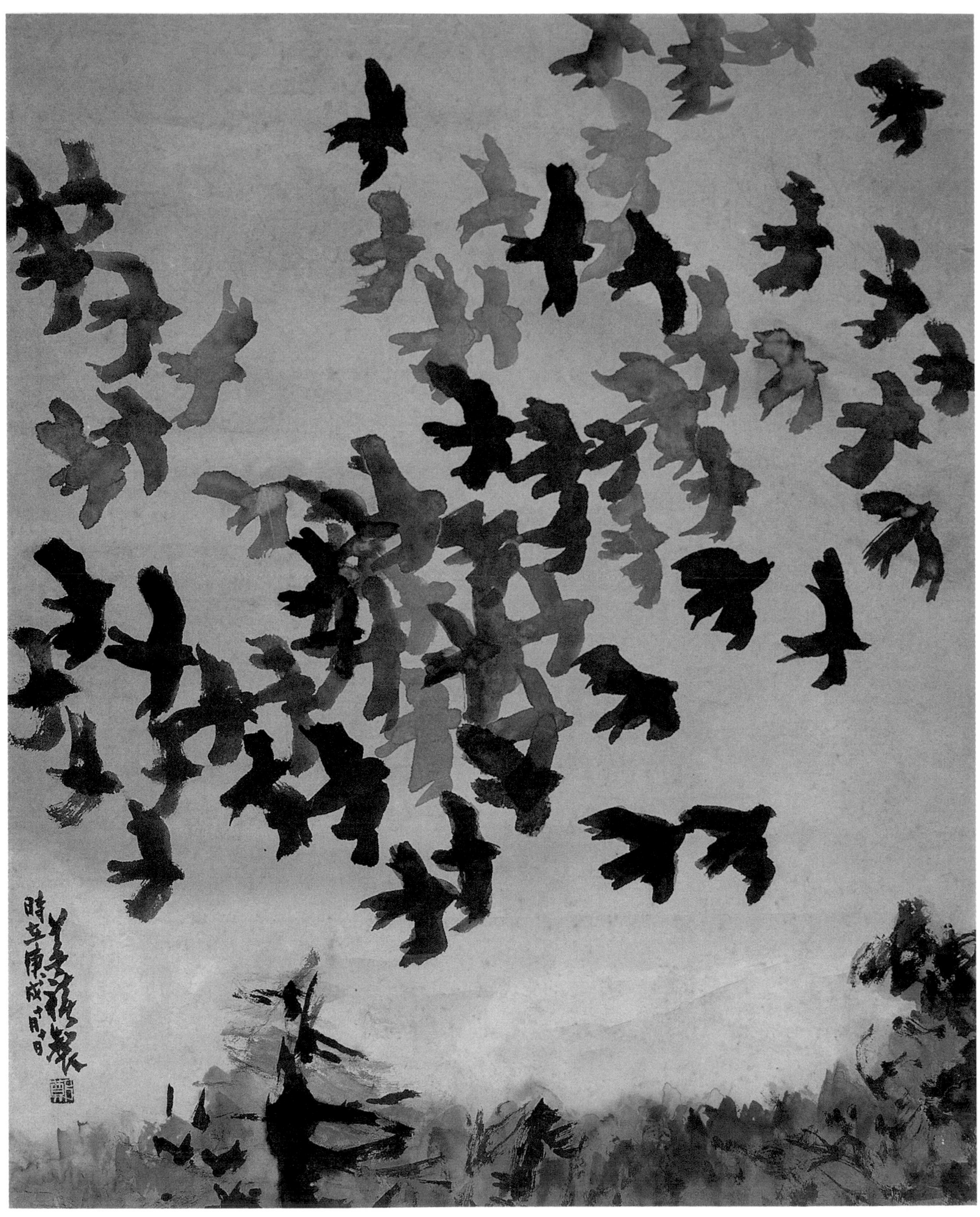
時在庚戌十月日

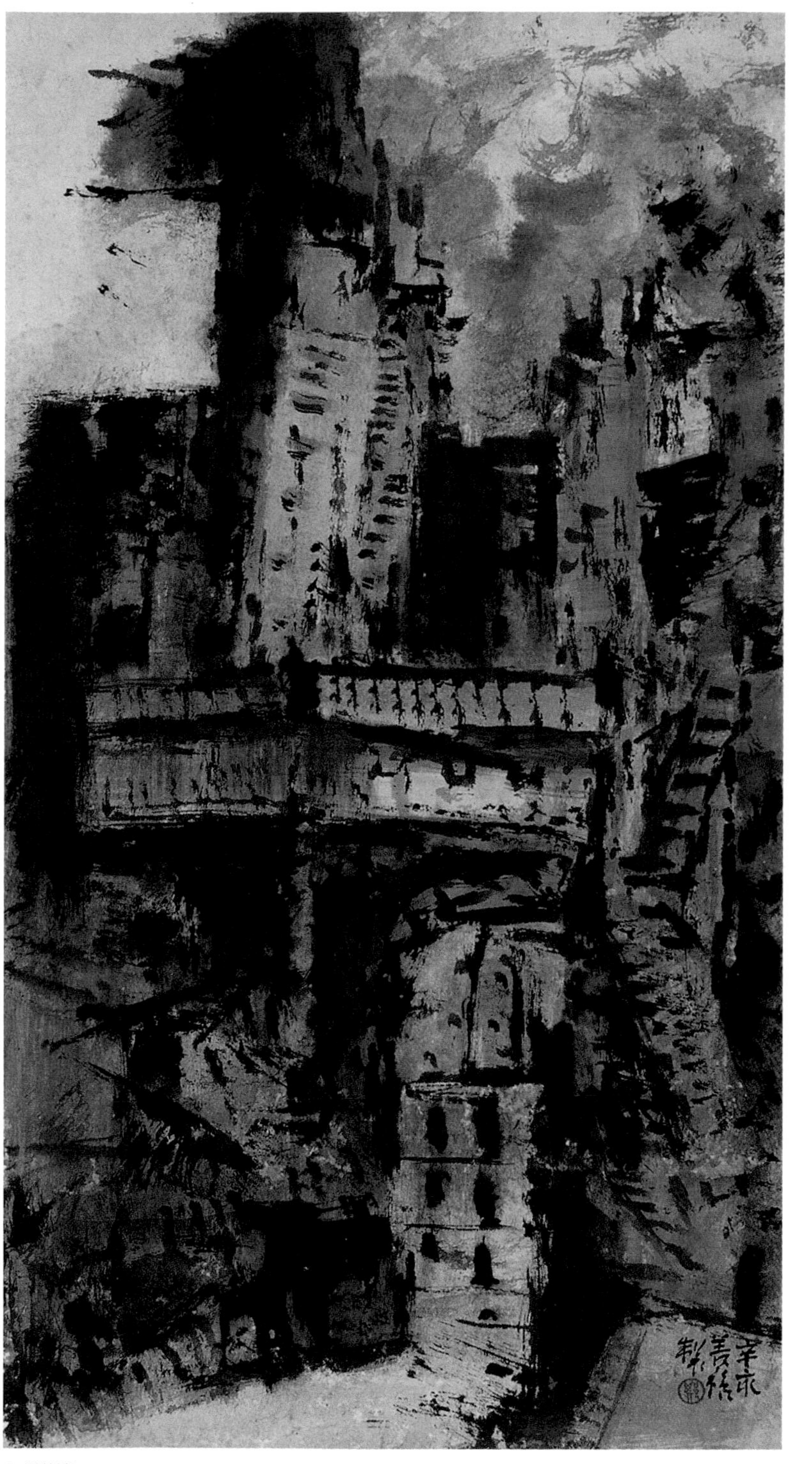

感，經營出許多不同於出國前的山水風貌，尤其是色彩的運用更大膽、活潑，異域風景新貌，使鄭善禧一掃出國前制約性的慣性色彩，更淋漓盡致地用彩。皓皓白雪及大片的楓林，白的雪白，紅的艷紅，大塊色彩的驚艷，更是他人生的新奇體驗。

因此〈寒林積雪〉（1973）銀色大地的寫生意趣，〈碧海丹楓〉（1973）楓紅碧海的密實色點，由黃而紅，極盡艷麗，〈驅車賞秋〉（1973）汽車、帆船皆入畫的秋景，〈濱海賞秋〉（1973）

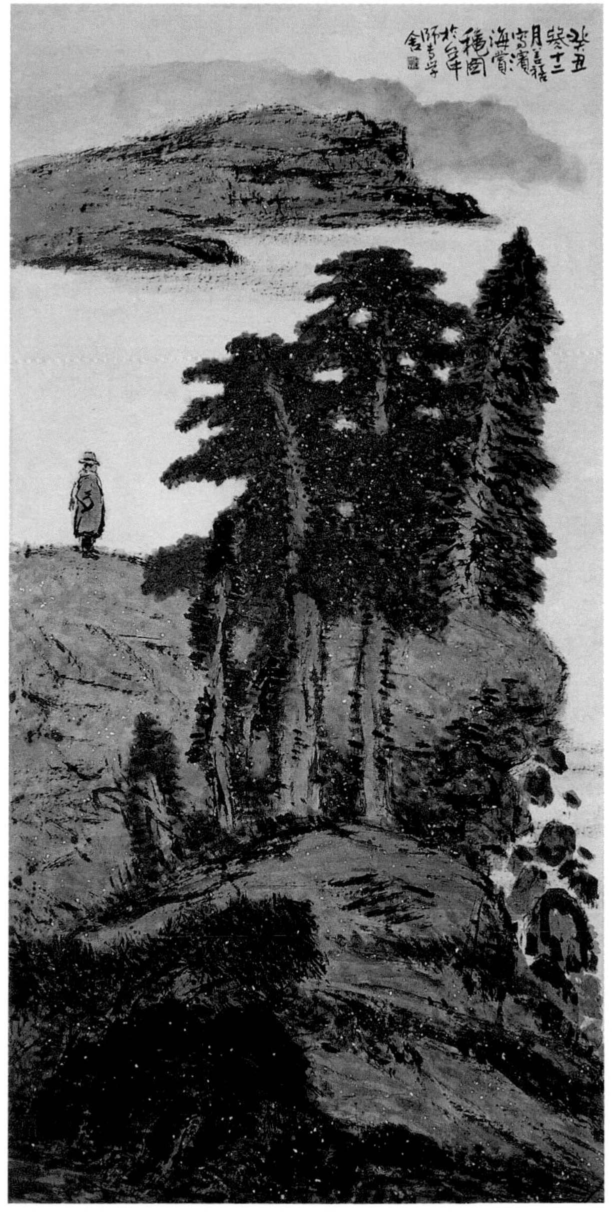

鄭善禧
翔集
1970年
彩墨
60×49cm（左頁圖）

鄭善禧
老街・路橋
1971年
彩墨
58.5×32cm（左圖）

鄭善禧
濱海賞秋
1973年
彩墨
121×61cm（右圖）

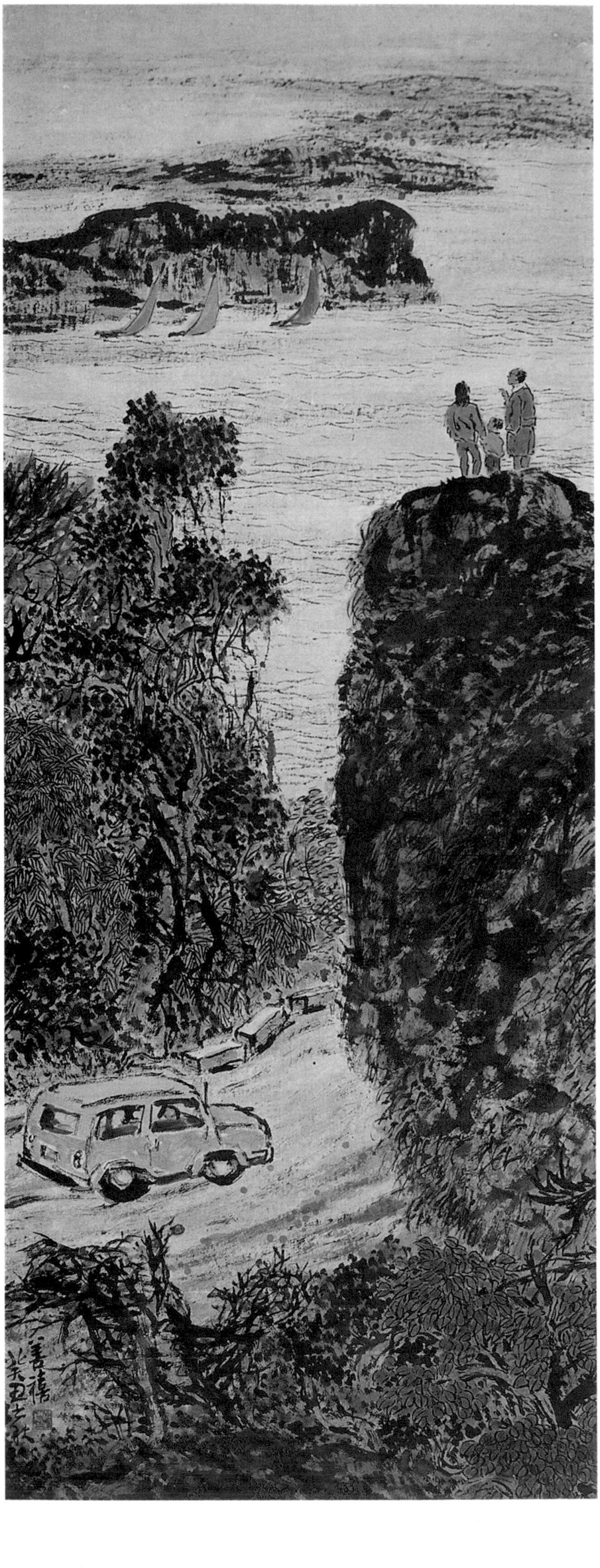

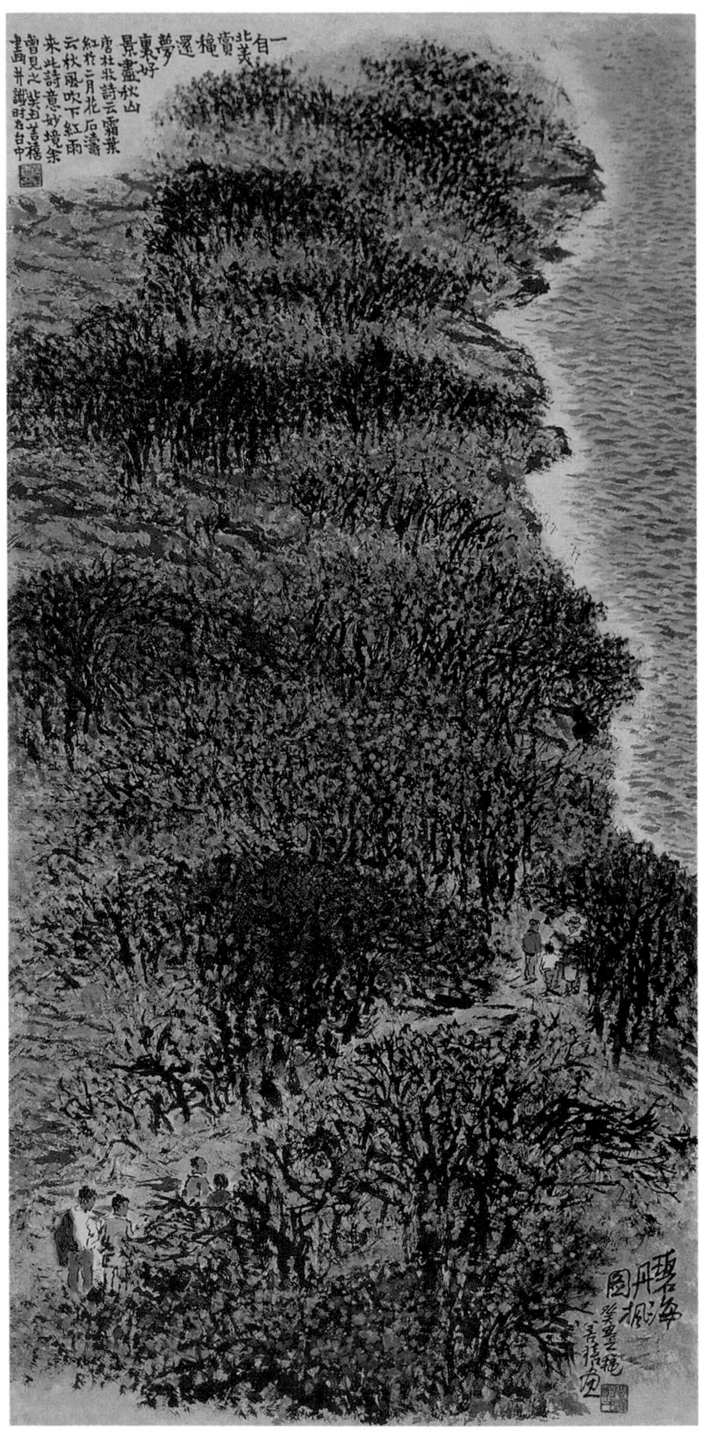

楓紅似火的楓樹，色彩之明麗，有明代民間藝匠出身的藍瑛用色濃麗華艷的繽紛感。他鮮活而饒富地域性的濃墨重彩，也在本期奠定了。

〈山水〉（1972），作者以飽滿、密實的細碎筆觸，點染出蕭瑟秋意，煙雲供

鄭善禧
碧海丹楓
1973年
彩墨
121×60cm（左圖）

鄭善禧
驅車賞秋
1973年
彩墨
149×59.5cm（右圖）

養的山居小村，像在虛無飄渺中，前一瞬清晰在目，下一刻倏然消失，由他所抄題的清沈宗騫芥舟學畫編：「物有常理，而其動靜機趣變化無方。」可知鄭善禧欲捕捉變化無窮的大地生趣。雲海參用工筆畫的「勾雲」，林木以點，層層積澱或用短筆線，密密織合，筆繁而墨彩並重，全畫以繁密重濁的點與短線堆疊出山村景象，在一片乾枯澀濁的秋景中，蘊含著滿而秀的豐實感，正是他所掌握的自然常理。

〈一樹紅麗香〉（1973），以樹爲主角，枝幹左右交織伸展，撐傘遊客及亭舍爲點景，青山爲背景，畫出寶島艷陽天，山常綠，花常開，春常好的地域勝景。

〈碧潭泛舟〉（1974），〈橫貫公路山谷幽深〉（1976）他以濃重、頓挫的粗黑線條，擦染山石，並表現山石的明暗向背關係，捕捉台灣草木

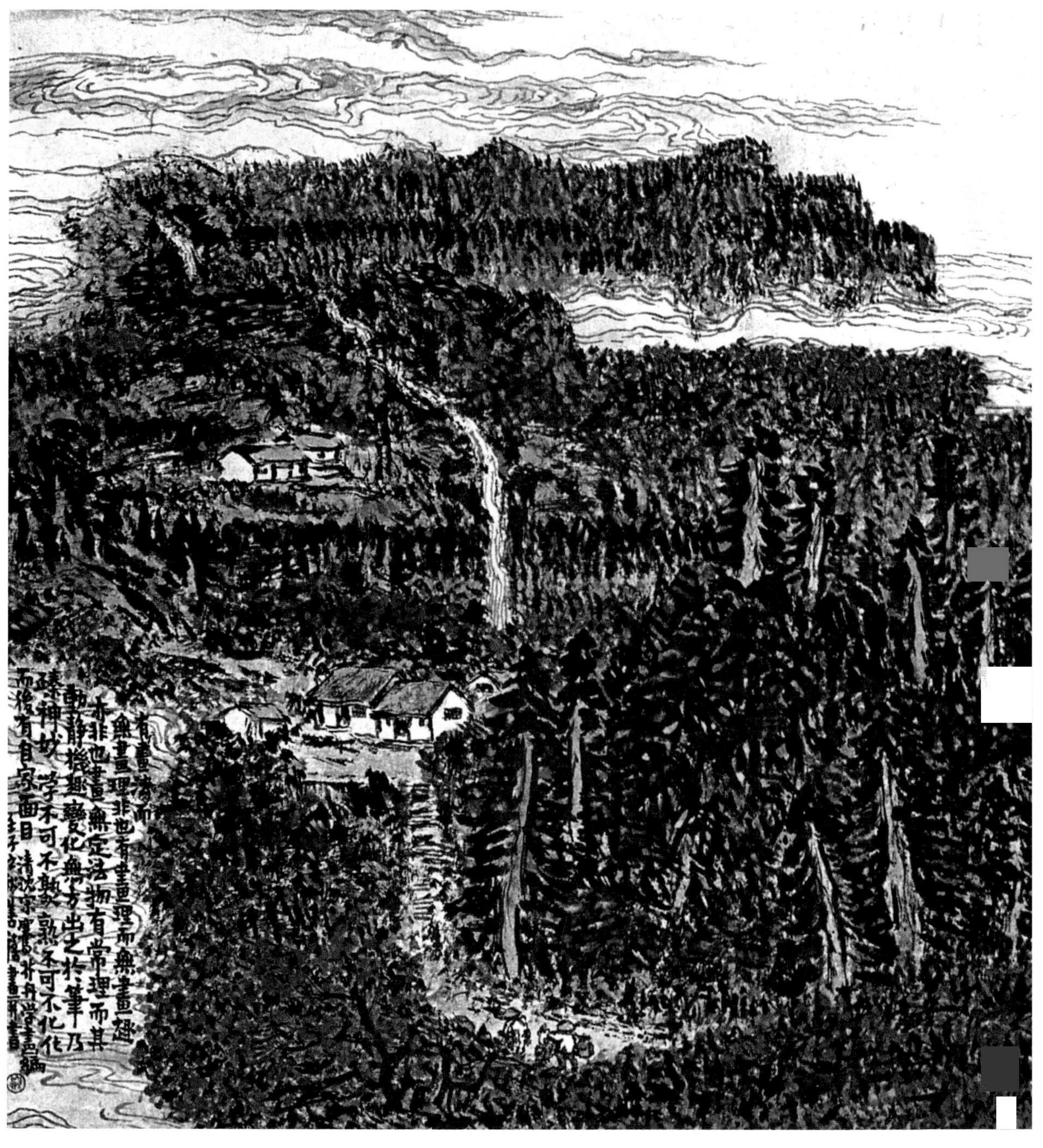

鄭善禧
山水
1972年
彩墨
90×90cm

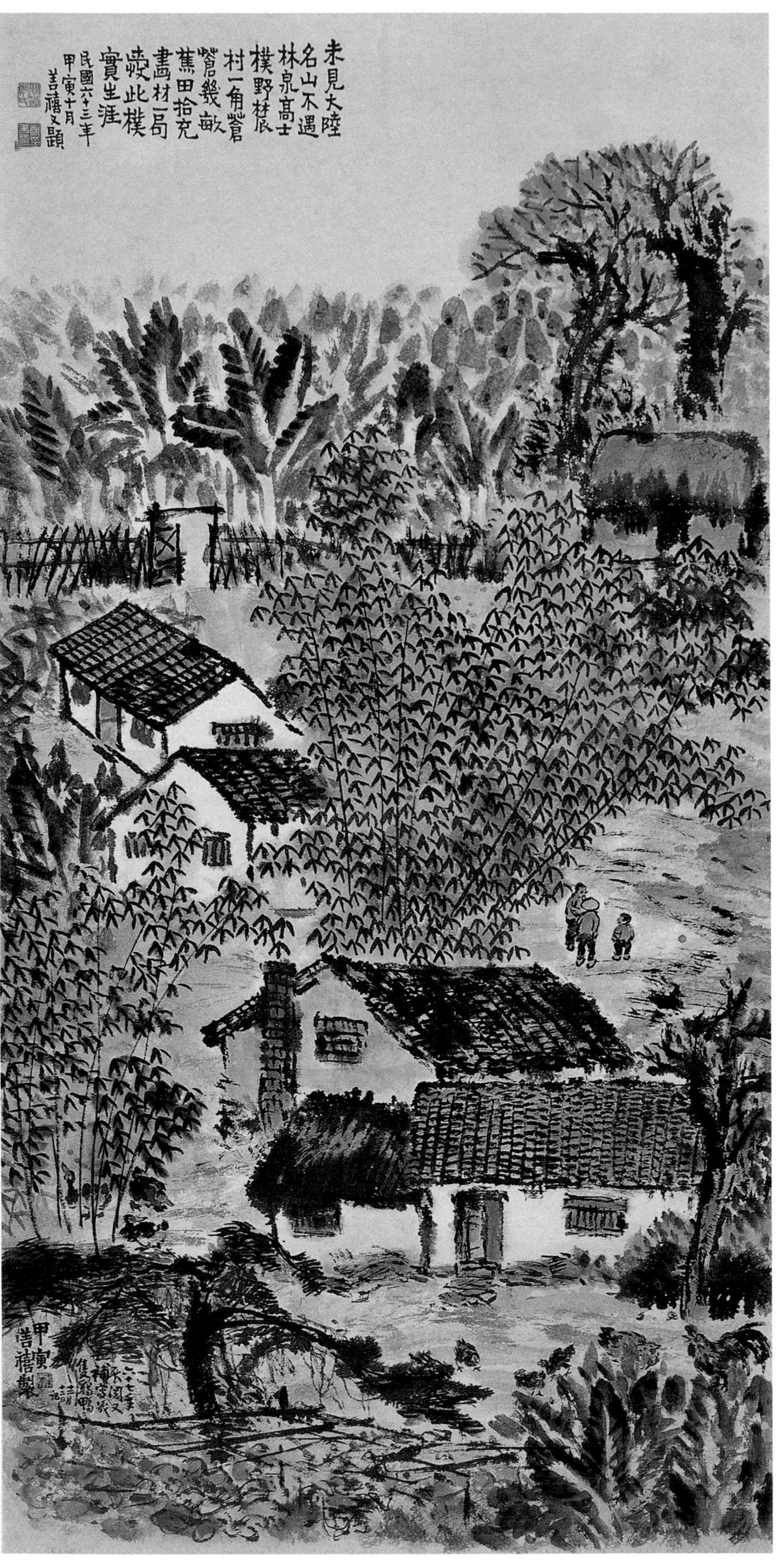

鄭善禧
蕉園春舍
1974年
彩墨
120.5×60cm

鄭善禧
秋風歌舞
1976年
彩墨
52×48cm（右頁圖）

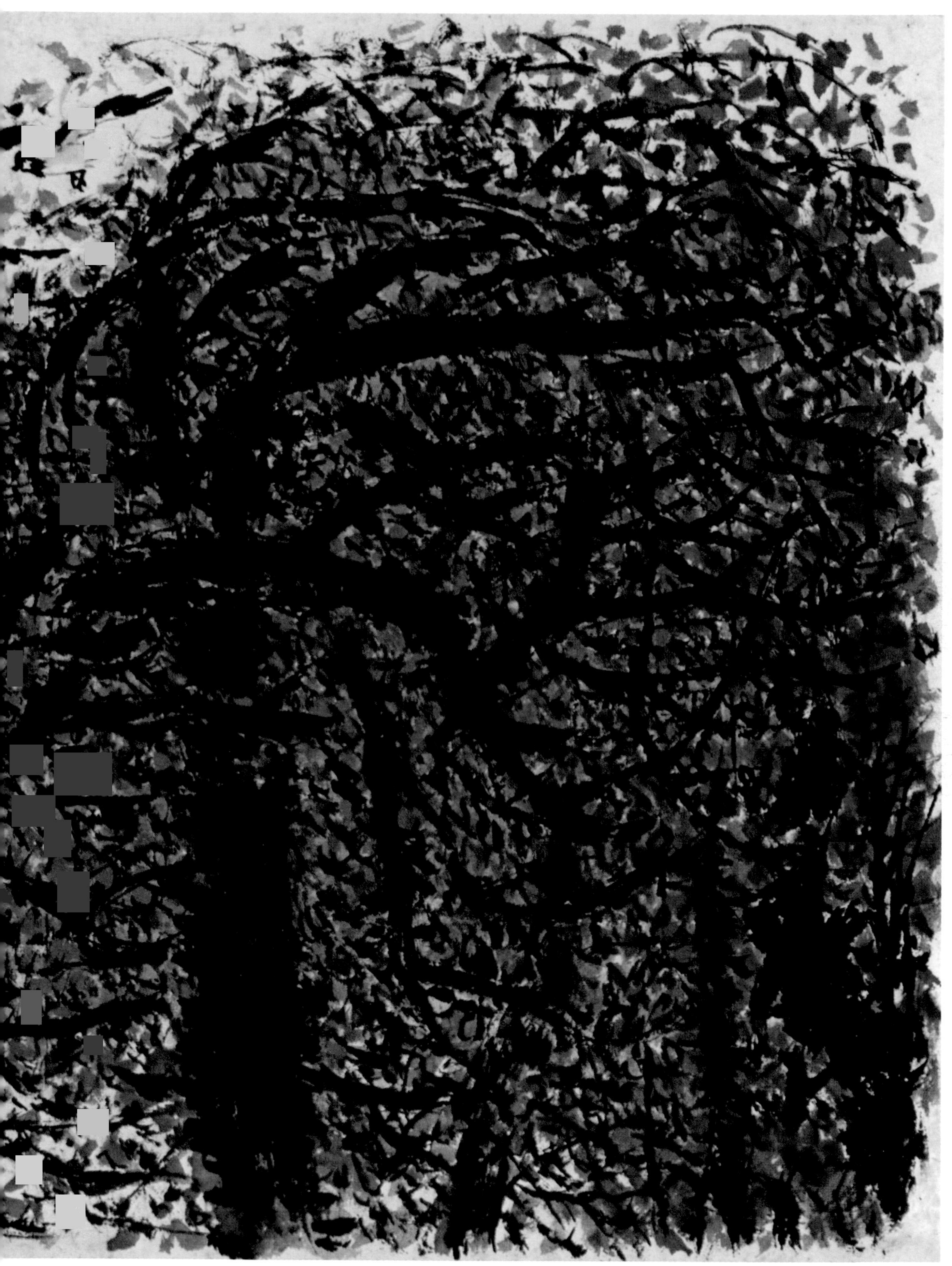

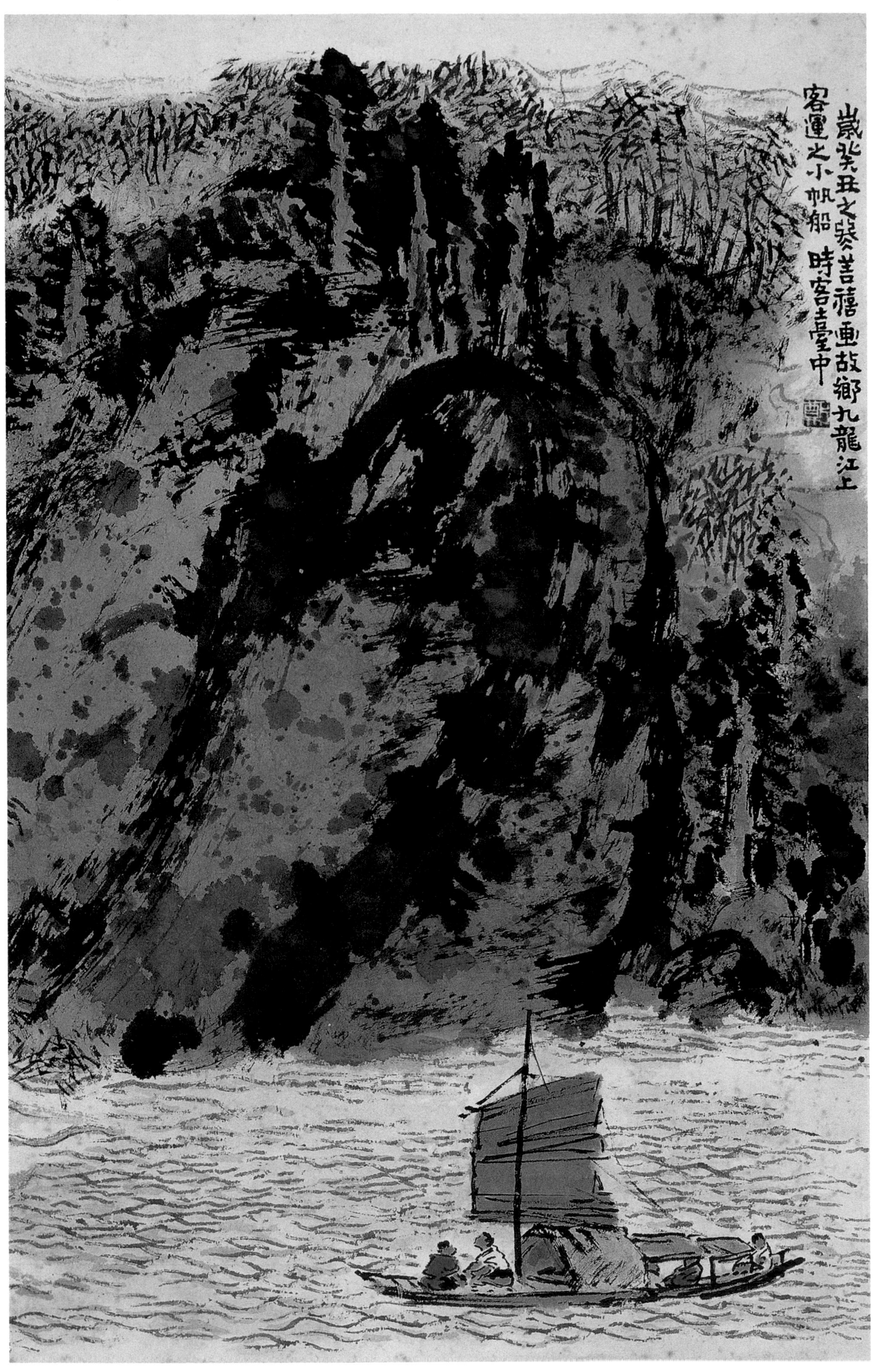
歲癸丑之癸善禧畫故鄉九龍江上
客運之小帆船 時客臺中

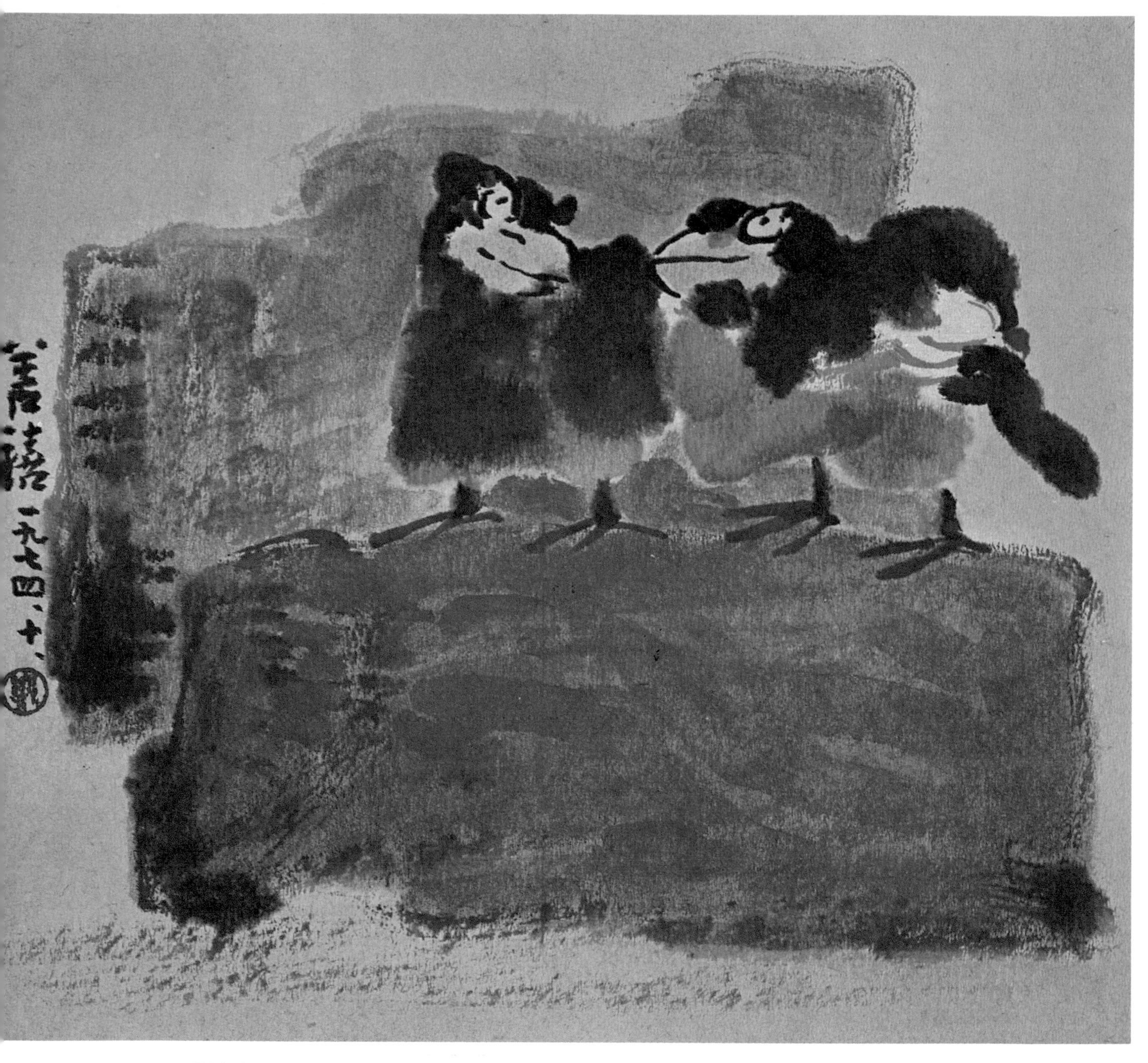

鄭善禧
故鄉客船
1973年
彩墨
60×38cm（左頁圖）

鄭善禧
相視而笑
1974年
彩墨
24×27cm

觀念啓迪，所以在造形或用色上，大膽而富設計性，別出新裁。〈相視而笑〉(1974)，以平塗的裝飾性色彩塗繪綠地紅石，兩隻禽鳥相視而笑，在大筆寫意中，彩墨並發。

〈待舉英雄〉(1976)，畫家不畫金雞獨立，雄姿英發的公雞，而畫敗軍之將不可言勇的鬥雞，在題材上、色彩上、表現上都與衆不同，足見畫家的匠心獨運。

本時期的重點是鄭善禧「引西潤中」，從印象派、野獸派中獲得色彩的運用，又「汲古潤今」，從齊白石的「濃墨重彩，才有神采」中得到消息，更從同樣任教於台中師專的前輩畫家林之助，認識東洋畫豐富的用色、染色。

天地中有麗彩，黑白的水墨只是其中一種而已，色墨交併，使「墨因色而潤澤，色因墨而厚重」，鄭善禧由此建立了個人形象鮮明的入世色

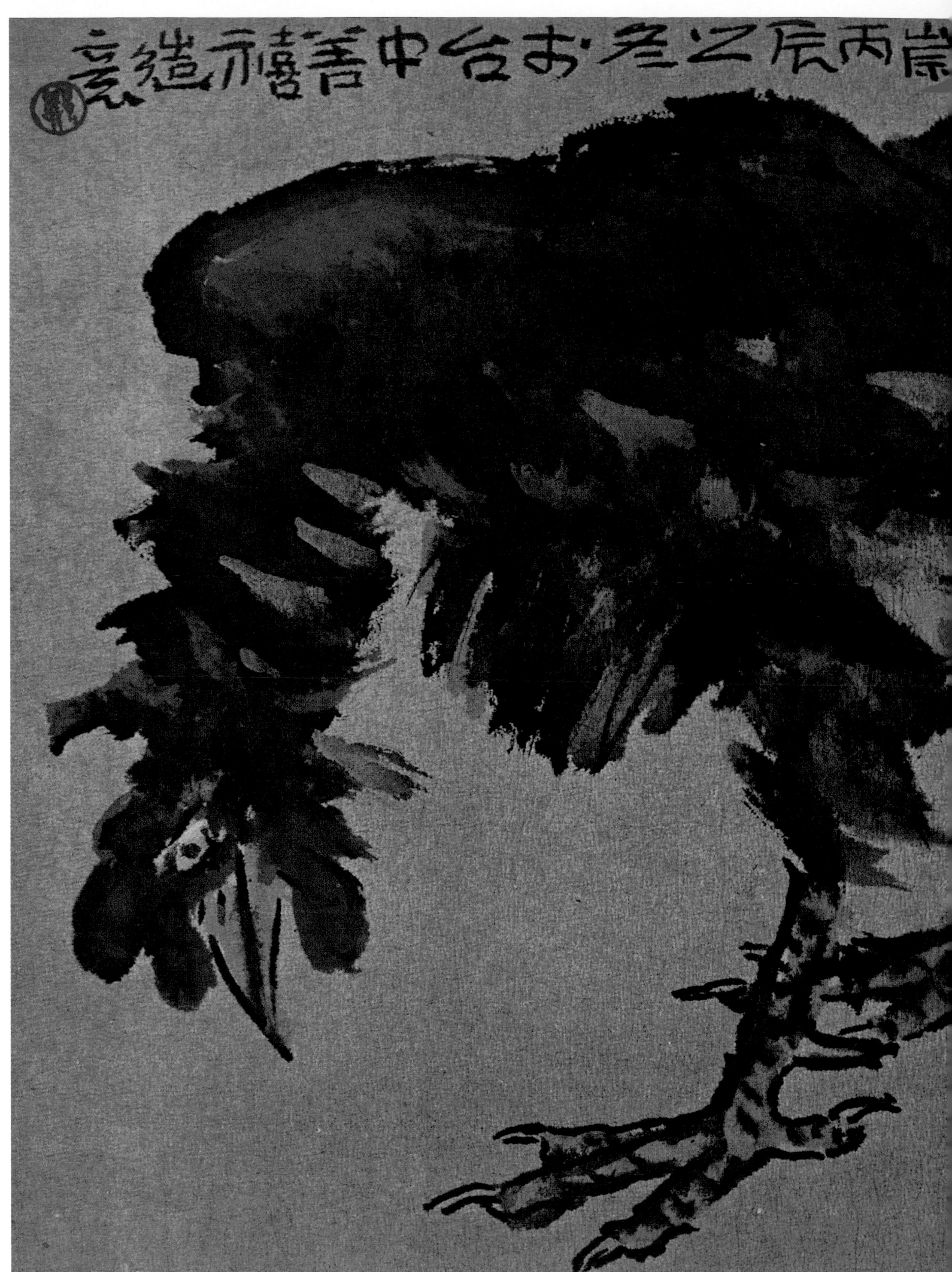

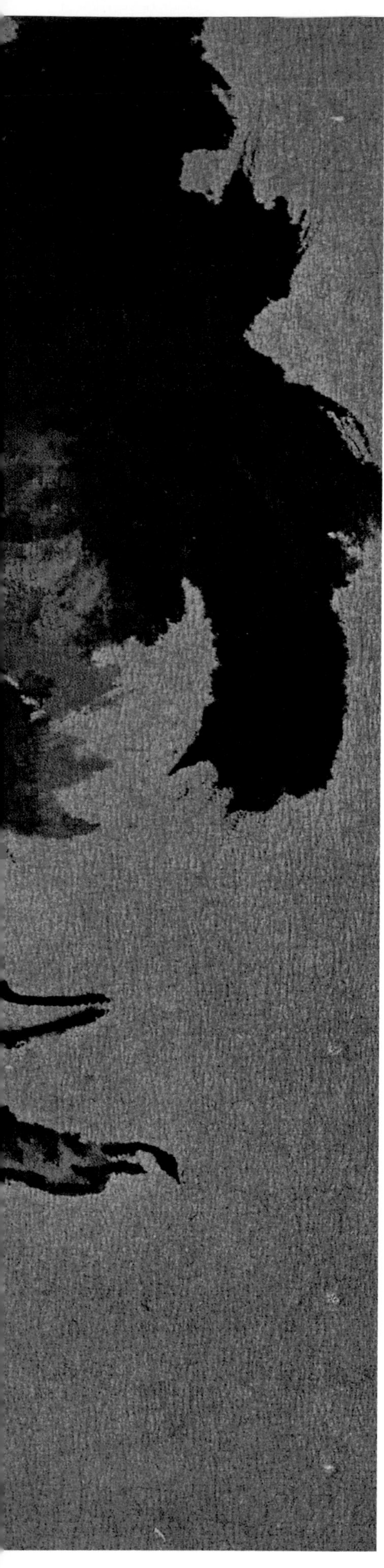

鄭善禧
待舉英雄
1976年
彩墨
25×26cm

彩，又加入現實的世間男女點景人物與時代科技產物，雖不入時人眼，他仍我行我素，畫他所見，愛他所畫。

在七〇年代中期，美術的鄉土運動如火如荼地展開，鄭善禧在六〇年代中期，就因爲教學輔導的關係，常常深入山區，或畫水彩或畫水墨，將寫生所得融入畫境，加上他在台中師專負責《國教輔導》編輯，常畫插圖，(註14)他把豐富的插圖經驗融入水墨畫中，而在七〇年代中期，他「濃墨重彩」的畫風已然成形，成就了他畫台灣山、台灣人的本土繪畫風貌。

（四）藝術融匯期（1977年～迄今）

一九七七年夏，鄭善禧在台灣師範大學藝術系任教，負責「畜獸寫生」與「人體素描」等課程，本時期是他由四十五歲人生的壯年期迄今七十歲的作品總彙。

由於「畜獸寫生」的課程，鄭善禧時常帶領師大同學到動物園寫生上課，一九七七年以後他的動物群相，除了上一時期的小雞、鳥、海鴨外，出現牛、兔、浣熊、九節狸、虎、豬、狗、鷹、猴、駱駝、大象等等動物，而最大量出現的是牛與牧童的主題，攀牧、柳蔭泛牧、榕蔭散牧、出牧迎春、放牧、榕道放牧、春林歸牧等等作品，鄭善禧之愛畫牛，他說：「我家是禁食牛肉的，牛的性情樸實溫和，在田野草原或山坡之間，有時伴著白鷺、烏鴉，徐徐喫草的情景是很好的畫面，當其工作時，那種勤勞、持重、穩健和耐力，更是感人，尤其是水牛更是中國畫中的好題材，台北中山堂黃土水那片牧牛浮雕，予人深厚印象，牛確是最富有台灣風土韻味的題材。」(註15)

鄭善禧往往從動物園中捕捉牛的生動姿態，再配上老榕樹下牧童與牛的促狹生動畫面，充滿農業時代溫馨、親切的田園牧歌情趣。這幅牧童騎在牛背上，一起與牛在水中戲水、戲鴨的〈柳蔭放牧〉（1977）鄭善禧自題畫云：「歲丁巳季冬移居台北錦安里三個月，總覺無如台中舊厝寧靜，寫此村間景物牧童放牛家鴨玩水自然和諧，益爲感羡村居之樂。」由此可知，散發著泥土芬香的農家樂，才是他心中深深嚮往的樸實鄉居生活，這種深富童心的畫境，正透顯出人與自然，人與動物的親和共生，也流溢出畫家本人的天性與眞性情。

這類牧牛圖若與李可染的牧牛圖相較，鄭善禧的牛土拙、壯碩、溫馴，寫生較多，沒有一定的成法；李可染的牛靈動、瘦勁，有個性，寫意較濃，而兩人追求寧靜、樸實、悠閒的意趣則一致。

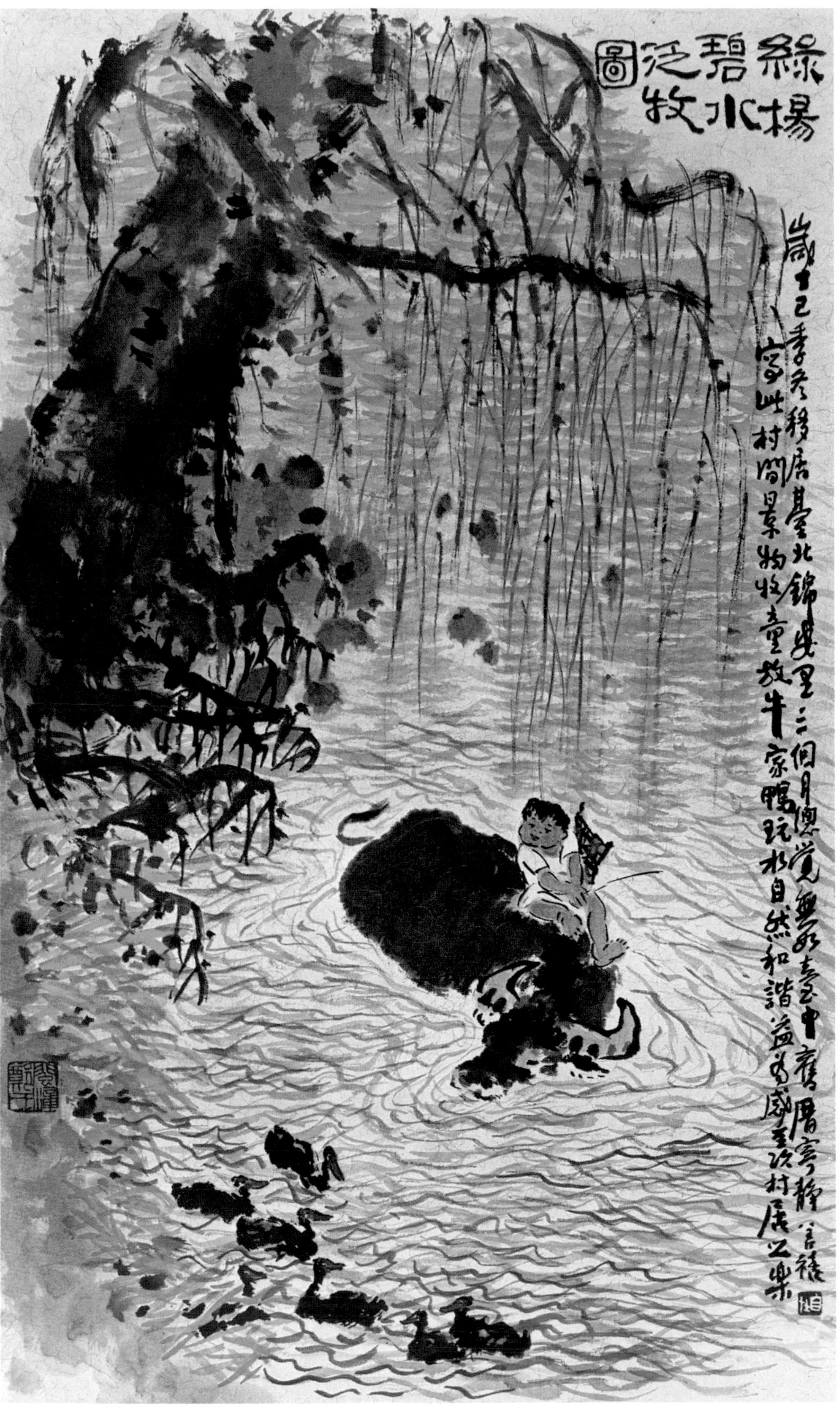

鄭善禧
柳蔭放牧
1977年
彩墨
69×45cm

鄭善禧
攀牧
1978年
彩墨
67×70cm
（右頁圖）

人生因藝術而豐富・藝術因人生而發光

藝術家書友卡

感謝您購買本書，這一小張回函卡將建立您與本社間的橋樑。我們將參考您的意見，出版更多好書，及提供您最新書訊和優惠價格的依據，謝謝您填寫此卡並寄回。

1.您買的書名是：____________________

2.您從何處得知本書：

□藝術家雜誌　□報章媒體　□廣告書訊　□逛書店　□親友介紹

□網站介紹　□讀書會　□其他

3.購買理由：

□作者知名度　□書名吸引　□實用需要　□親朋推薦　□封面吸引

□其他 ____________________

4.購買地點：__________ 市（縣）__________ 書店

□劃撥　□書展　□網站線上

5.對本書意見：（請填代號1.滿意 2.尚可 3.再改進，請提供建議）

□內容　□封面　□編排　□價格　□紙張

□其他建議 ____________________

6.您希望本社未來出版？（可複選）

□世界名畫家　□中國名畫家　□著名畫派畫論　□藝術欣賞

□美術行政　□建築藝術　□公共藝術　□美術設計

□繪畫技法　□宗教美術　□陶瓷藝術　□文物收藏

□兒童美育　□民間藝術　□文化資產　□藝術評論

□文化旅遊

您推薦 __________ 作者 或 __________ 類書籍

7.您對本社叢書　□經常買　□初次買　□偶而買

廣　告　回　郵
北區郵政管理局登記證 北台字第 7166 號
免　貼　郵　票

藝術家雜誌社　收

100　台北市重慶南路一段147號6樓

6F, No.147, Sec.1, Chung-Ching S. Rd., Taipei, Taiwan, R.O.C.

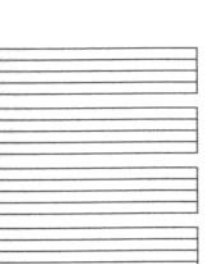

Artist

姓　　名：＿＿＿＿＿＿ 性別：男□ 女□ 年齡：＿＿＿＿

現在地址：＿＿＿＿＿＿＿＿＿＿＿＿

永久地址：＿＿＿＿＿＿＿＿＿＿＿＿

電　　話：日／＿＿＿＿＿＿ 手機／＿＿＿＿＿＿

E-Mail：＿＿＿＿＿＿＿＿＿＿＿＿

在　　學：□ 學歷：＿＿＿＿＿＿ 職業：＿＿＿＿＿＿

您是藝術家雜誌：□今訂戶　□曾經訂戶　□零購者　□非讀者

客戶服務專線：**(02)23886715**　E-Mail：**art.books@msa.hinet.net**

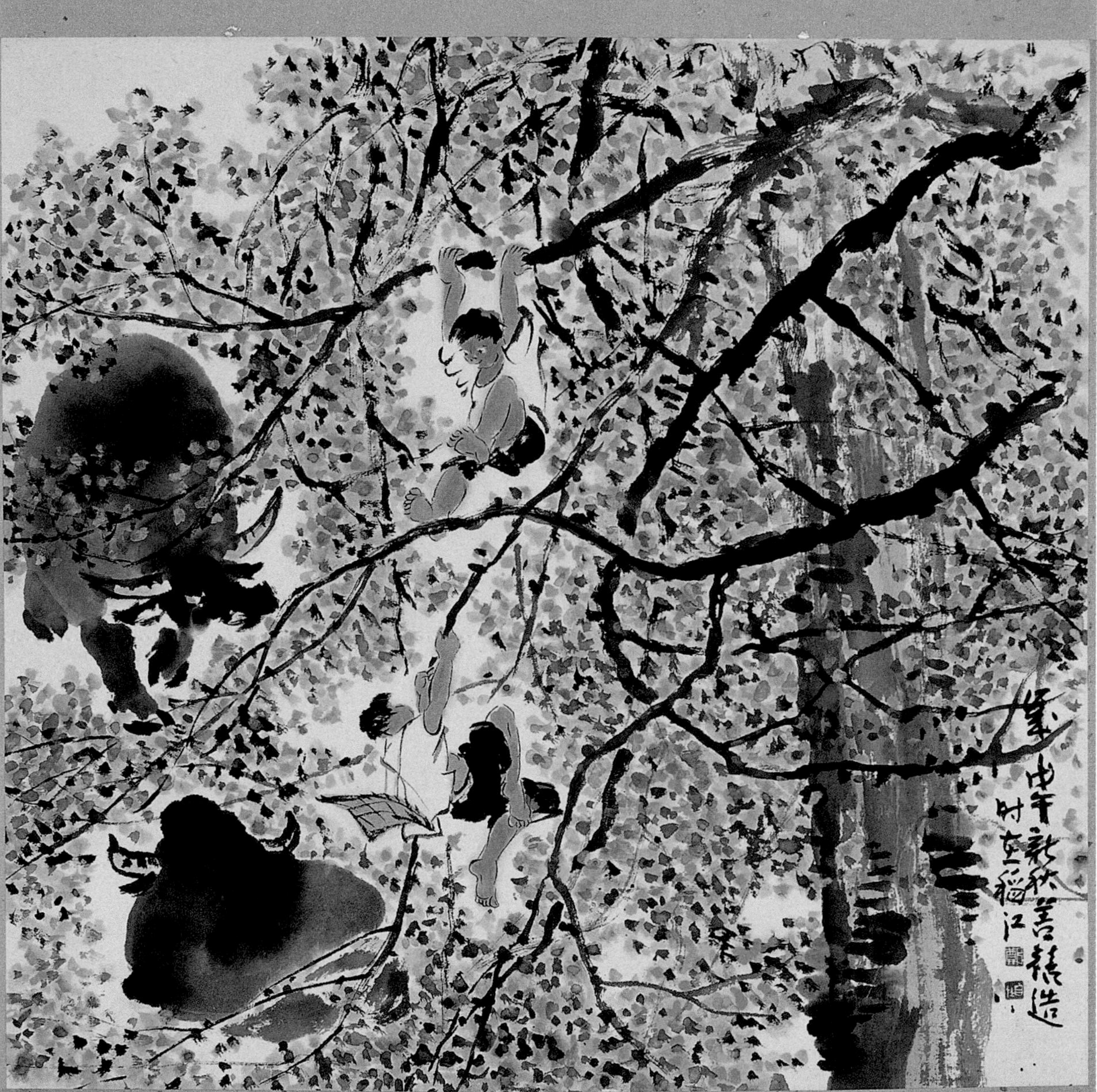

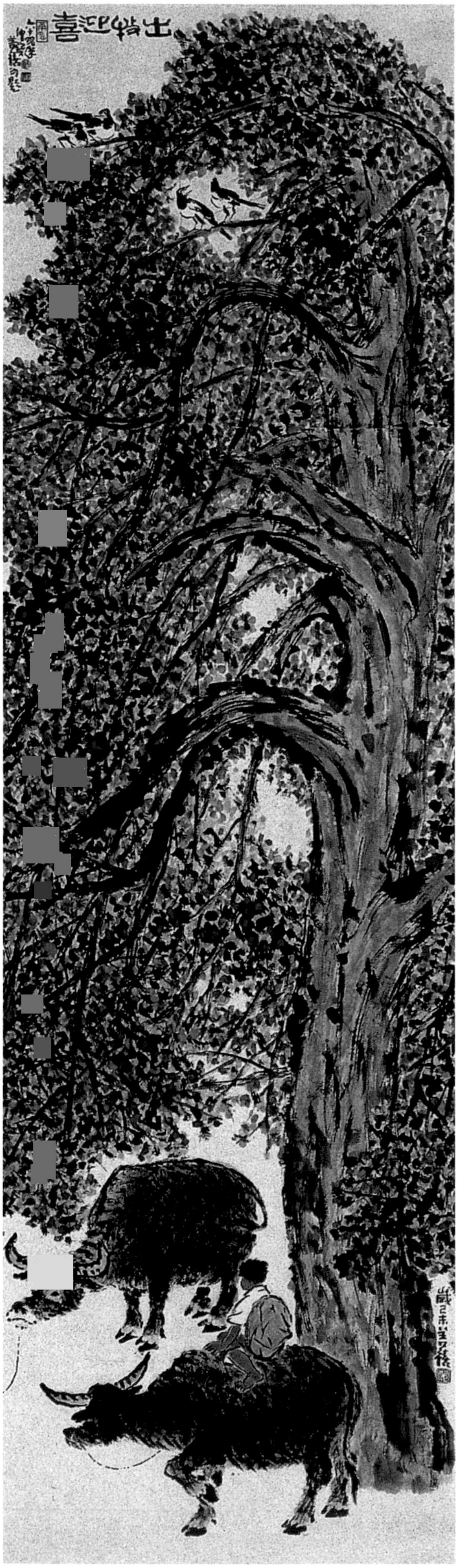

在民藝題材的開拓上，也是本期的特色，鄭善禧認爲民藝中特有的樸拙美感，常流露出微妙的天趣，他並以白石老人爲師法對象，致力於將民間藝術與古典繪畫的雅與俗結合起來。舉凡〈布袋戲〉（1979）、〈提線傀儡戲〉（1979）或〈弄獅〉（1985）、〈元宵燈節〉（1985）都是他從本土民俗活動取材結合筆墨及民間藝術的穠麗設色，配以書法題款，而自成一格，盈溢著濃厚的市俗喜慶氣氛與裝飾意趣。

他也從街頭藝人及平劇上取材，如老背少（1978）、老少江湖（1978）、鎖麟囊（1979）、丑與彩旦（1978）、八丑踩蹻陣（1984）等作品，民間藝術與水墨畫之間的通權達變，戲偶人物畫的神韻捕捉，寫實技法與寫意筆墨的會通，是鄭善禧現階段思考的新路向。

另外畫家居家生活的器用物品如便當、電話、茶杯、碗筷或兒女的布娃娃、玩具也成爲他寫生入畫的最佳對象。他不忌通俗題材，生活周

鄭善禧
出牧迎春
1980年
彩墨
58×185cm（左圖）

鄭善禧
布娃娃
1978年
彩墨
46×46cm（右圖）

鄭善禧
提線傀儡
1979年
彩墨
180×45cm×2
（右頁左圖）

鄭善禧
弄獅
1985年
彩墨
26.5×76cm
（右頁右圖）

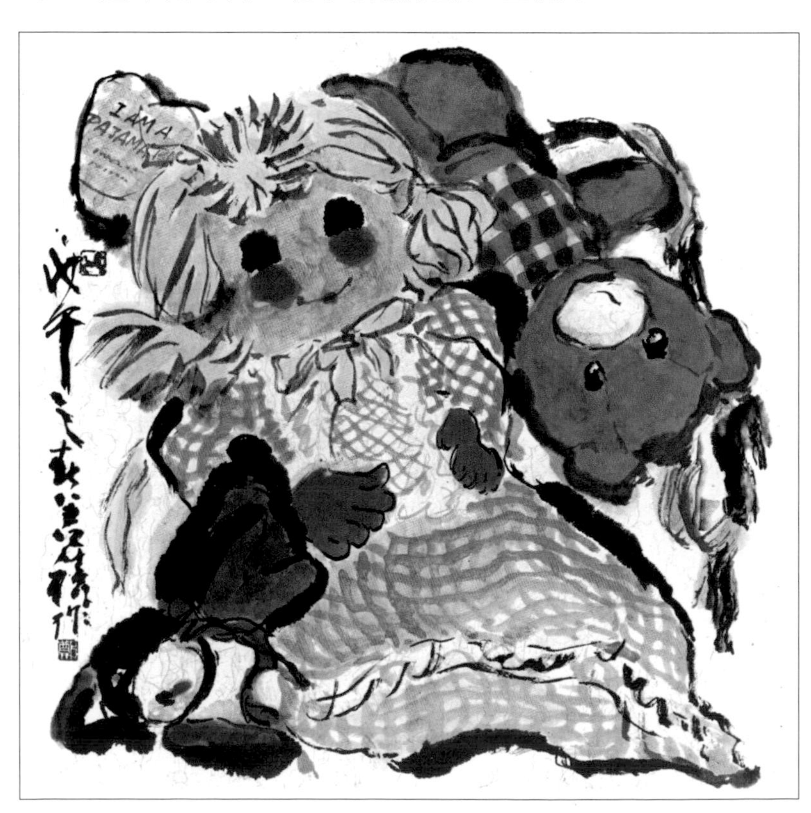

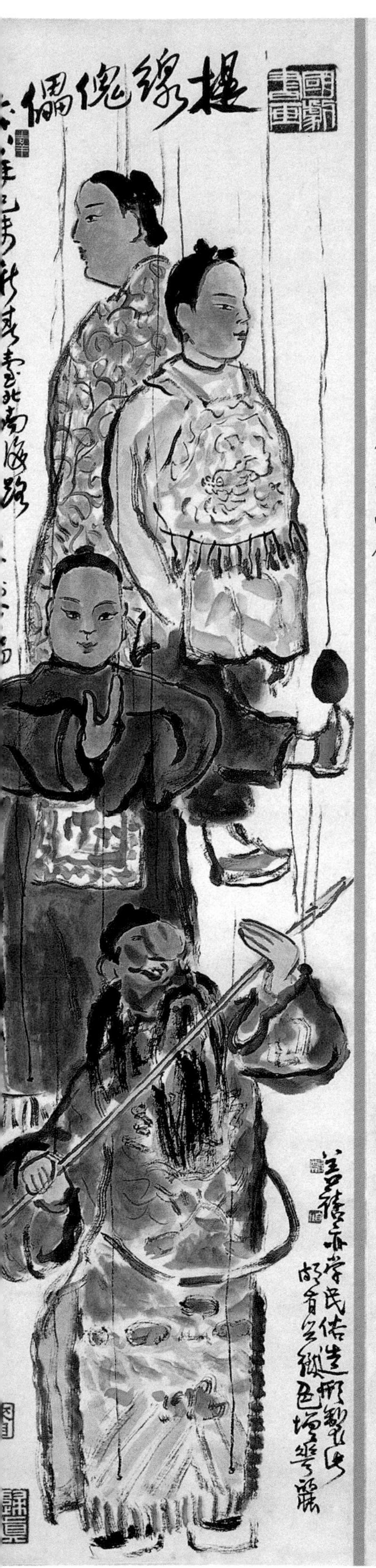

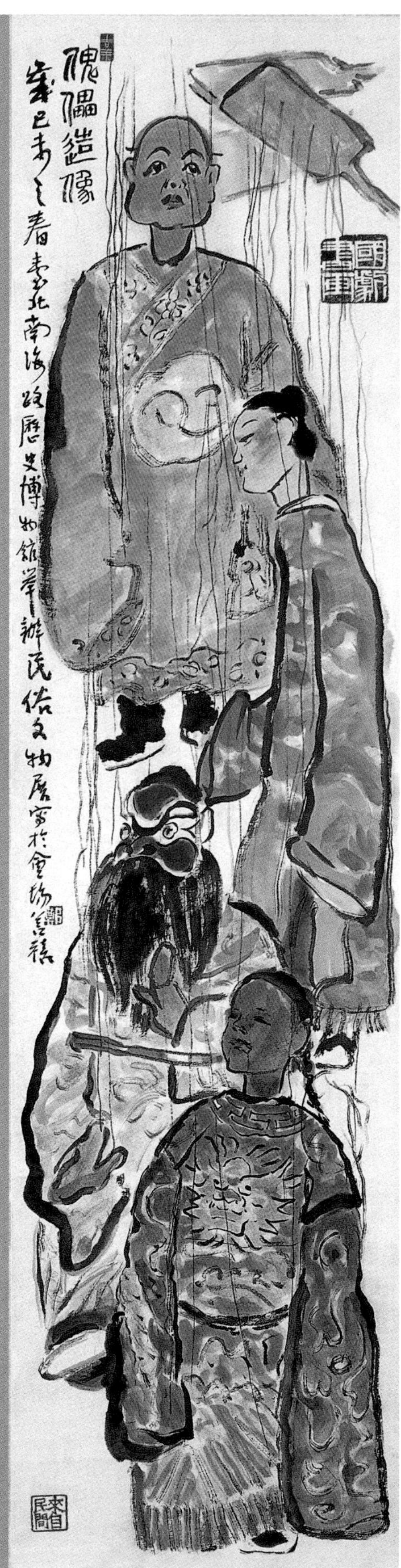

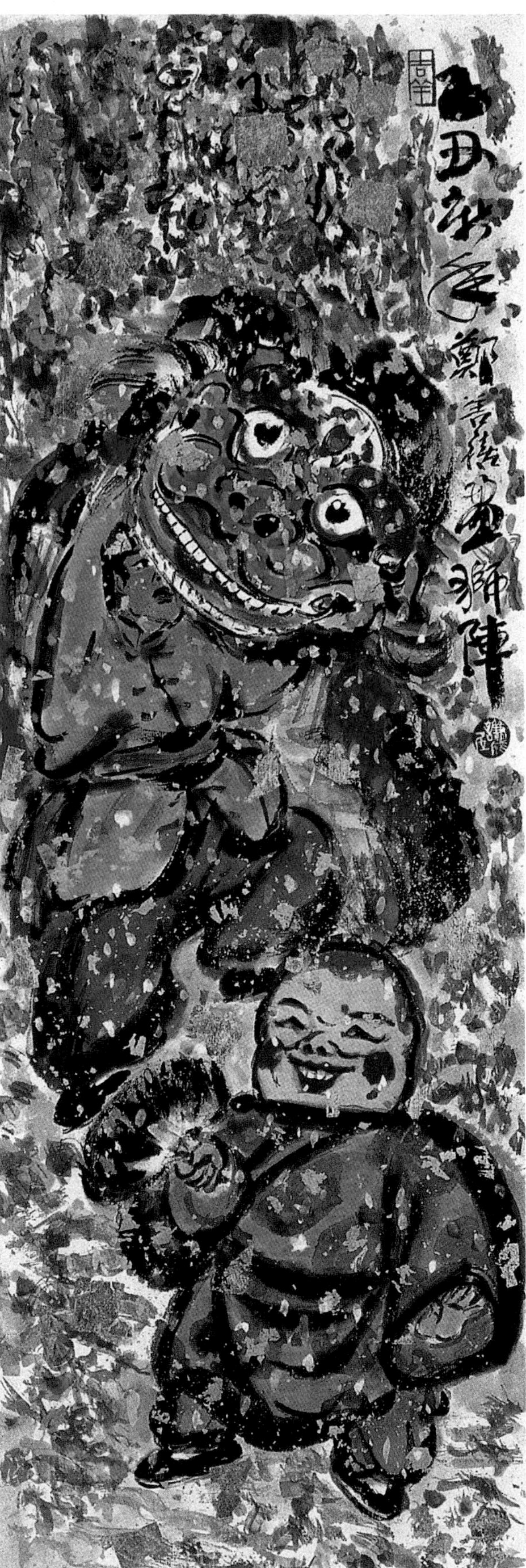

遭所見皆可人畫，他隨手記錄所見所感的平凡事物洋溢著愛與情感，如〈布娃娃〉（1978）、〈康壽〉（1982）、〈狗騎狗〉（1978）、〈不倒妹〉（1980）、〈紅貓和黑貓〉（1987）、〈金便當〉（1984）、〈清茶舊書圖〉（1984）、〈長話短宜〉（1984）、〈藍地白梅茶壺杯〉（1984）、〈粗茶淡飯〉（1991）、〈夏日午後點心〉（1990）等作品，他在《布娃娃的悄悄話》這本中華兒童讀物中有一幅畫題云：「小孩所樂余有同好，歲戊午冬日善禧爲兒童寫玩偶以戲。」另一幅〈不倒妹〉題云：「日本此玩物，我以爲不倒翁，孩子們不以爲然，指其謂不倒妹，當以孩子說的爲是。」他結合過去畫插畫的經驗，以重拙的筆墨，把玩具擬人化賦予生動的表情，流露出他至情至性的童心童趣。

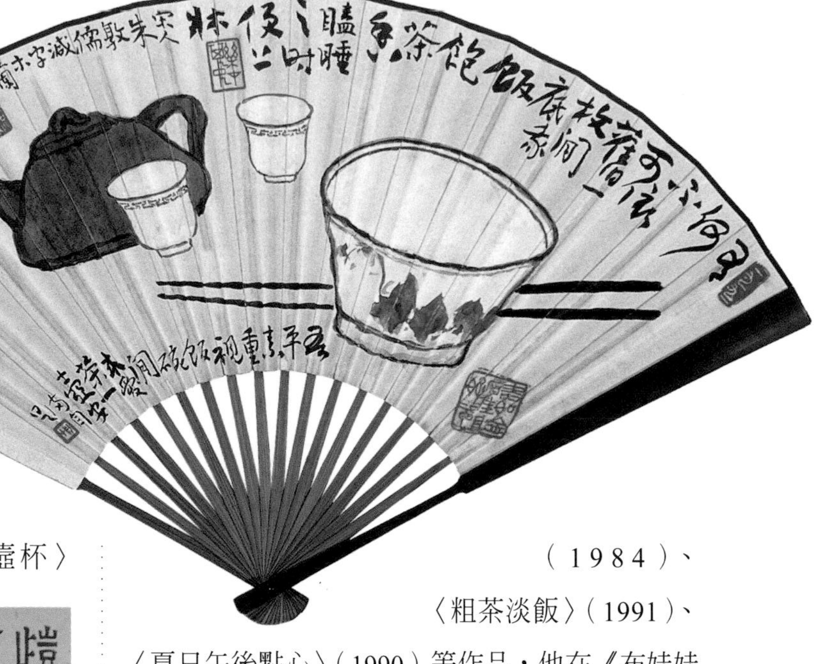

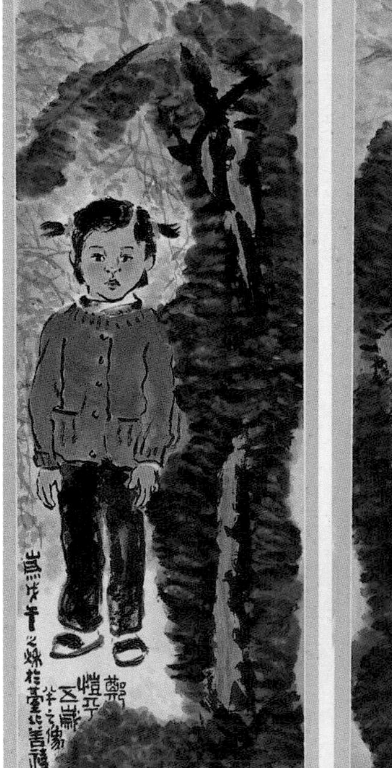

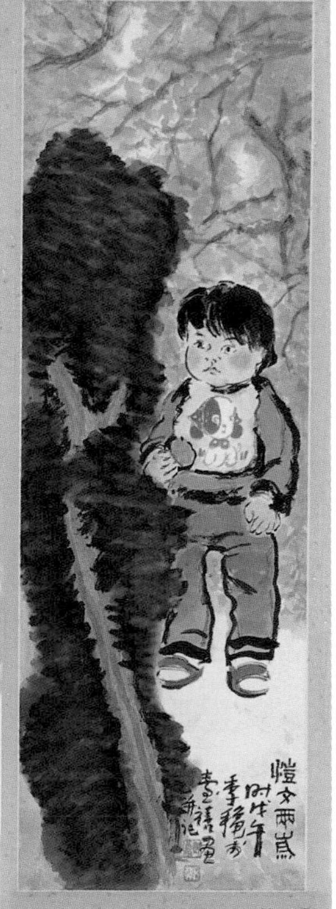

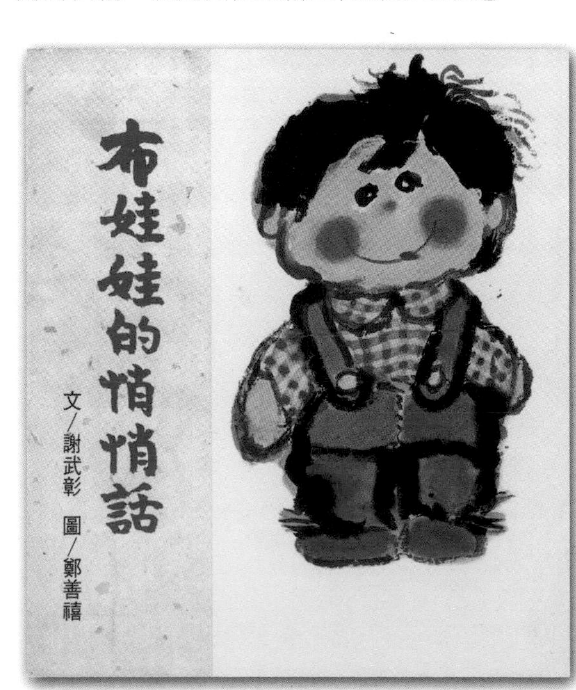

鄭善禧
粗茶淡飯
1991年
彩墨
48×18cm（上圖）

鄭善禧
愷文兩歲寫真
愷平六歲寫真
1978年
彩墨
110×23cm×2
（下圖左）

鄭善禧
中華兒童讀物《布娃娃的悄悄話》書影
1990年
彩墨（下圖右）

鄭善禧
有信念的孩子
1980年
彩墨
97×46cm（右頁圖）

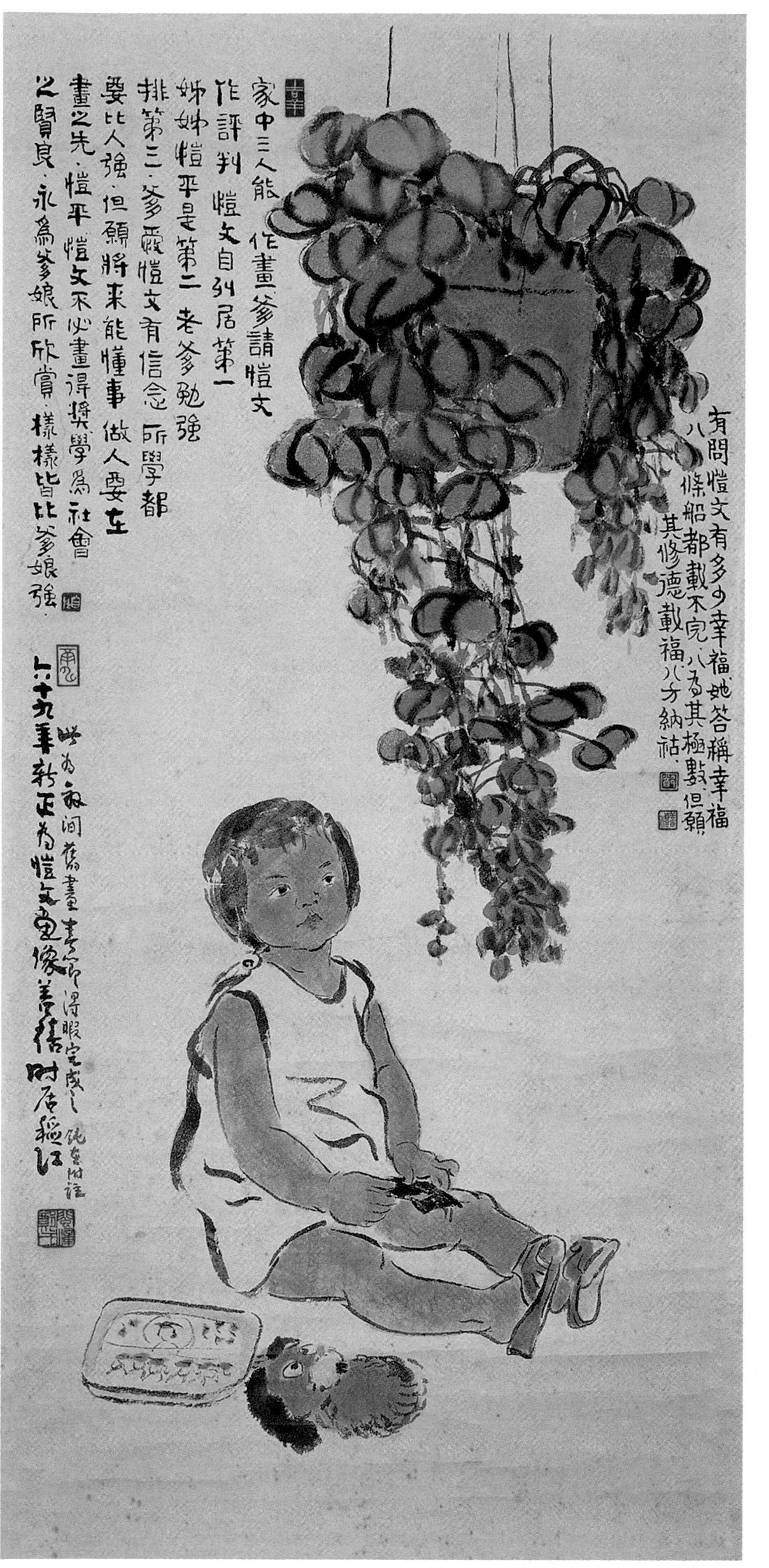

同時他更不忘以父親的角色記錄兒女的成長歷程，彌足珍貴，他並爲現代兒童的生存環境與生活形態，深爲感嘆，如〈小女和布娃娃〉(1978)、〈電視呆的孩子〉(1980)，他描繪天天與玩具爲伍或與電視爲伴的孩子，失去在大自然自由奔逐、玩耍的樂趣，對兒女充滿期望與無限的憐愛。

又如〈學步〉(1977)、〈愷文兩歲寫眞〉(1978)、〈愷平六歲寫眞〉(1978)、〈有信念的孩子〉(1980)、〈姊妹上學圖〉(1981)，他將深情寄寓筆墨，綿長深刻的父女情誼，由此可見。

此時期鄭善禧的人物畫更是一絕，除了畫家中的兒女外，學校裡畫素描的學生、課堂上的模特兒或他的朋友，也都成爲他入畫的對象。〈彩虹墊上人體坐姿〉(1978)簡潔的線條，勾勒出豐腴的女體，素白的人體在繽紛的彩虹墊上更顯得潔白如玉，〈何老太太像〉(1979)是在畫廊即席爲老太太所畫的肖像，寫意的線條，不只寫形，仍寫神，老太太剛毅的特質，表露無遺。

〈素描教室一角〉(1985)，簡潔粗獷的人物輪廓像，淡染的色彩，配合人物高低起伏的節奏感，把他平日的人體素描課如實地記錄下來。

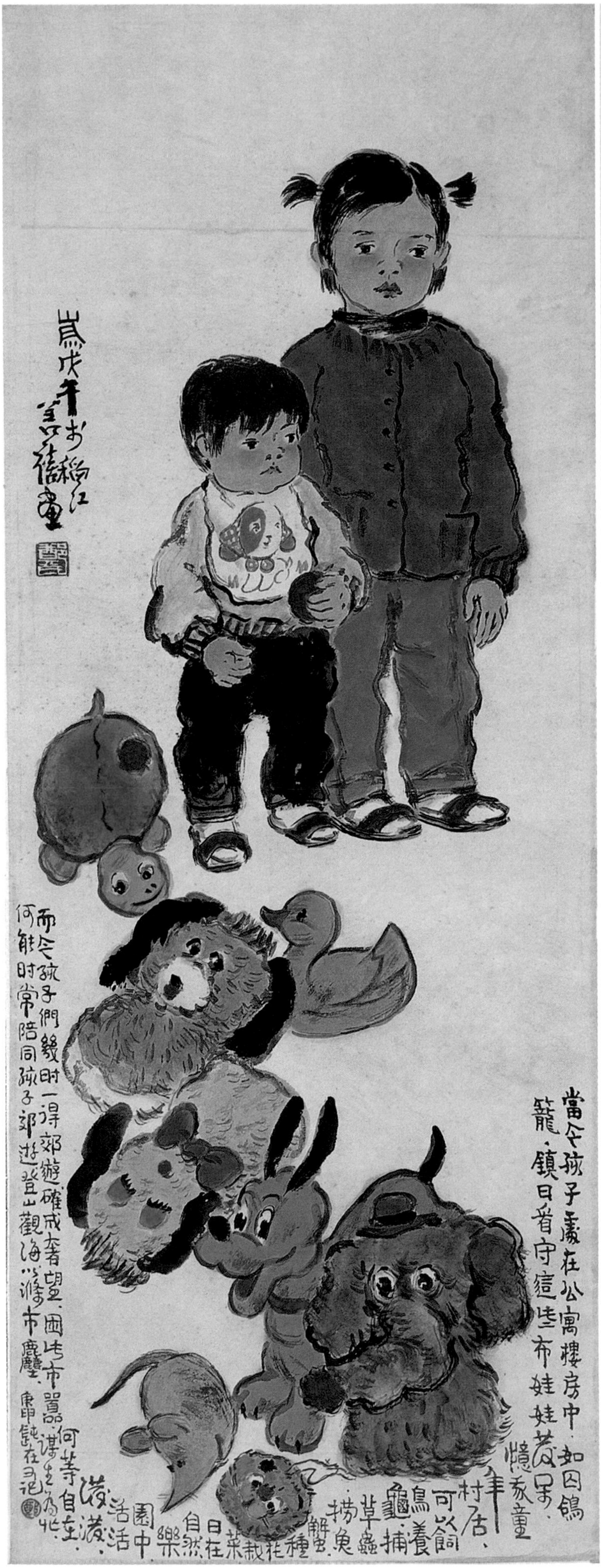

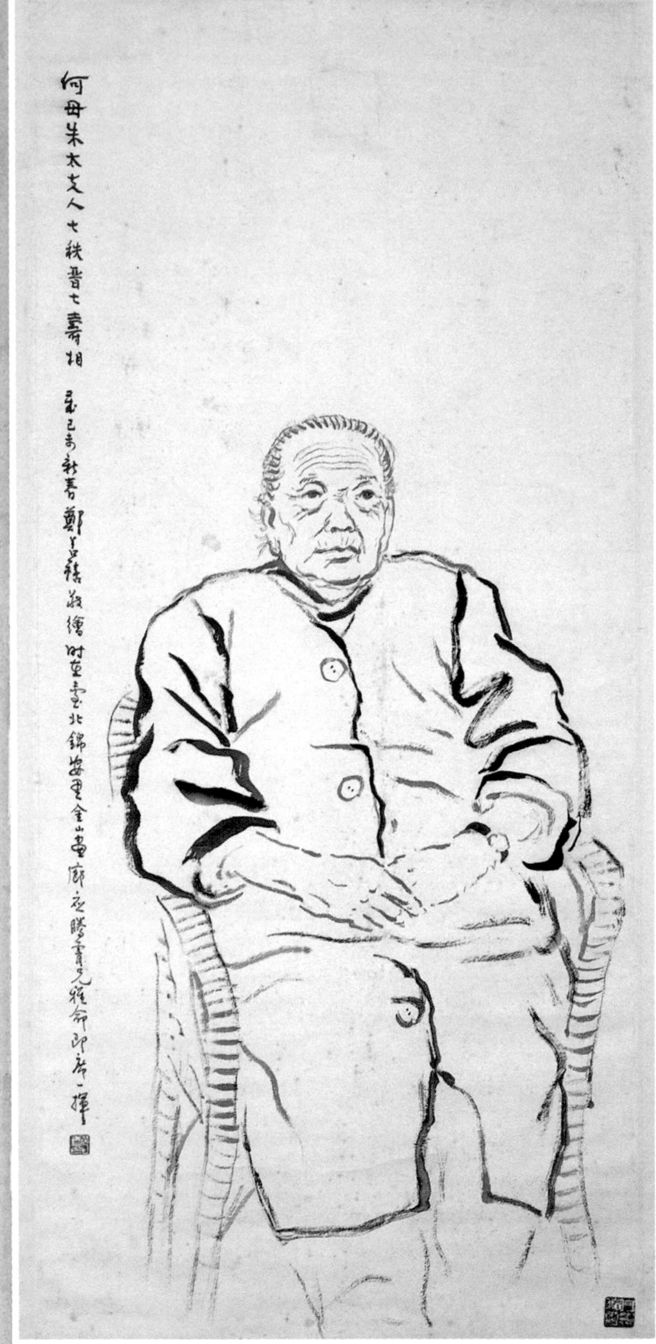

鄭善禧
小女和布娃娃
1978年
彩墨
92×34.5cm（左圖）

鄭善禧
何老太太像
1979年
水墨
132.5×59cm（右圖）

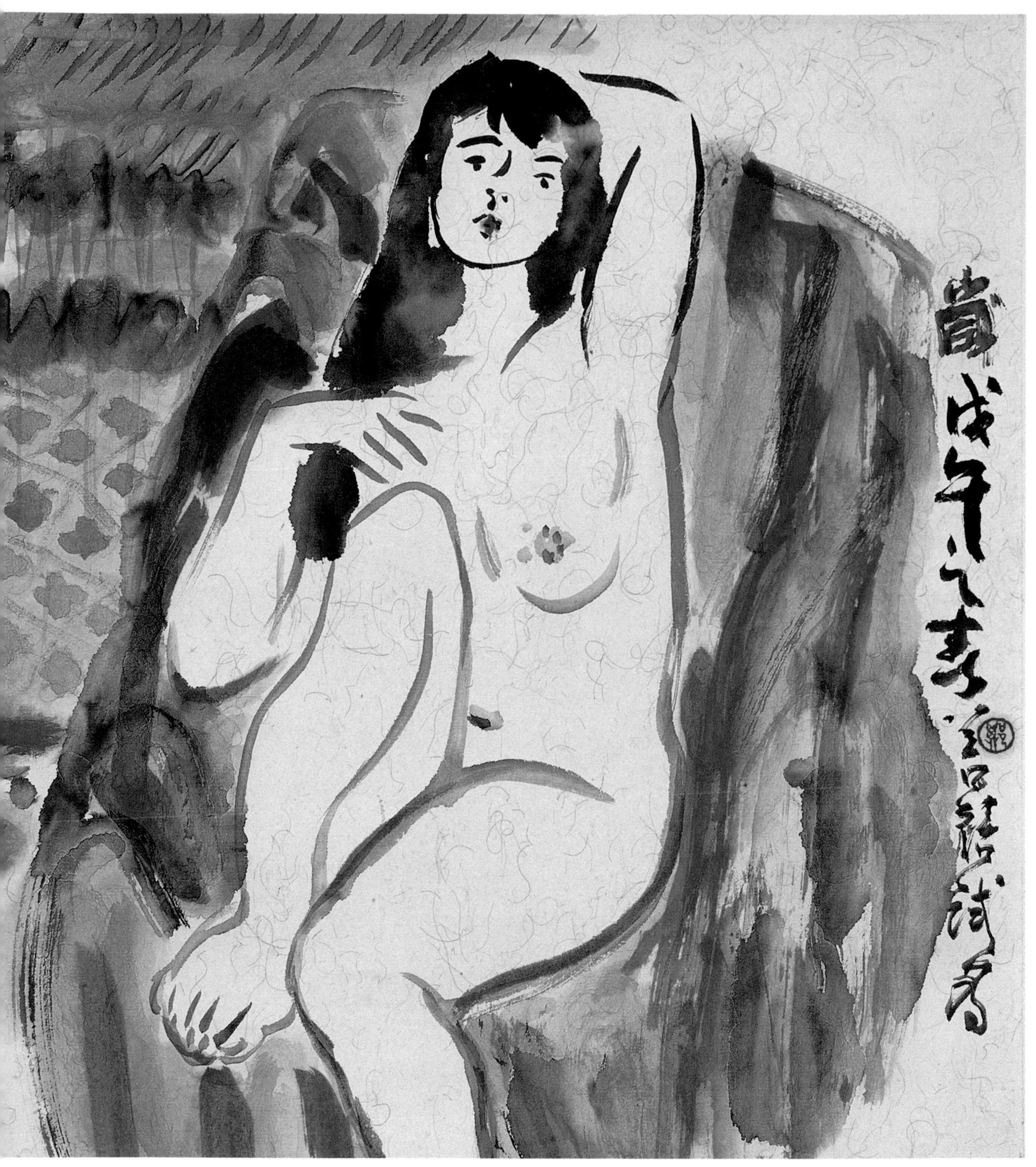

鄭善禧
彩虹墊上人體坐姿
1978年
彩墨
34.5×32cm

印度、尼泊爾的人物組畫（1983），他以簡練的線條，把旅遊所見的人物的動作、神情作更主觀的詮釋，又以書法，依畫面需要長長短短地題款，他融書法入畫，以變化多端的線條，賦予人物靈動的意趣，形塑出人物畫樸拙的風貌，如〈閉室中的女神〉、〈吹笛弄蛇〉等作品。

由〈新高士圖〉（1981）及〈新仕女圖〉（1989），可以發現鄭善禧在水墨人物畫上，欲開拓人物畫的新造型與新意境，畫中的新高士，筆直站立於畫中央，樹木、盆栽爲背景，他頭戴禮帽，著藏青色大衣，棕色西裝褲，穿黑皮鞋，左手拿眼鏡，右手戴錶，胸前垂掛照像機，眉宇間

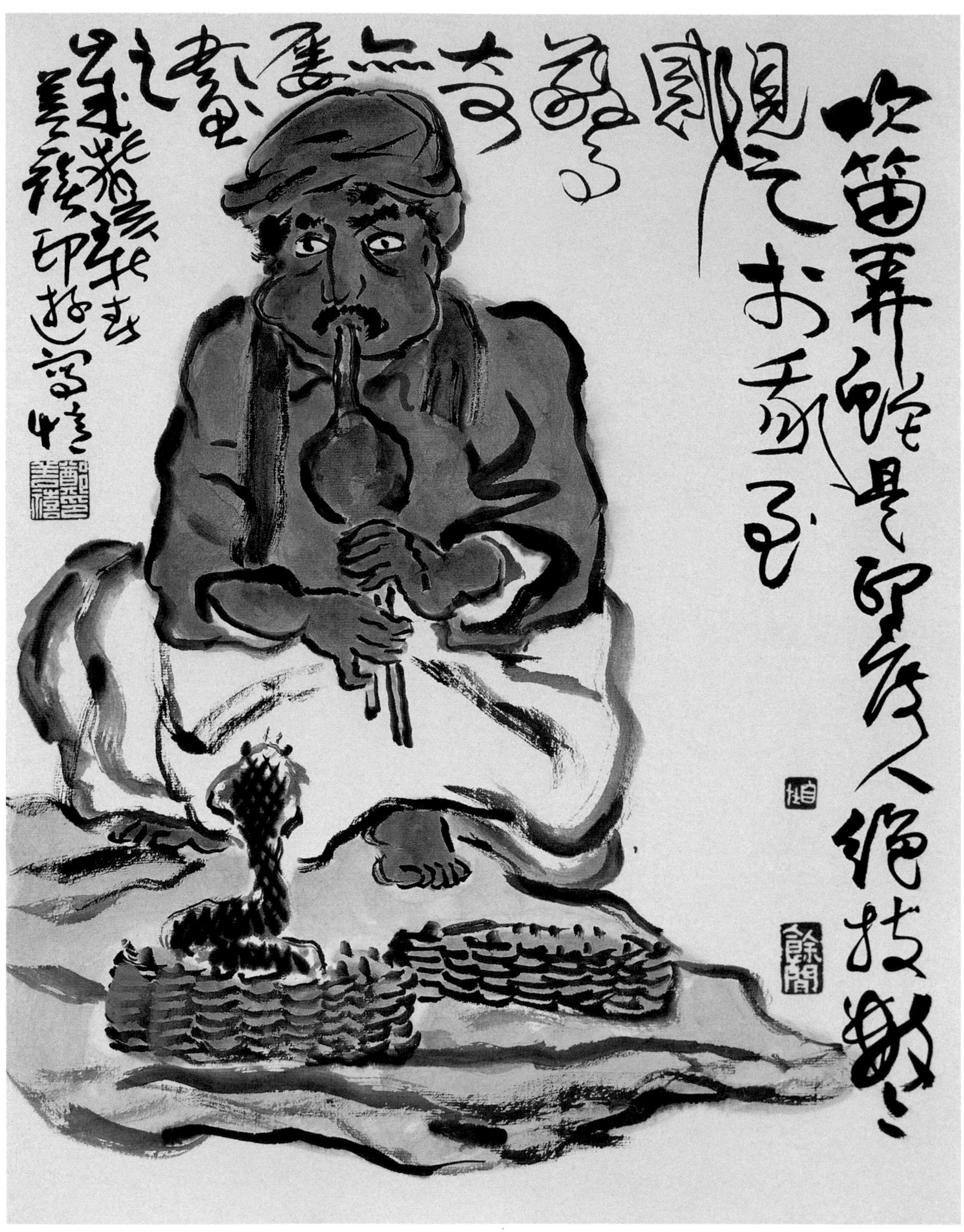

鄭善禧
印度、尼泊爾人物組像（1.
1983年
彩墨
35.5×44.5cm×8幅
（兩頁圖）

靈慧乍顯，是富裕又有教養的台灣中產階級人士；新仕女則戴眼鏡端坐畫中央，畫作、盆花爲背景，身著花色點狀花襯衫，配滾邊黑裙，腳著白長襪穿黑鞋，是充滿著人文氣質的新生代小姐。鄭善禧以頓挫有致的厚拙線條，結合素描寫實的新高士、新仕女，不是遠離現實世界的飄逸人物，而是敦厚樸實的男士、女士，想必正是畫家自身個性的投射與理想的寄託！

印度之神秘
正如同這羣女服裝一般樣

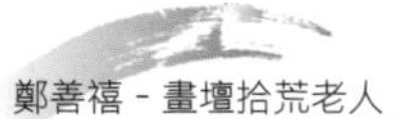

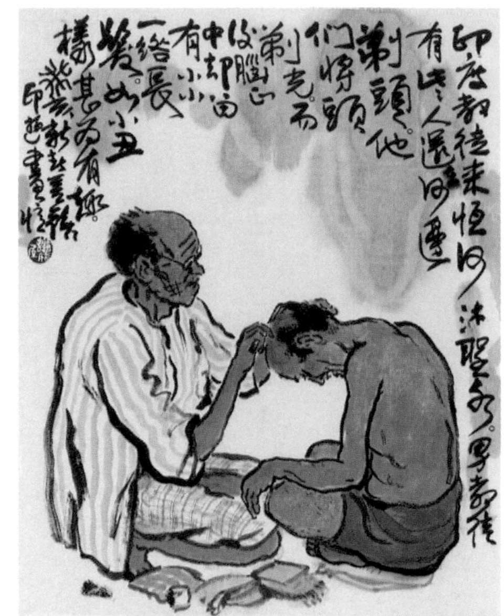

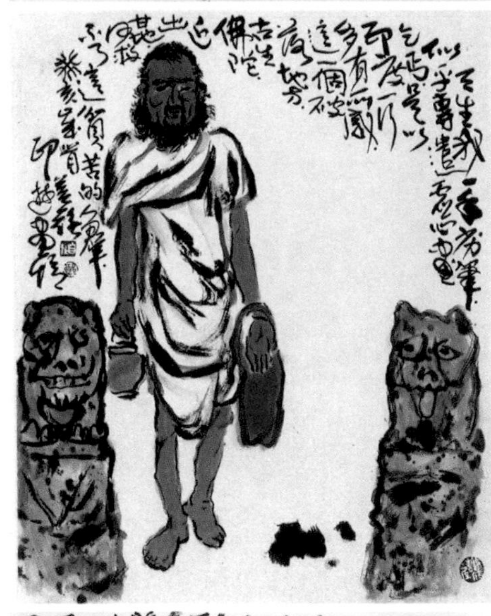

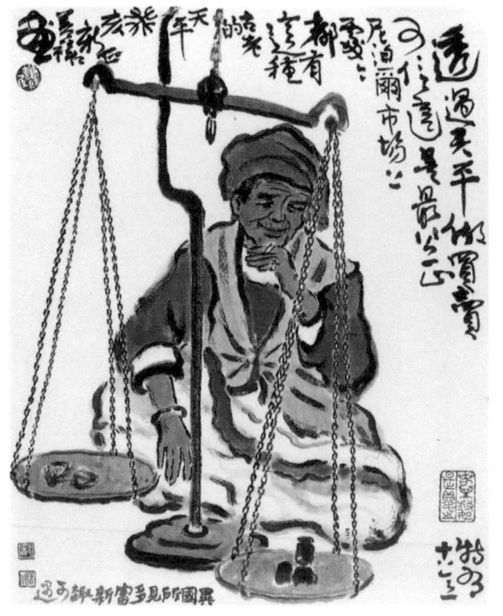

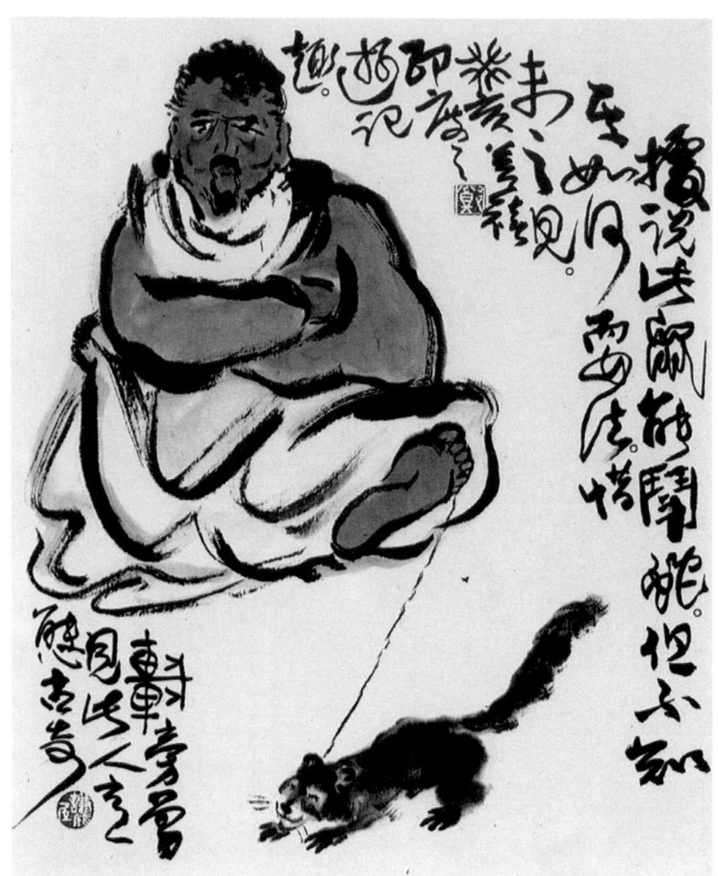

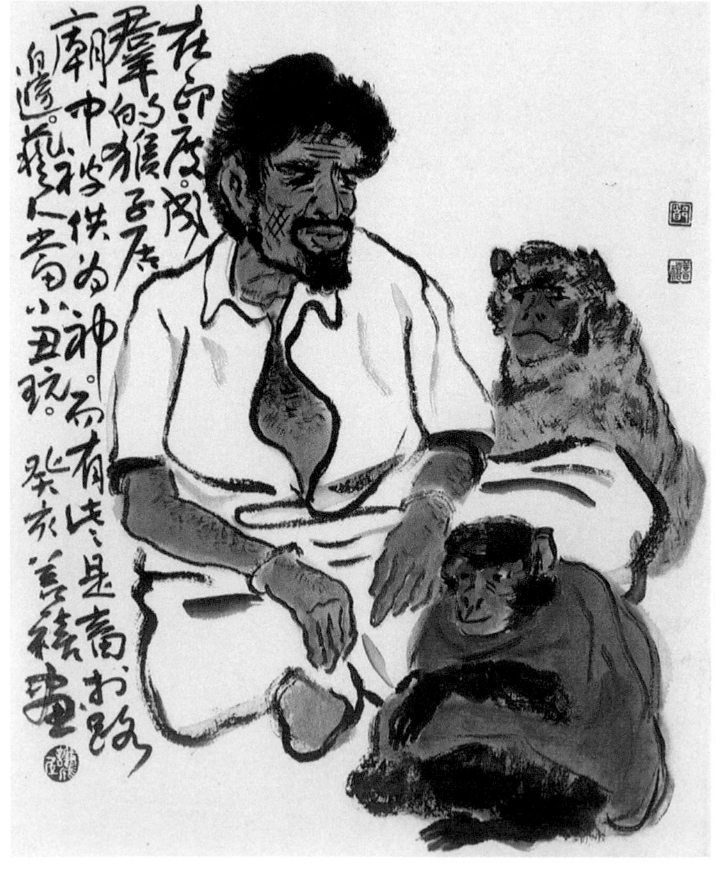

鄭善禧
印度、尼泊爾人物組像（3～
1983年
彩墨
35.5×44.5cm×8幅
（兩頁圖）

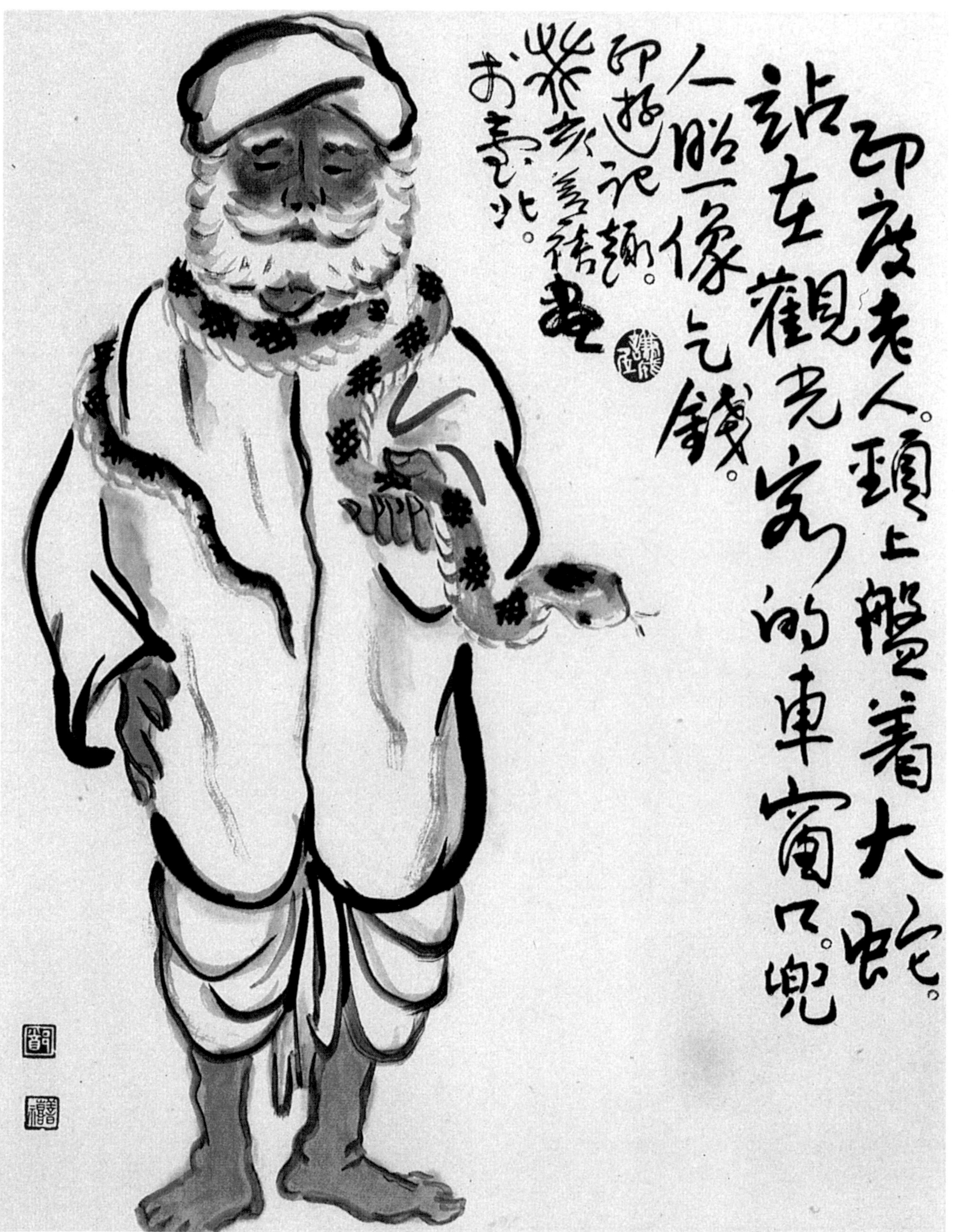
印度老人。頭上盤著大蛇。
站在觀光客的車窗口兜
人照像乞錢。
印度遊記趣。

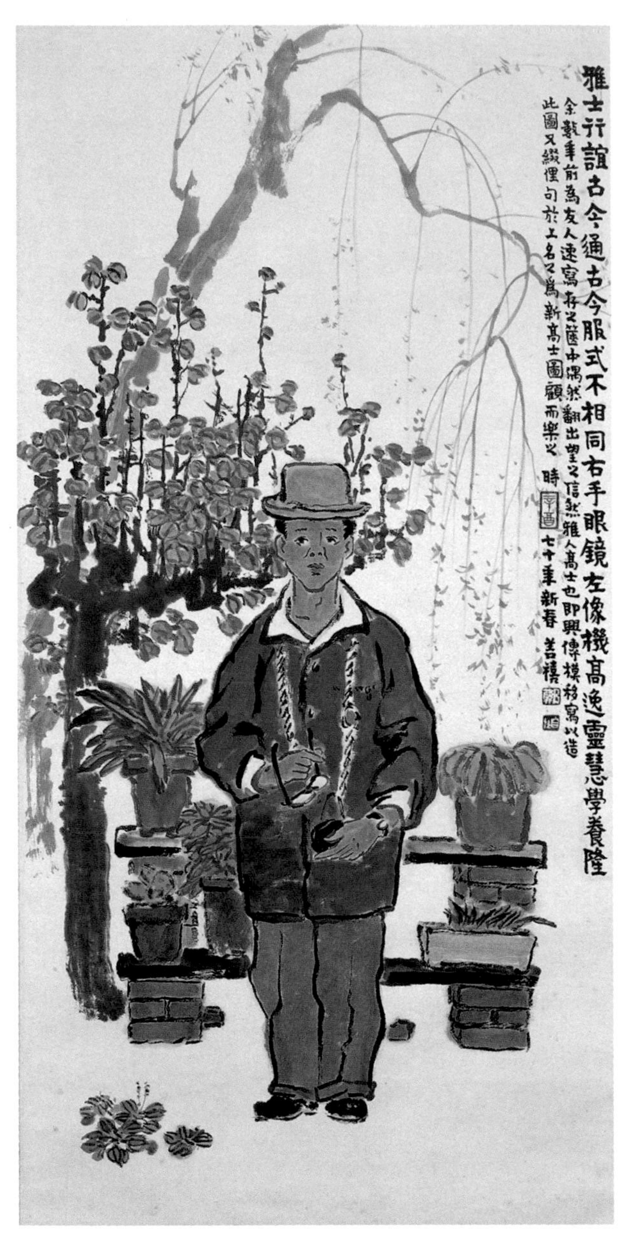

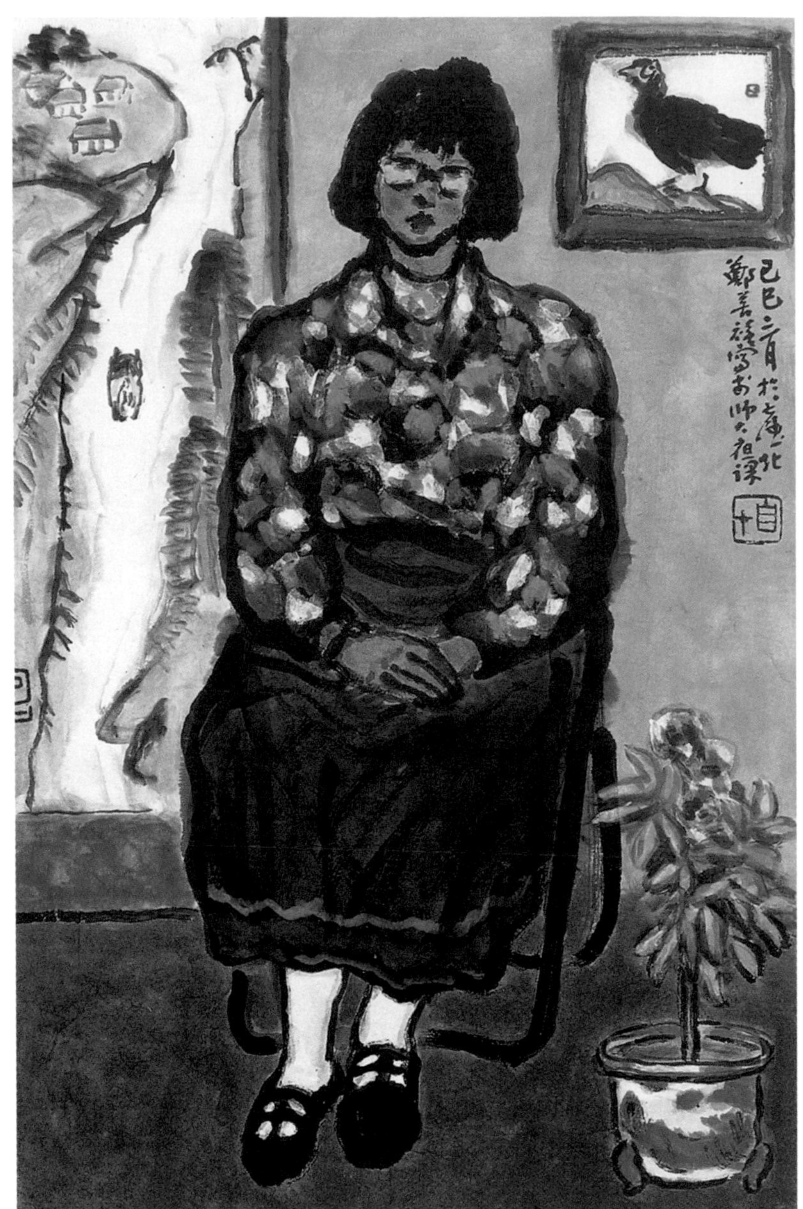

鄭善禧
新高士圖
1981年
彩墨
91×45cm（左圖）

鄭善禧
新仕女圖
1989年
彩墨
68.5×45cm（右圖）

鄭善禧
白石老人風采
1987年
彩墨
70×45cm（右頁圖）

在人像方面，〈白石老人風采〉（1987）、〈于右任先生像〉（1988），是鄭善禧選擇在繪畫上、書法上他最崇敬的兩位大師爲其造像，他以照片爲參考所畫的寫意肖像畫，以線條勾勒輪廓並施淡彩，他並不特別強調人物臉部的明暗立體感，但強調以線造形，尤其注重線條的輕重、粗細、快慢的變化。

感於中，形於外，鄭善禧畫出他心目中最敬重的書畫大師，晚年禿髮銀鬚的智慧容顏。鄭善禧一九八七、一九九五、一九九九、二〇〇二年的〈自畫像〉，用筆愈來愈拙，愈自在，卻逐年把自己愈畫愈老，他畫出自己精神抖擻，清儉過日的老叟心境。

本時期的山水畫出現大長捲與大立軸。〈蘭嶼之旅〉（1979）、〈今之桃源〉（1979），兩幅皆是長捲，前幅表現蘭嶼山海遼闊的氣象，在一片荒僻寂靜充滿陽光、空氣的原始生態中，忽而晴空出現一架小飛機，畫家如實地呈現所見，是意有所指嗎？飛機它會是原始社會不可抗拒的外力象徵嗎？後幅由左到右或由右到左，如看圖說故

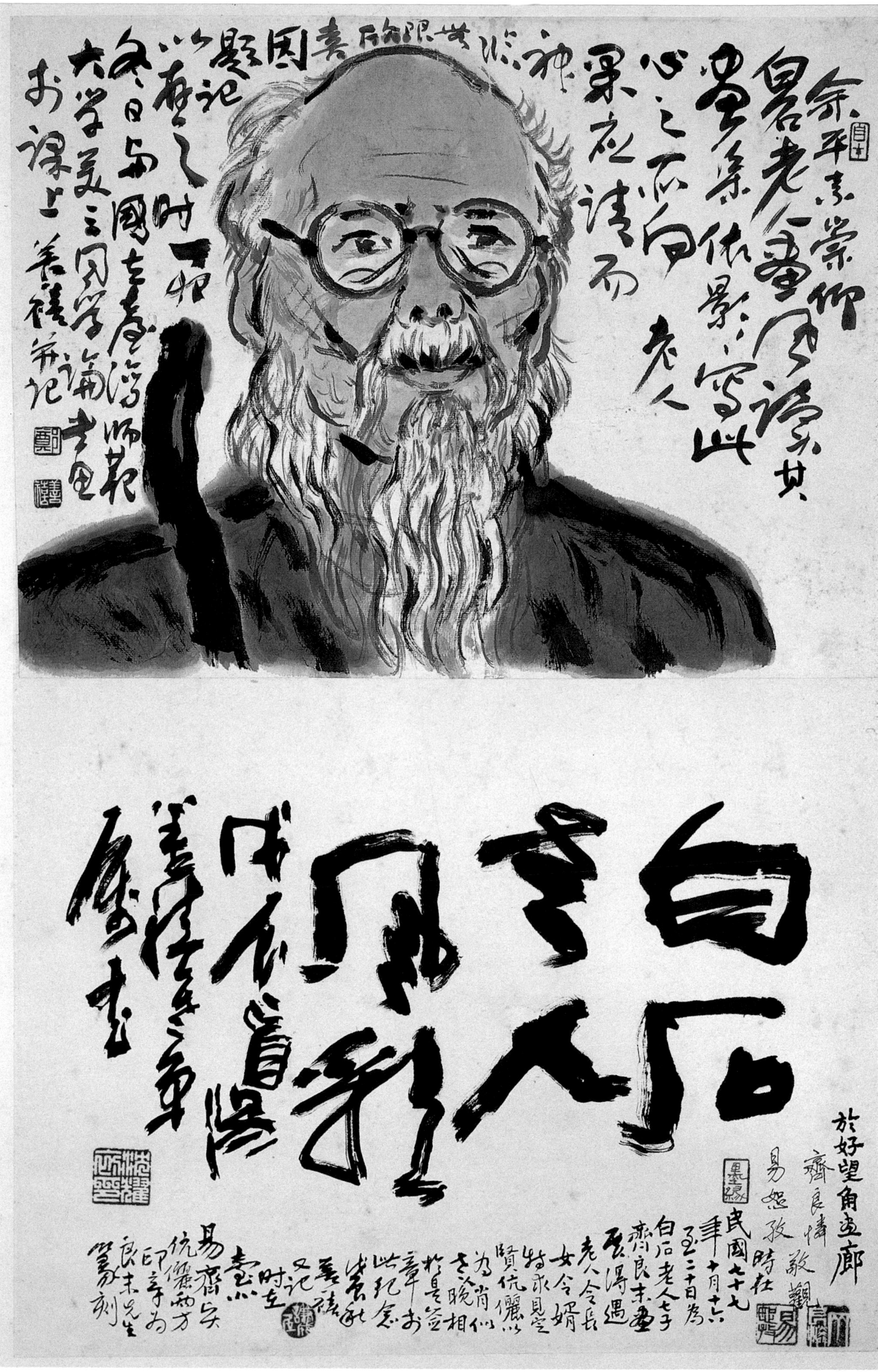

於好望角畫廊
民國七十七年十月十六至二十日

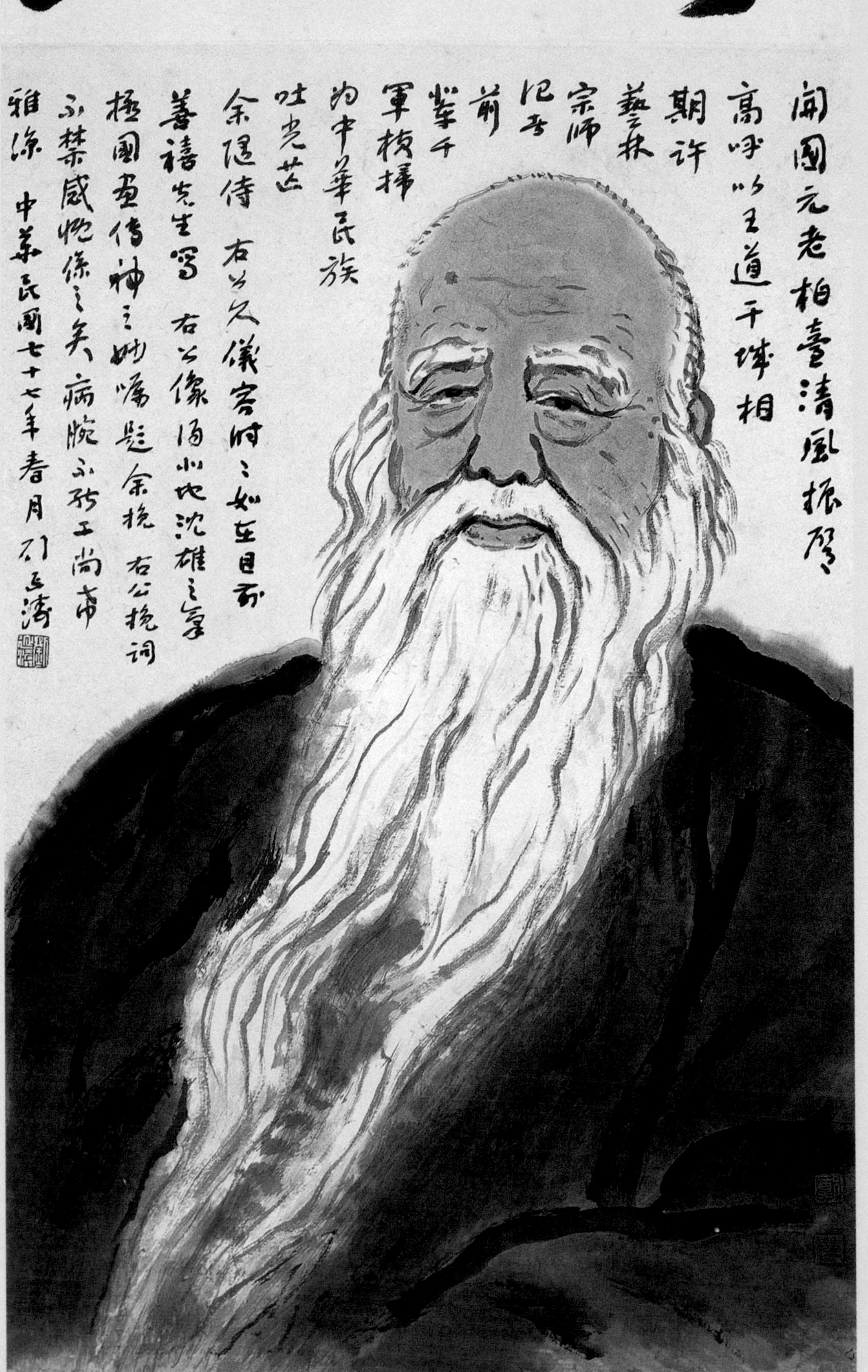

于右任先生
開國元老柏臺清風振聲
高呼以王道千埒相
期許
藝林
宗師
紀予
前
筆千
軍椽掃
為中華民族
吐光芒
余隨侍　右公久儀容時時如在目前
善禧先生寫　右公像得心地沈雄之字
極圓畫傳神之妙囑題余挽　右公挽詞
不禁感慨係之矣病腕不能工尚希
雅涼　中華民國七十七年春月　劉延濤

事般地趣味橫生，他把原住民以捕魚為生的家居生活，詳實描繪，他們在干欄式的房屋內外或坐或臥，自在的生活步調，與大自然合而為一的親暱關係，是畫家心目中的桃花源，畫家借景寫意，當他把蘭嶼原住民的生活景象昇華為藝術形象時，就把自己與蘭嶼達悟族的關係所產生的耐人尋味的生命哲理，淋漓盡致地表達出來，一如他在畫上的長長題款：「……人視之為落後原始，我見之羨其純樸自然，世上若有桃源在，桃源應屬蘭嶼村。」〈東清觀日〉（1979），海洋、陽光、裸身著丁字褲的自然人，大自然的神聖素樸與拼板舟的人文風采，全然呈現。

〈宜蘭五峰旗瀑布〉（1979）、〈武陵勝境〉（1980），是直立型立軸，近景、中景、遠景，隨著小橋、涼亭、遊人、山路及瀑布的流瀉，層層推遠，經營出可觀、可聽、可遊的山水妙境。鄭善禧他以現實風景為基礎，融入遊歷的心得，寫出山的體積、重量、遠近、氛圍及點景人物的情趣。

兩幅畫皆以蜿蜒綿長的山路及由上而下的瀑布，串接畫面的上下氣勢，皆以綠色為主調，而在〈五峰奇瀑布〉中以亂頭粗服的線條，表現山勢的蒼莽，在〈武陵勝境〉中則以渾圓黃綠細點的堆疊，呈現山高水長的渾潤感，線條表現性的強、弱，形成筆墨不同的趣味，也顯出不同的山川地理形質，所謂「唐重丹青，元人水墨淋漓」鄭善禧的濃墨重彩，是丹青與水墨融鑄而成的山水新貌，他不是以傳統的赭石染山、花青染樹，而是以綠色染山、石、樹木，強烈地凸顯鄉土地域性終年常綠的生態景觀，也是他以特殊的佈局做為造境的基礎所發展出的山水景致。〈海島漁村〉（1980），整幅作品開合明顯，構圖奇異而安穩，畫家將自己置於畫中，觀點不斷移動，悠

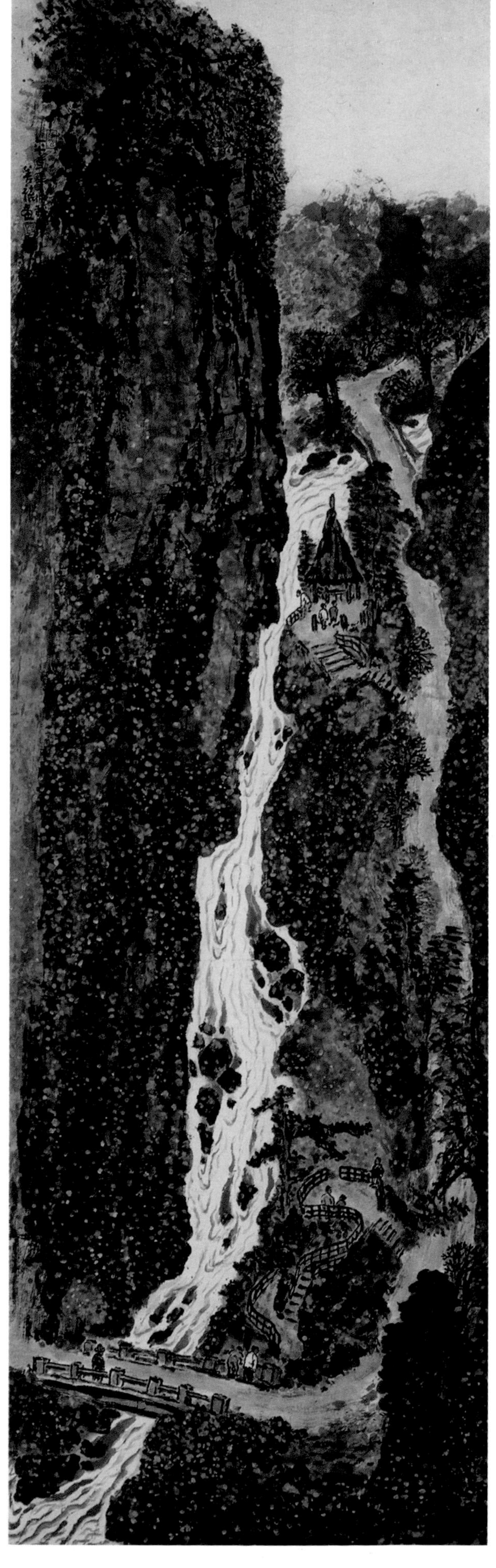

鄭善禧
于右任先生像
1988年
彩墨
84×44.5cm（左頁圖）

鄭善禧
武陵勝境
1979年
彩墨
219×70cm

遊其間，作品是他遊罷澎湖歸來的多元印象組合。鄭善禧以高空鳥瞰的方式呈現全景構圖，主山的稜線走勢，並非四平八穩地立於畫面中央，而是採由右而左的旋轉佈局，具有圓勁的扭動氣勢與柔韌的韻律感，可看出鄭善禧充分掌握實景的構圖能力。石濤云：「作書作畫，無論老手後學，先以氣勝得之，精神燦爛，出之紙上。」應證於此畫，確是氣盛情深的作品，全幅畫來虛實並重，野趣橫生，其立意、構圖、寫景皆經過一番經營，是精心構思之作。〈防波堤〉

鄭善禧
蘭嶼之旅
1979年
彩墨
45×180cm（上圖）

鄭善禧
今之桃源
1979年
彩墨
45×180cm（下圖）

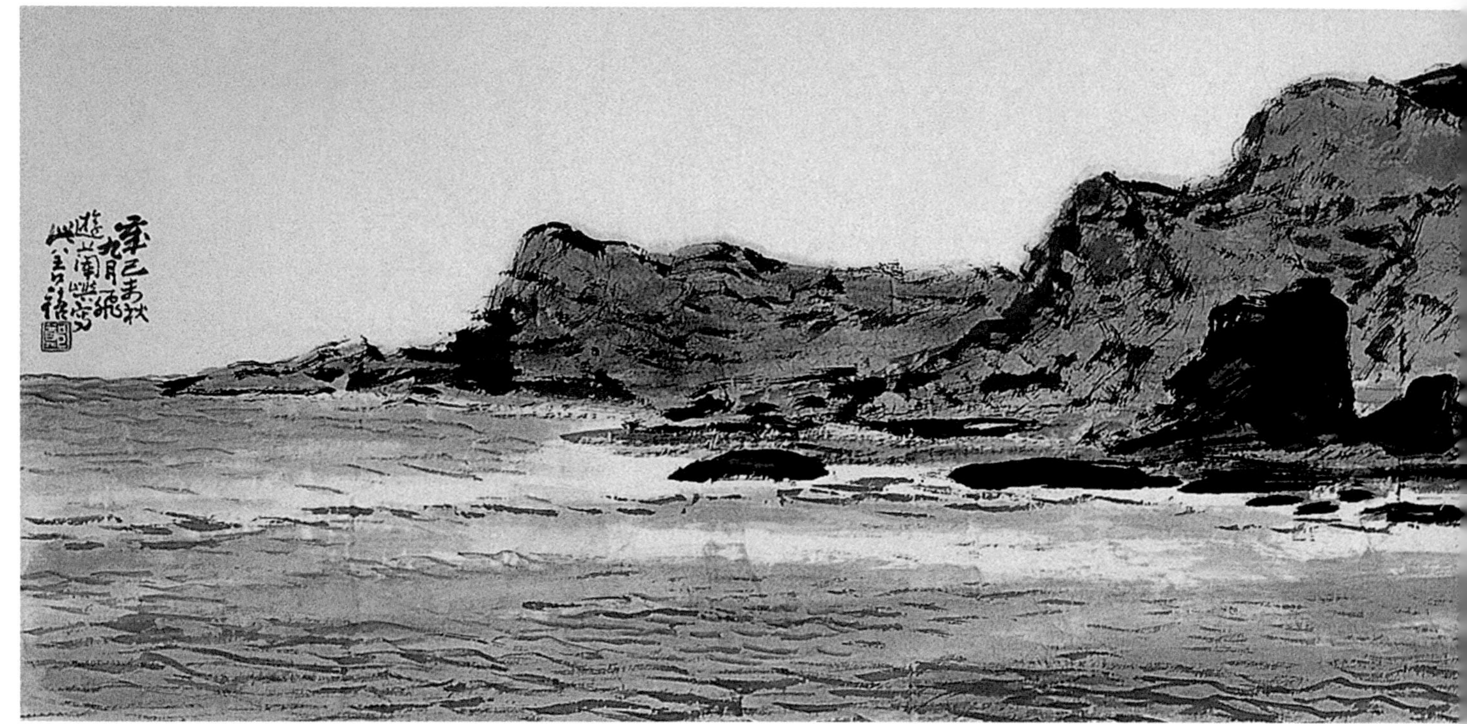

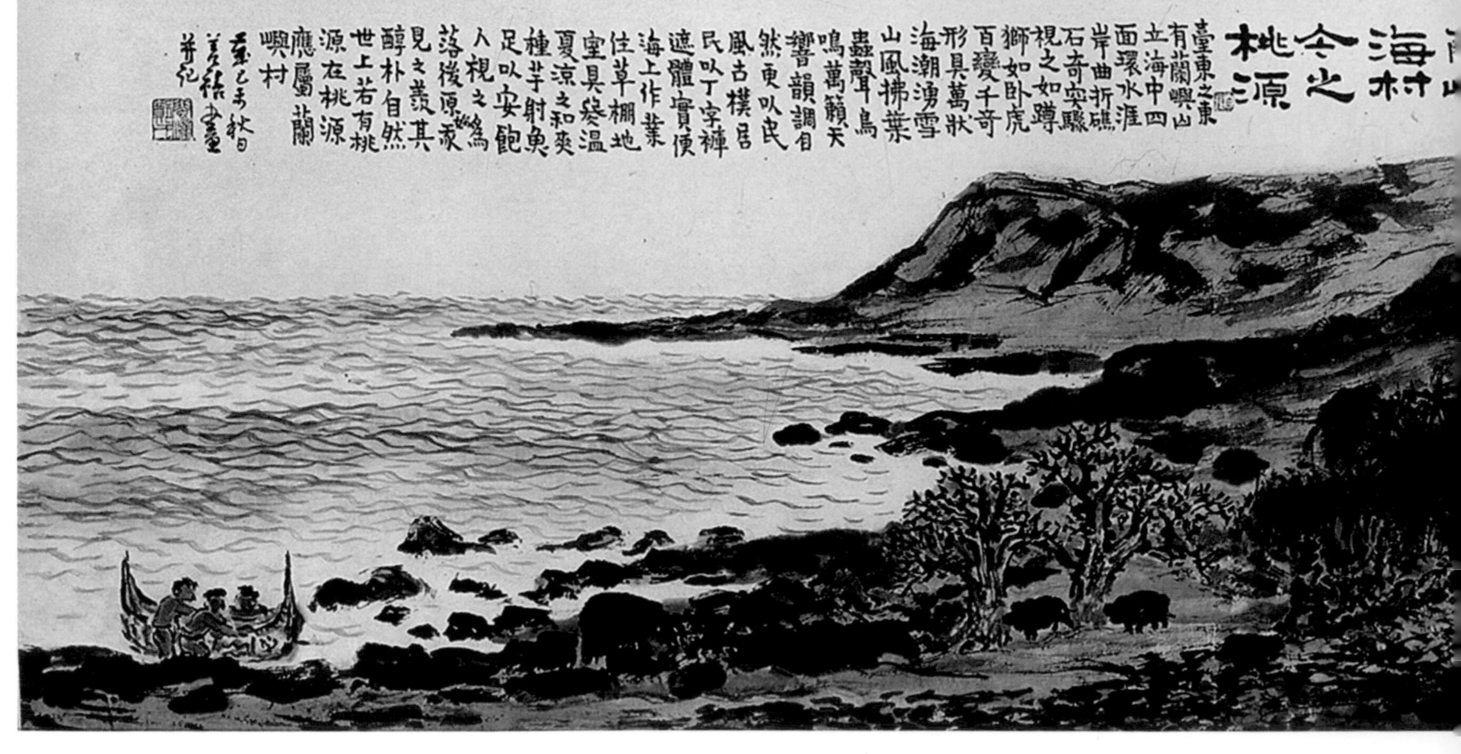

（1984）、〈雨餘山〉（1987），山形渾圓，〈馬祖北竿芹壁〉（1986），花岡岩的石屋方整厚重，皆是他畫中所欲凸顯的旨趣。

八○、九○年代鄭善禧多次海外的旅遊經驗，包括印度、尼泊爾、中國、歐洲、美國，使他的畫充滿異國情調，及異域風光的特色。如八○年代的〈阿占塔石窟〉（1983），〈加德滿都郊外〉（1983）、〈恆河頌〉（1983）、〈萊茵河畔〉（1985）、〈歐洲舊木屋〉（1986），九○年代的旅遊雜憶之作，如〈西遊雜憶〉（1990）、

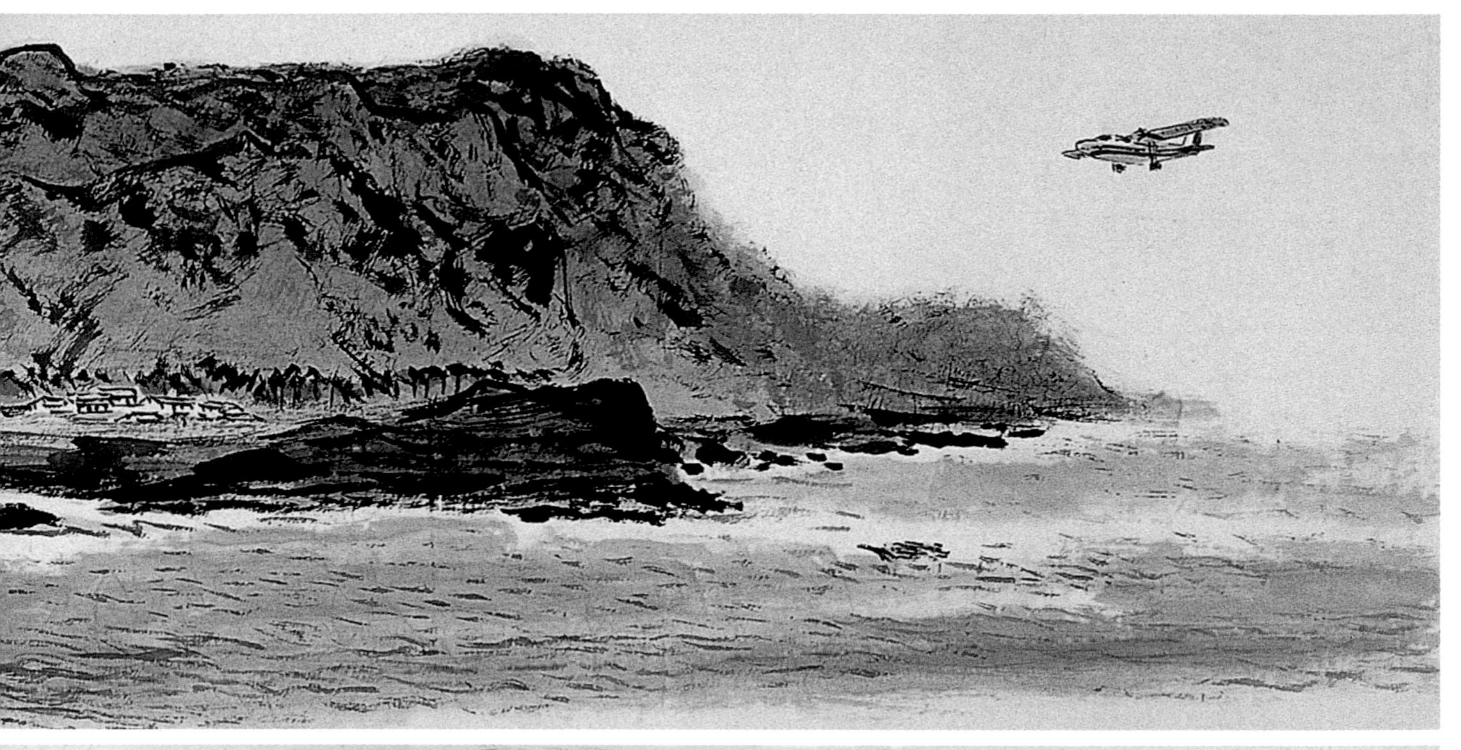

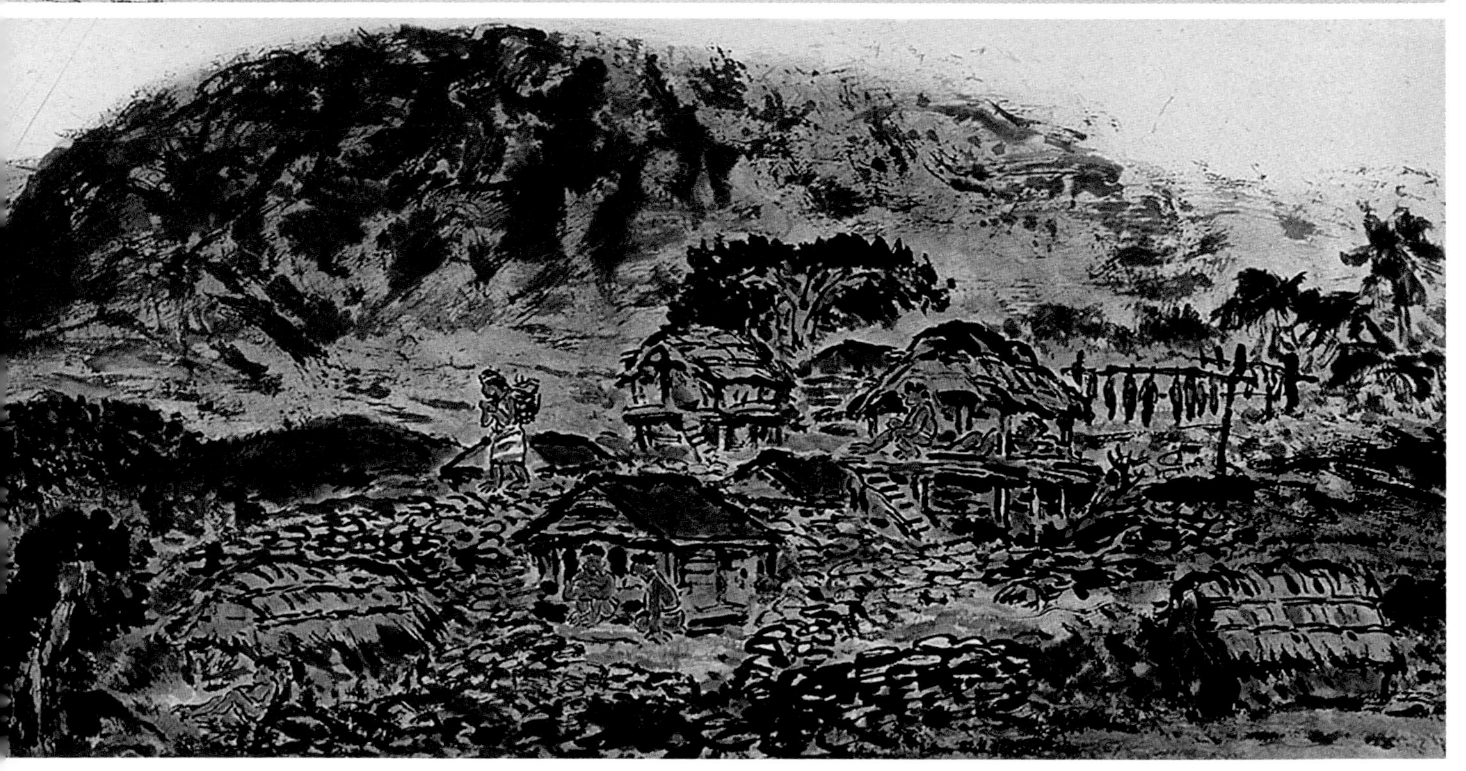

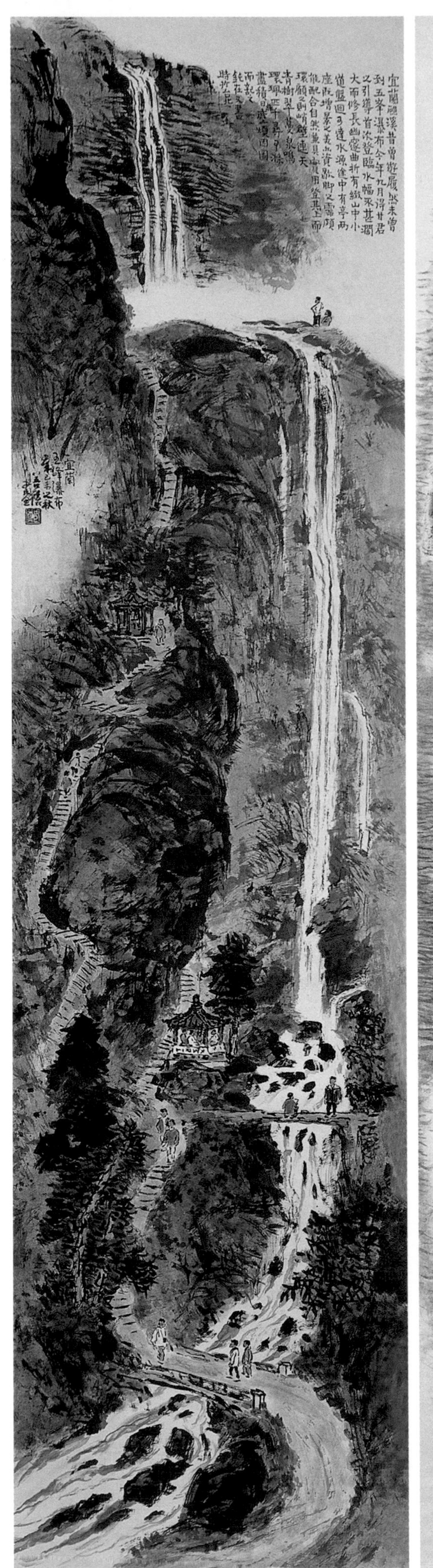

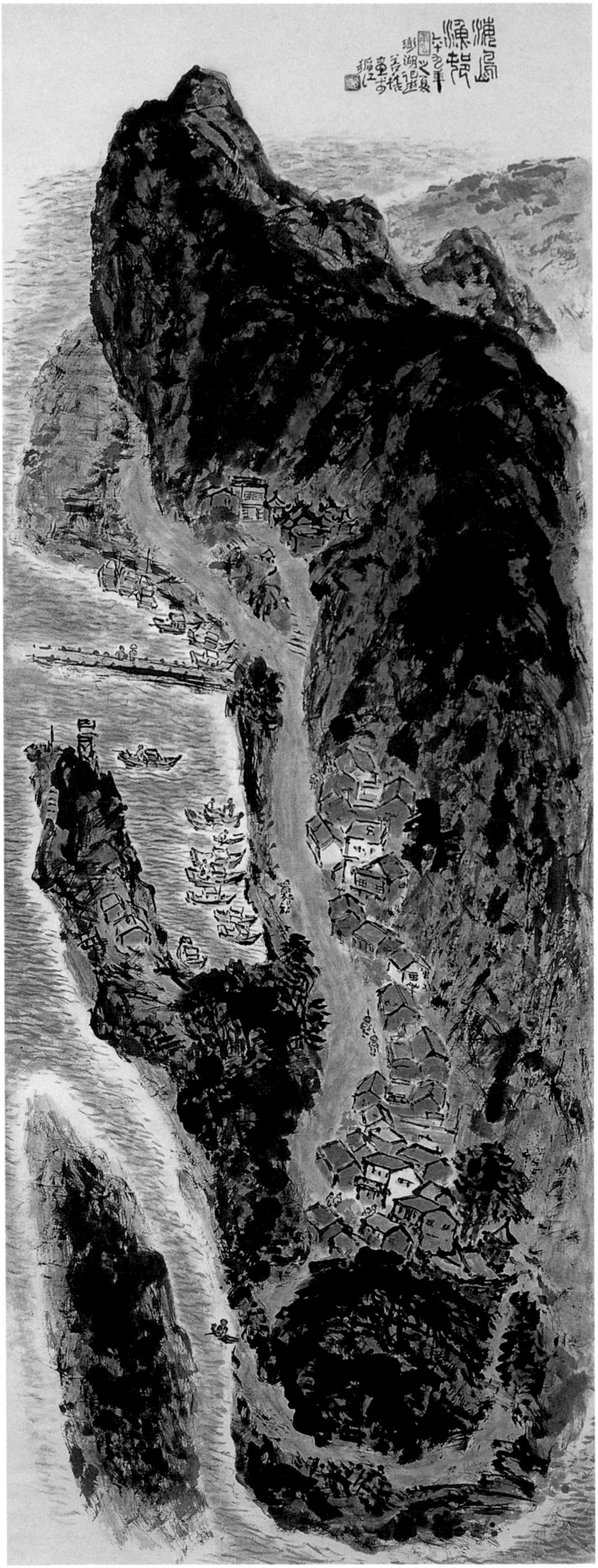

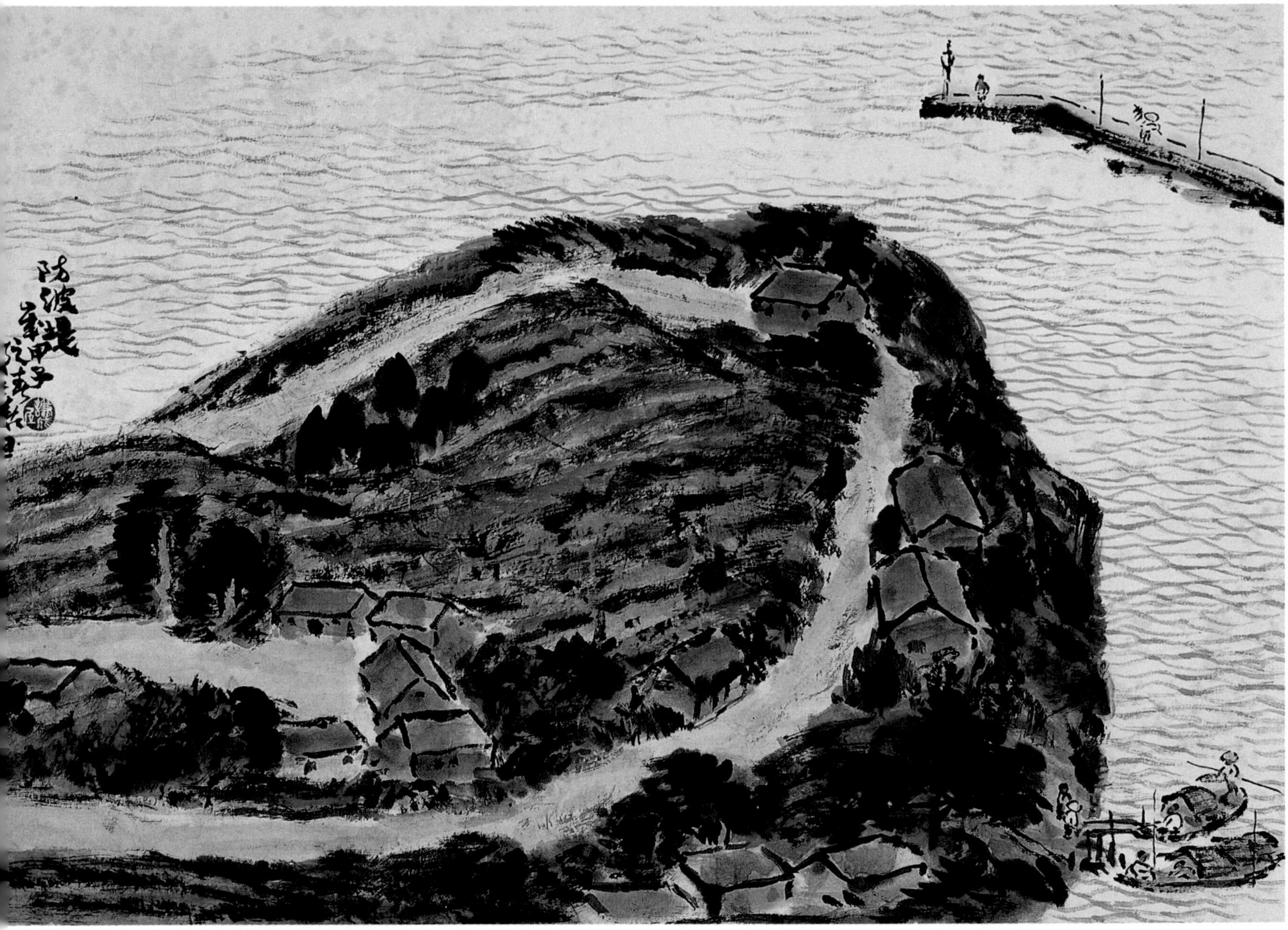

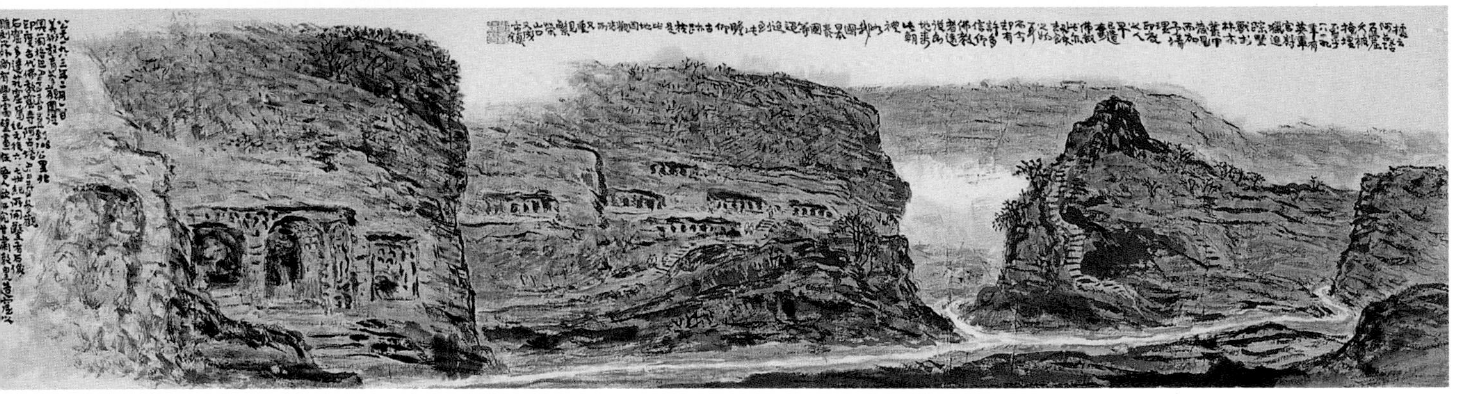

鄭善禧
宜蘭五峰旗瀑布
1979年
彩墨
180×45cm
（左頁左圖）

鄭善禧
海島漁村
1980年
彩墨
181×69cm
（左頁右圖）

鄭善禧
防波堤
1984年
彩墨
53×76cm（上圖）

鄭善禧
阿占塔石窟
1983年
彩墨
137×35cm（下圖）

〈趕驢拉車走山路〉（1990）、〈臨河古堡〉（1990）、〈清淺長江支流〉（1993）、〈海灣小鎮遊艇如織〉（1994）、〈海天快遊〉（1994）、〈綠夏歐州舊鎮〉（1993），他已很少現場寫生，而是綜合諸多意象後再畫出中得心源的心境之作，尤其〈阿占塔石窟〉（1985），以長卷營造出佛教石窟在歷史長河中斑駁又神秘的美感，其用筆、用色呈現出一片莊嚴又滄桑的荒寂聖地。

〈清淺長江支流〉一河兩岸夾小鎮，水波浩蕩，線條綿密，鄭善禧畫得筆筆不苟，又輕染水紋，適度留白，波光粼粼，兩岸以大小相間的點，經營出綠地林木，氣象開闊的長江支流，已是各種觀看角度的匯集之作。

鄭善禧擅於以長卷經營大河系列，由於出生九龍江畔，江水更能觸動他的情思。透過海景作品可以窺出他靈視的親切湧現，由一九八六年的〈漁船出海〉到一九九四年的〈海天快遊〉，每一個場景都是壯闊的視野，無論是表現波濤奔騰，

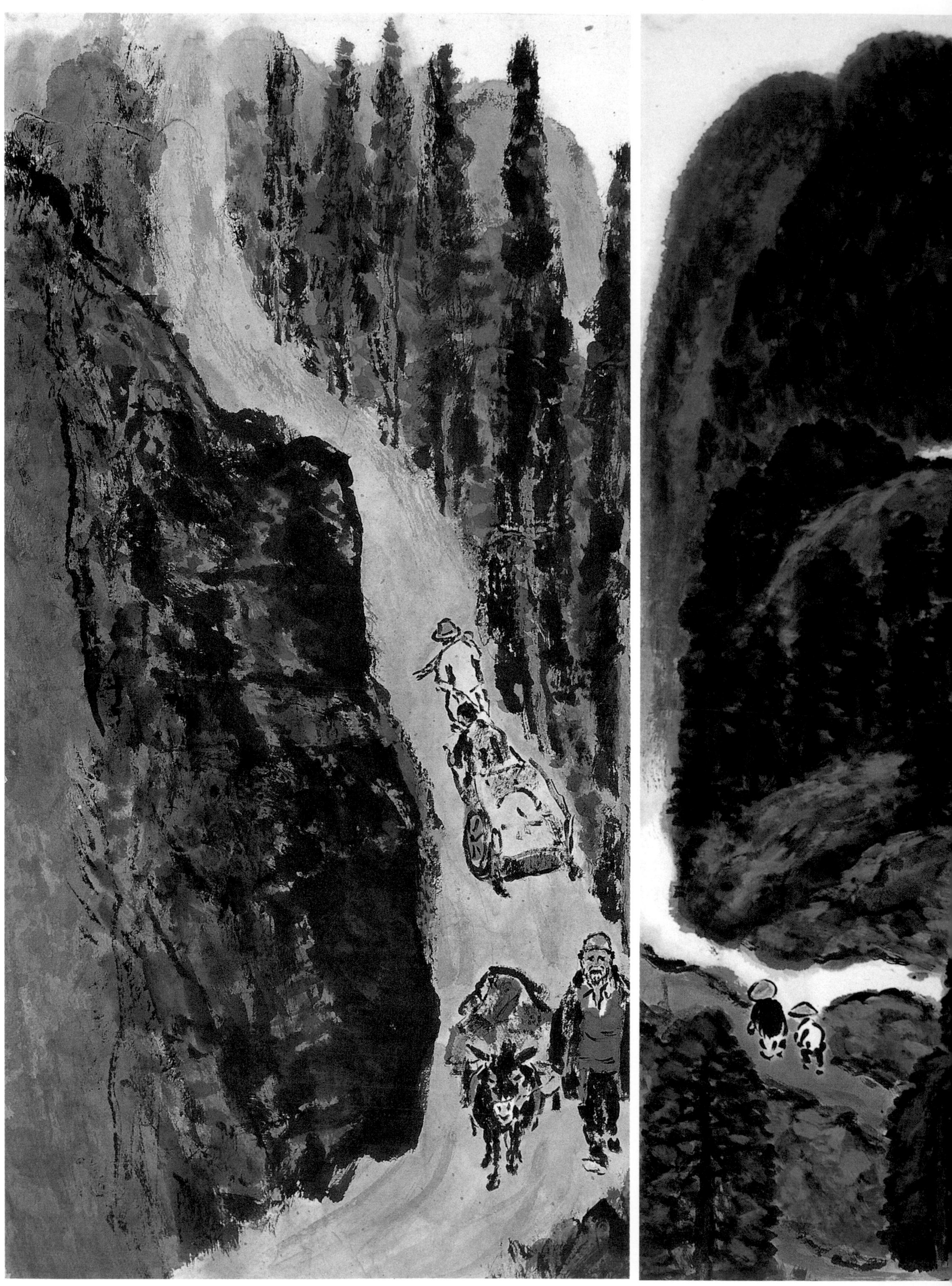

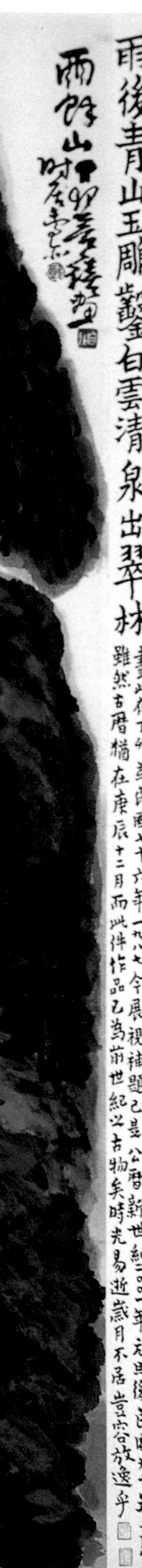

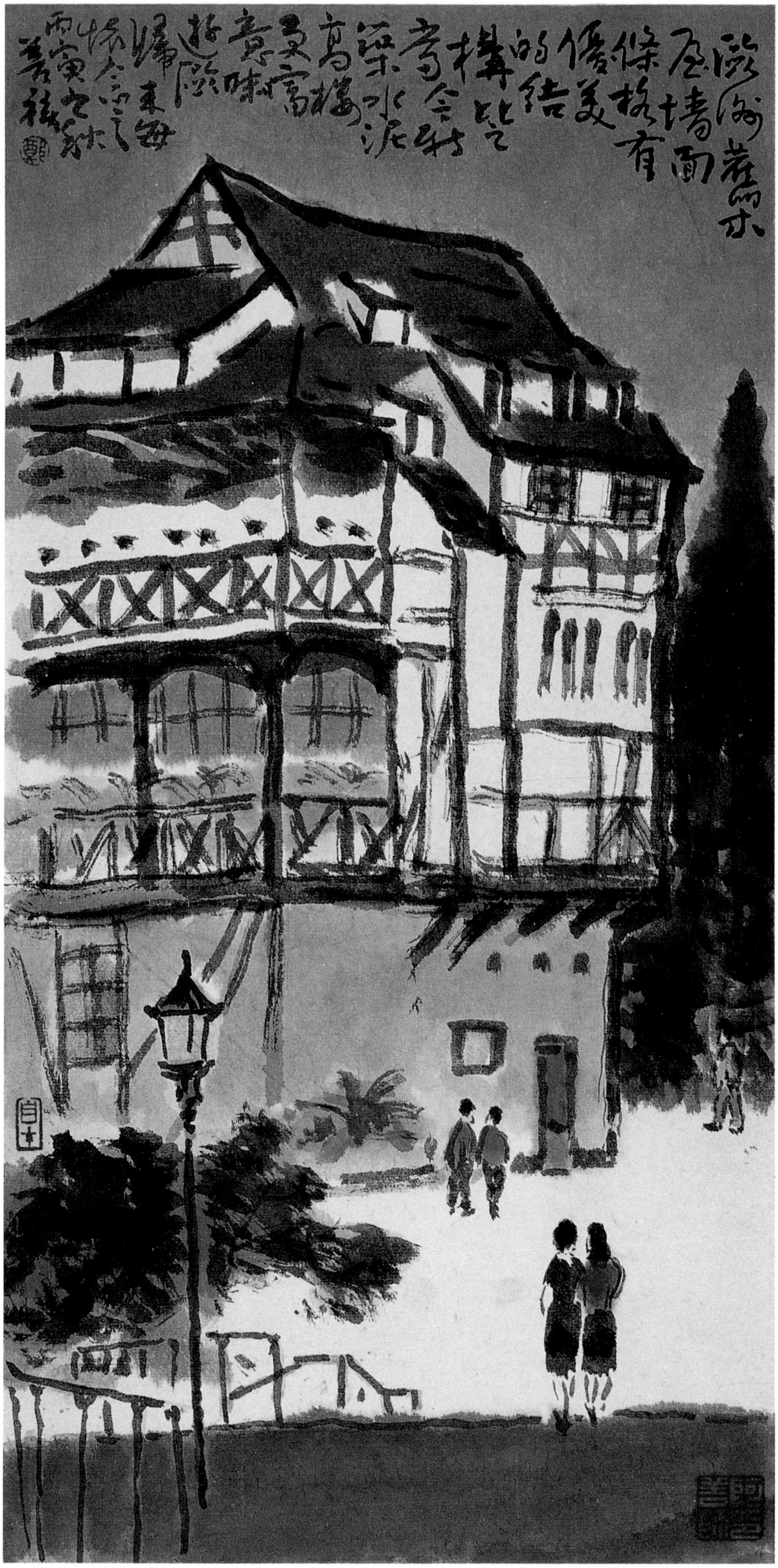

鄭善禧
趕驢拉車走山路
1990年
彩墨
60×40cm（左圖）

鄭善禧
雨餘山
1987年
彩墨
92×35cm（中圖）

鄭善禧
歐洲舊木屋
1986年
彩墨
60×29.5cm（右圖）

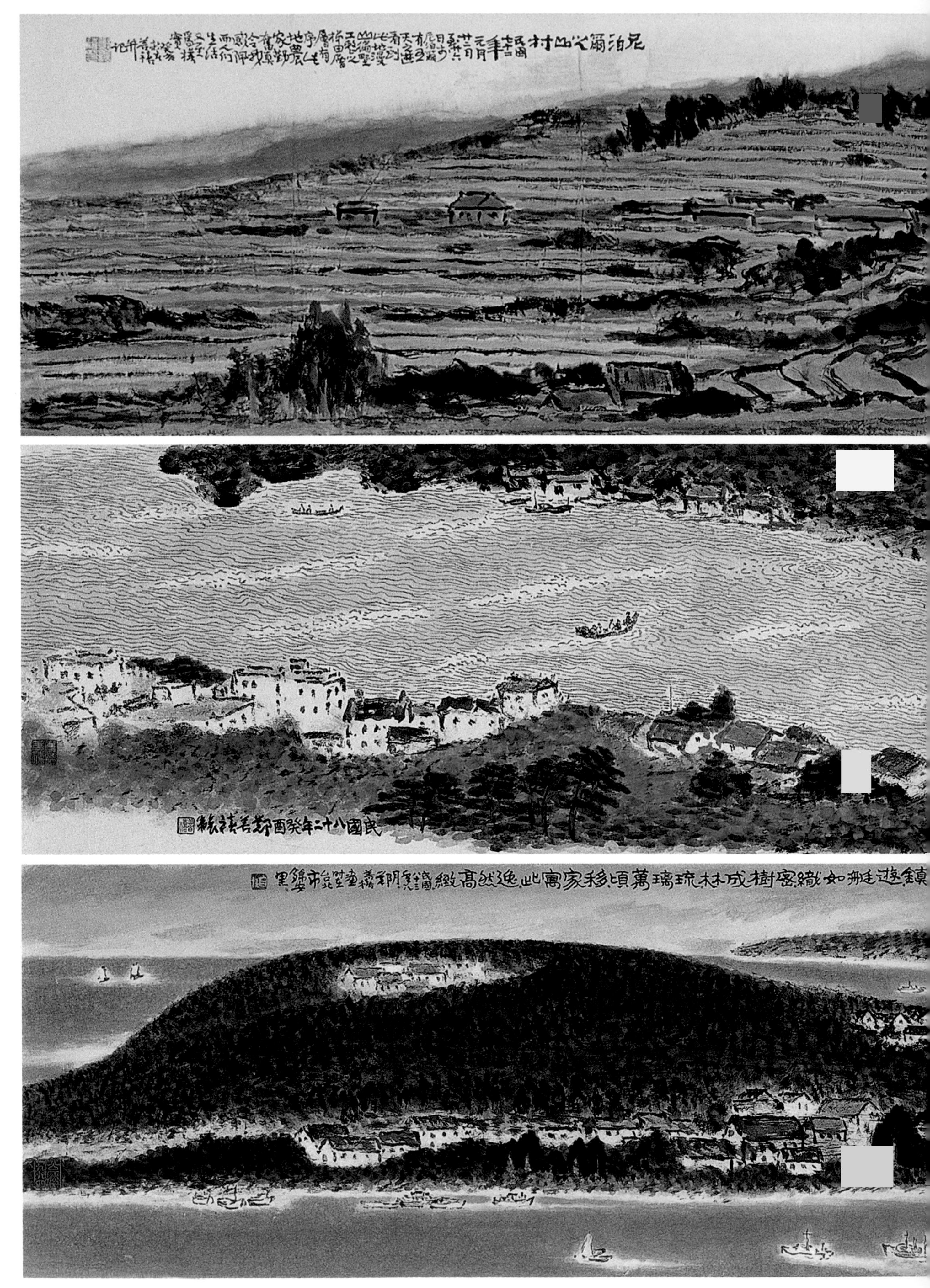

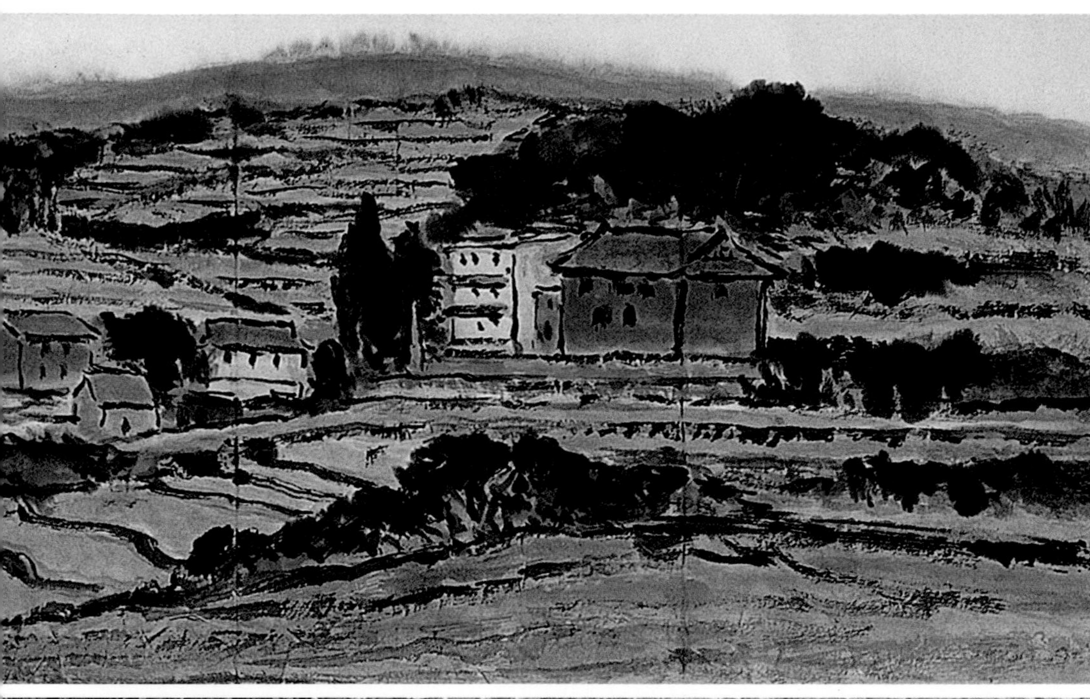

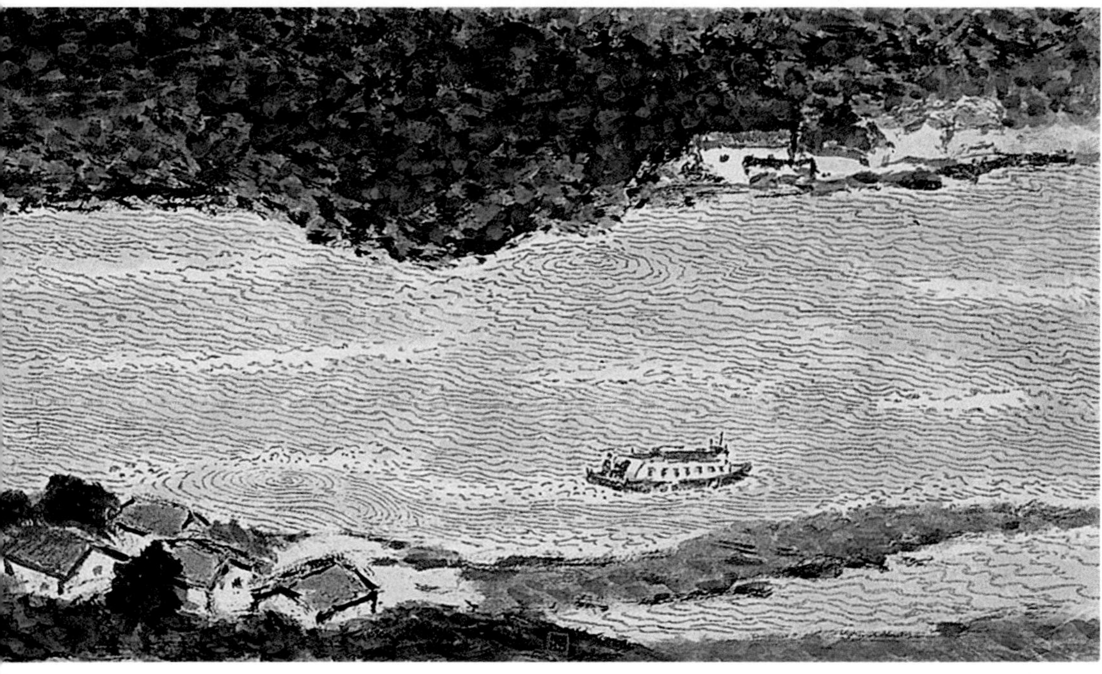

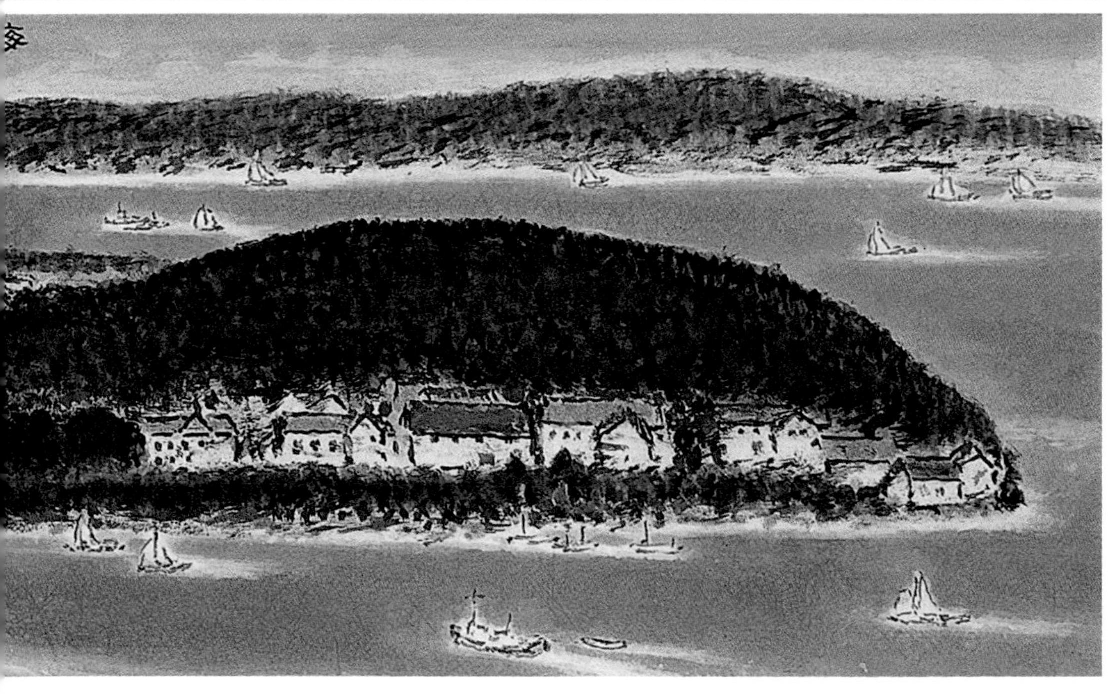

鄭善禧
加德滿都郊外
1983年
彩墨
137×35cm（上圖）

鄭善禧
清淺長江支流
1993年
彩墨
35×136cm（中圖）

鄭善禧
海灣小鎮遊艇如織
1994年
彩墨
31×120cm（下圖）

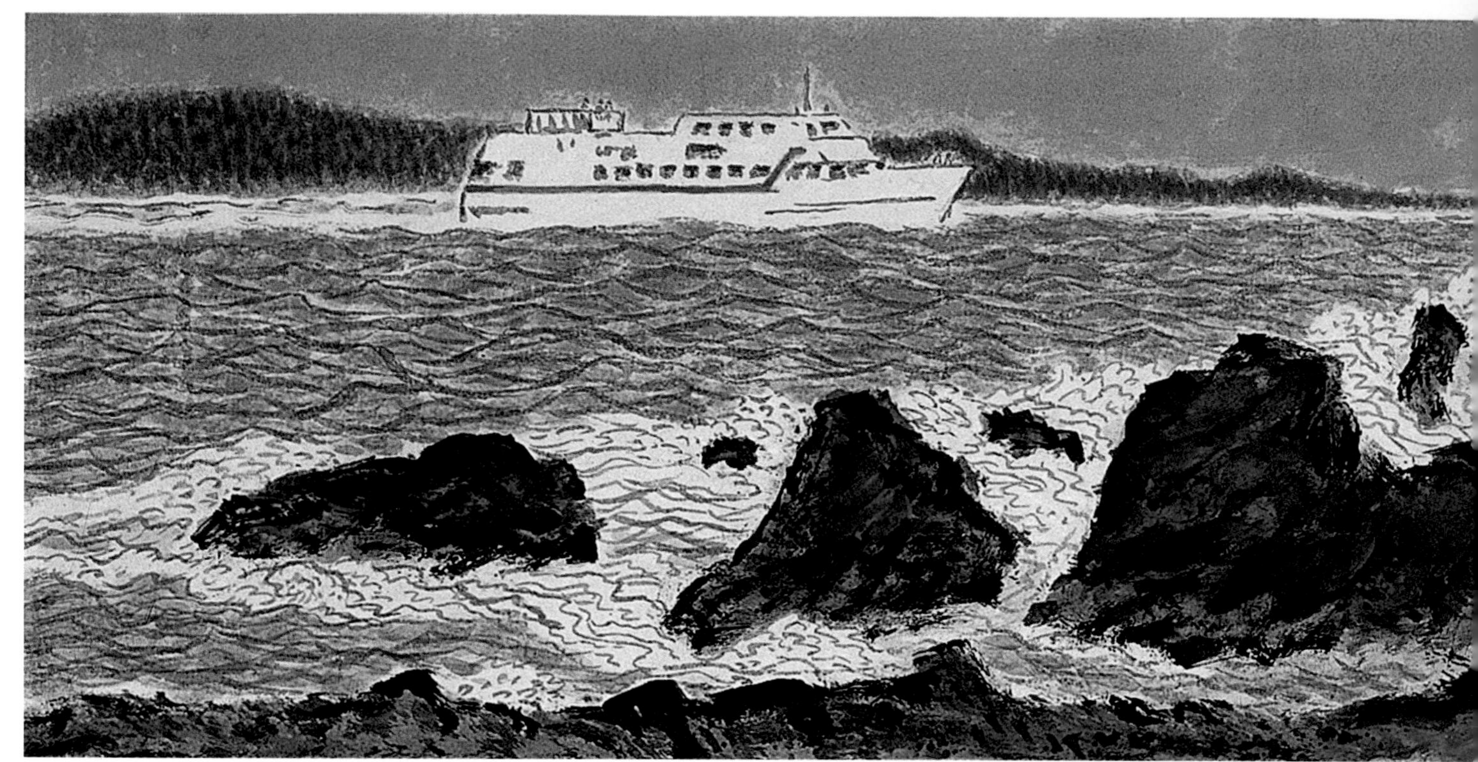

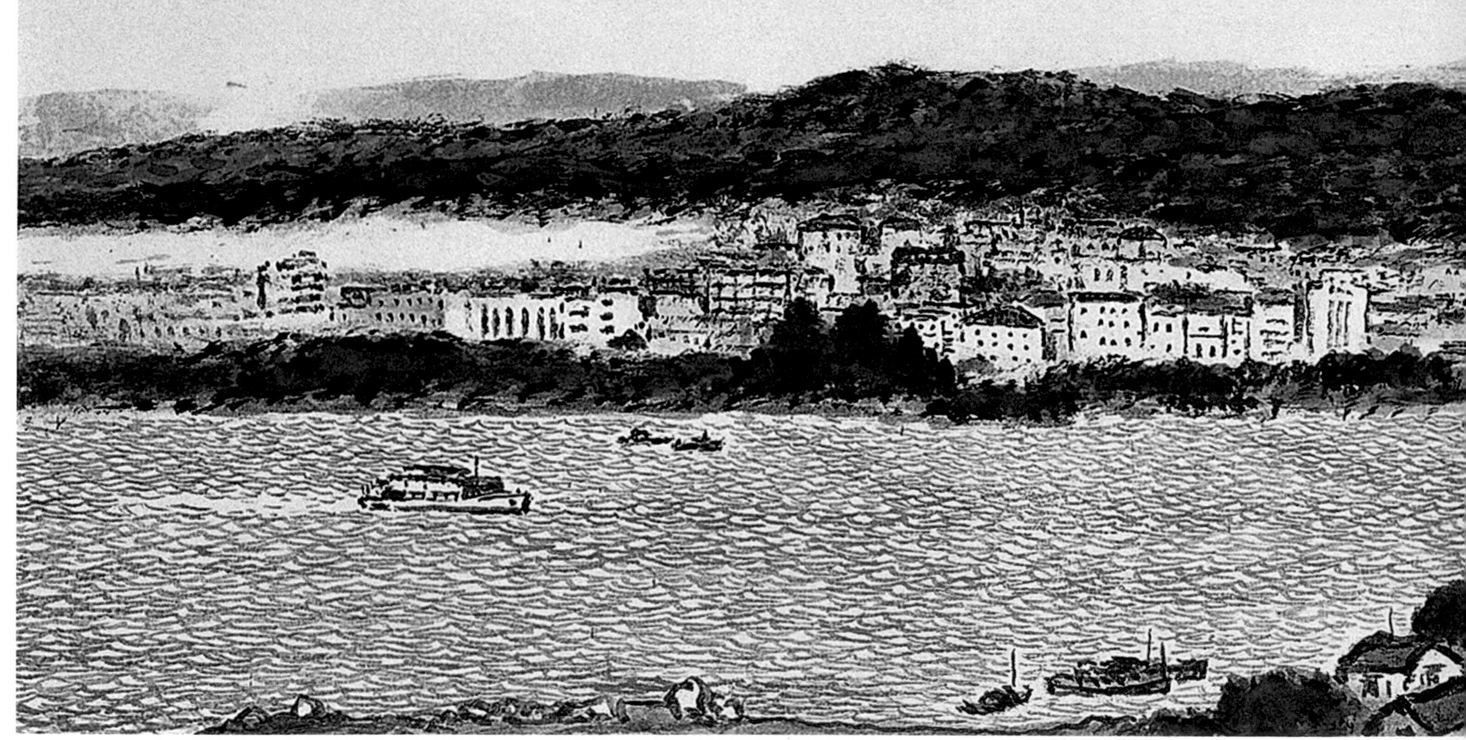

撞擊岩石的激越，或是江面平靜，遊船穿梭的靜美，每一個景，都詮釋出江海變化無窮的不同美感。中國畫家的寫景是遊目以觀，心景相應，所以長江萬里可以一卷寫盡，由朝日東昇畫到明月西沉，長卷相續，都是畫家遊歷山水，積澱胸中，有感而發的山水造境。

愈到九〇年代中期，色彩層次的變化更為豐富，構圖富設計性，如〈湖山別墅〉(1993)，

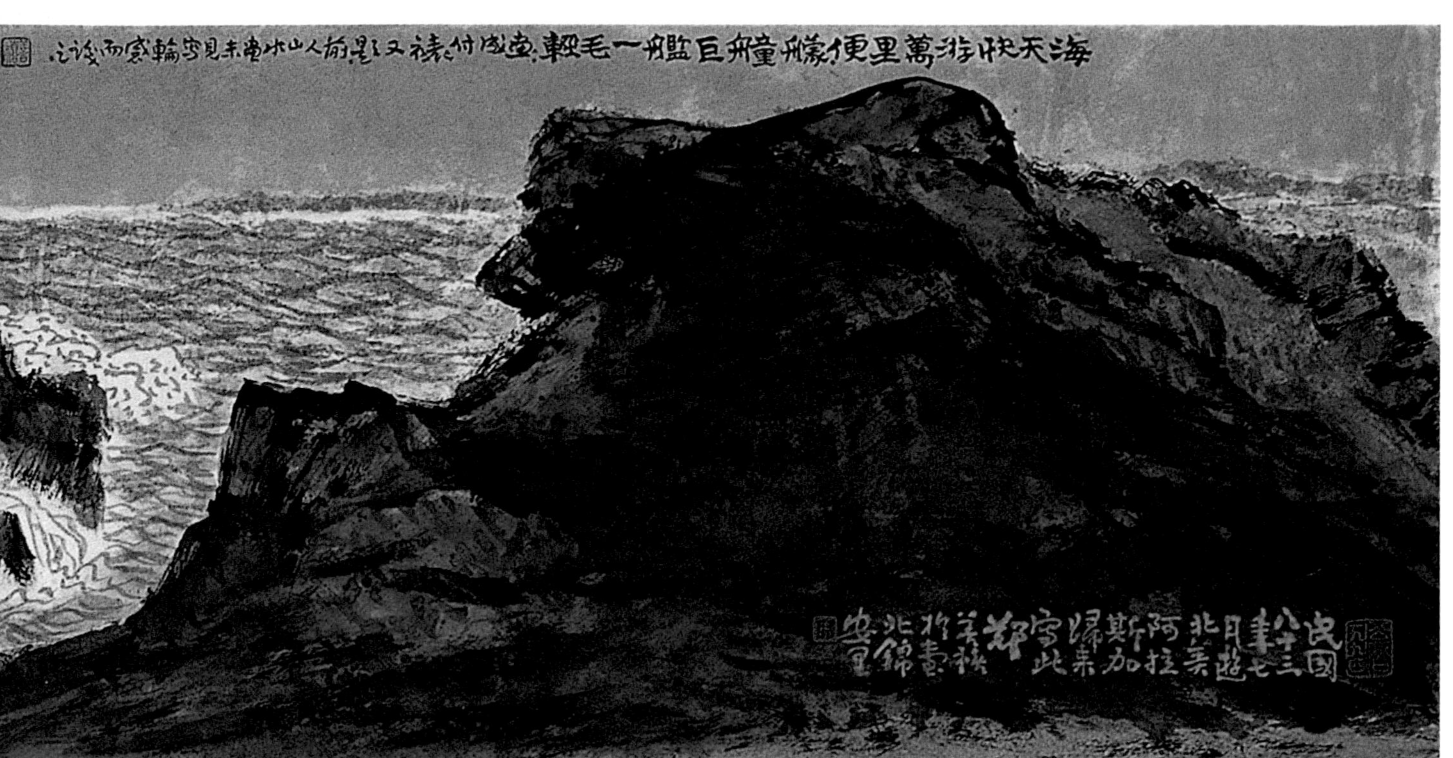

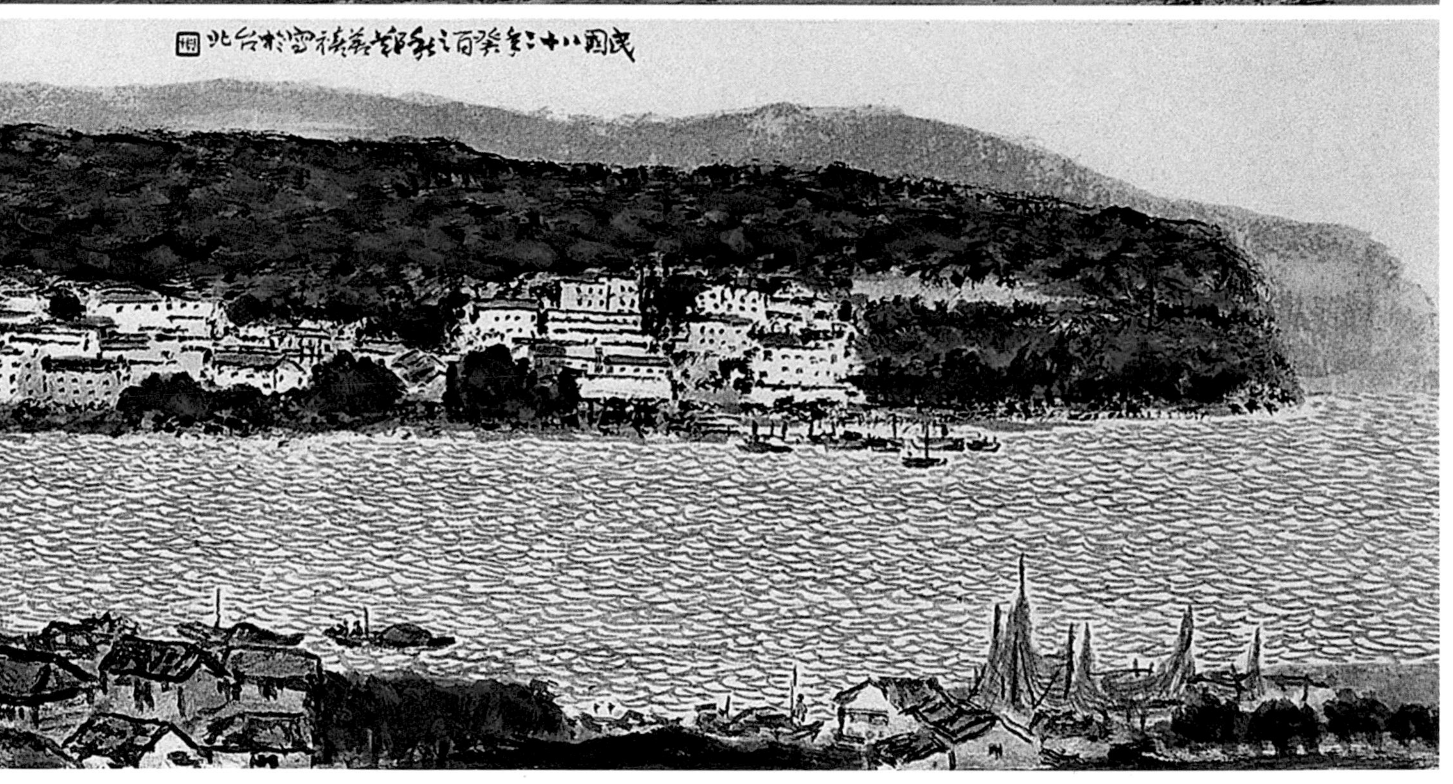

鄭善禧
海天快遊
1994年
彩墨
31×120cm（上圖）

鄭善禧
長江印象
1993年
彩墨
31×120cm（下圖）

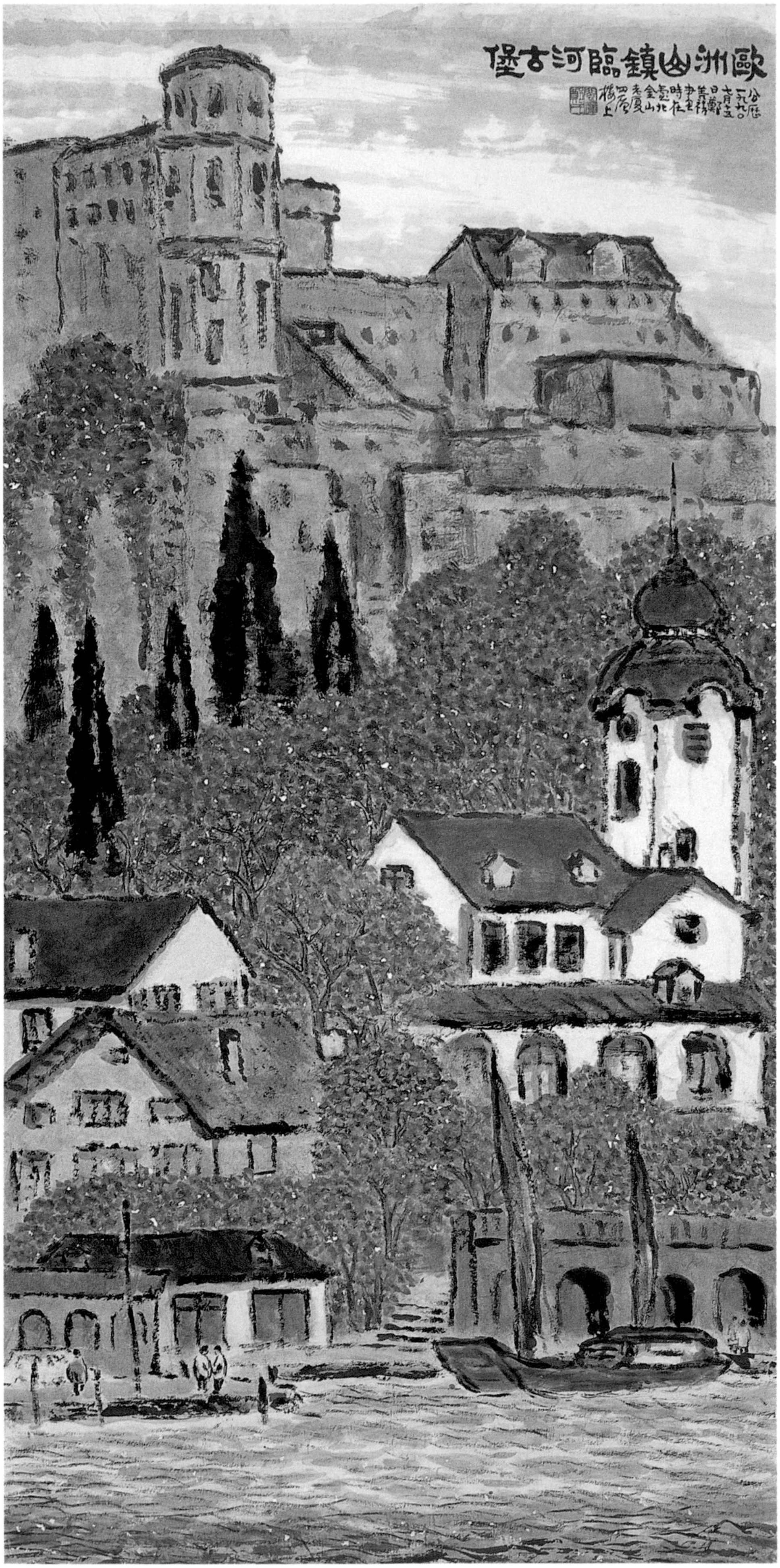

歐洲山鎮臨河古堡

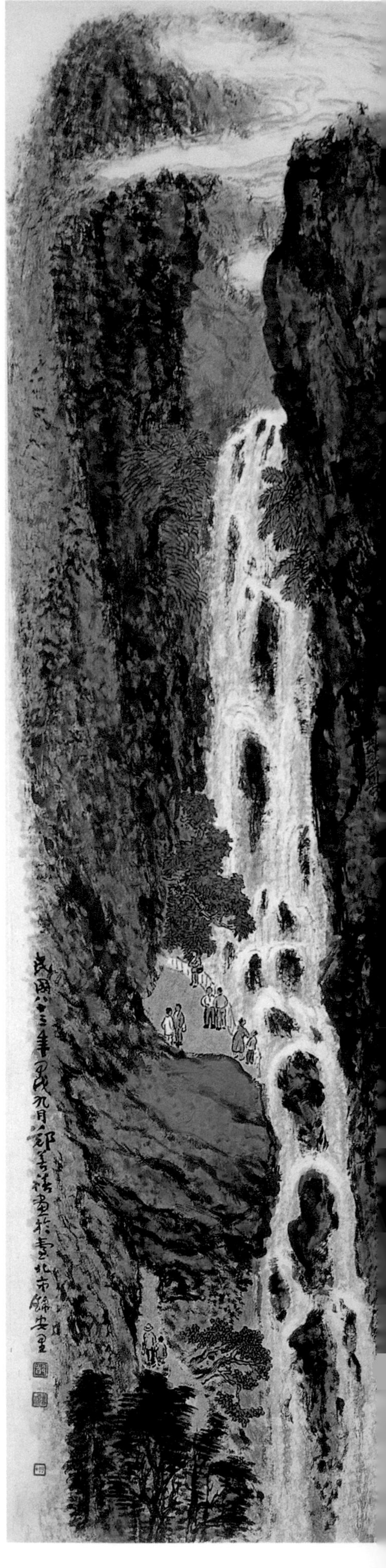

上下兩段式的組合，別墅居中，山光水色，別有天地，〈山泉假日遊客多〉（1994）、〈蘇花斷崖車如梭〉（1994）、〈深山小鎮一橋通〉（1994）、〈一泓清水出深山〉（1994）四幅作品，皆爲立軸，由近而遠，山勢層層推遠，每幅作品立意都不同，〈山泉假日遊客多〉，旨在描繪遊客觀賞山泉飛瀑的盛景，〈蘇花斷崖車如梭〉則在表現蜿蜒斷崖公路上行車如梭的盛況，〈深山小鎮一橋通〉，在於凸顯深山造鎮，橋是小鎮的重要出入口，〈一泓清水出深山〉，則呈現青山幽靜水自流的禪意。

而〈秋林古寺雲瀑〉（1994）與〈賞秋遊客行澗道〉（1994），澗水、瀑布由上而下，貫接全景，紅赭、黃綠相間的秋樹，色相多，大自然奇趣奧妙，四時山景的變換，盡在鄭善禧的畫中展新姿。

愈到晚期，色彩又更穠麗，〈春山花繁山舍靜〉（1995），屋宇、林木、草地的色彩，用重染，由藍、綠而黃、粉紅，對比的色彩，使畫面充滿清新之氣，而樹木的造型，奇趣橫生。

〈翠巒山居〉（1995），重重疊疊，秩序井然的林木、山巒，造型由尖而圓，色彩由黃綠、深綠而藍綠，林中點綴著紅瓦白牆山中小屋，景色宜人，前景佈局緊密，密不通風，遠景煙雲繚繞，虛實相映，〈紅花青草春山麗〉（1995），藍綠相間青山翠巒，山腳下一片粉紅櫻花林，勤奮的農人，正俯身揀採野菜，大地欣欣向榮。

〈深林幽禽〉（1996）與〈白首小雛隱荒林〉（1996），畫面已不是八大或齊白石的文人畫，是以塞天塞地的滿版佈局，黃綠的對比色彩凸顯黑白相間、紅黑相間的三兩禽鳥悠遊之情。

再如〈網川山谷〉（1997），有印象派璀璨鮮麗的色點、筆觸，而〈幽谷自有天然美〉（1998）有野獸派色彩的大膽組合。兩幅畫皆以西洋彩運宋人丘壑，壯麗雄偉，茂密蒼翠，前幅瀑布如懸，曲折如帶，是靜美，後幅瀑布奔瀉如

▎鄭善禧
臨河古堡
1990年
彩墨
142×70cm
（左頁左圖）

▎鄭善禧
山泉假日遊客多
1994年
彩墨
120×31cm
（左頁右圖）

▎鄭善禧
湖山別墅
1993年
彩墨
59×30cm

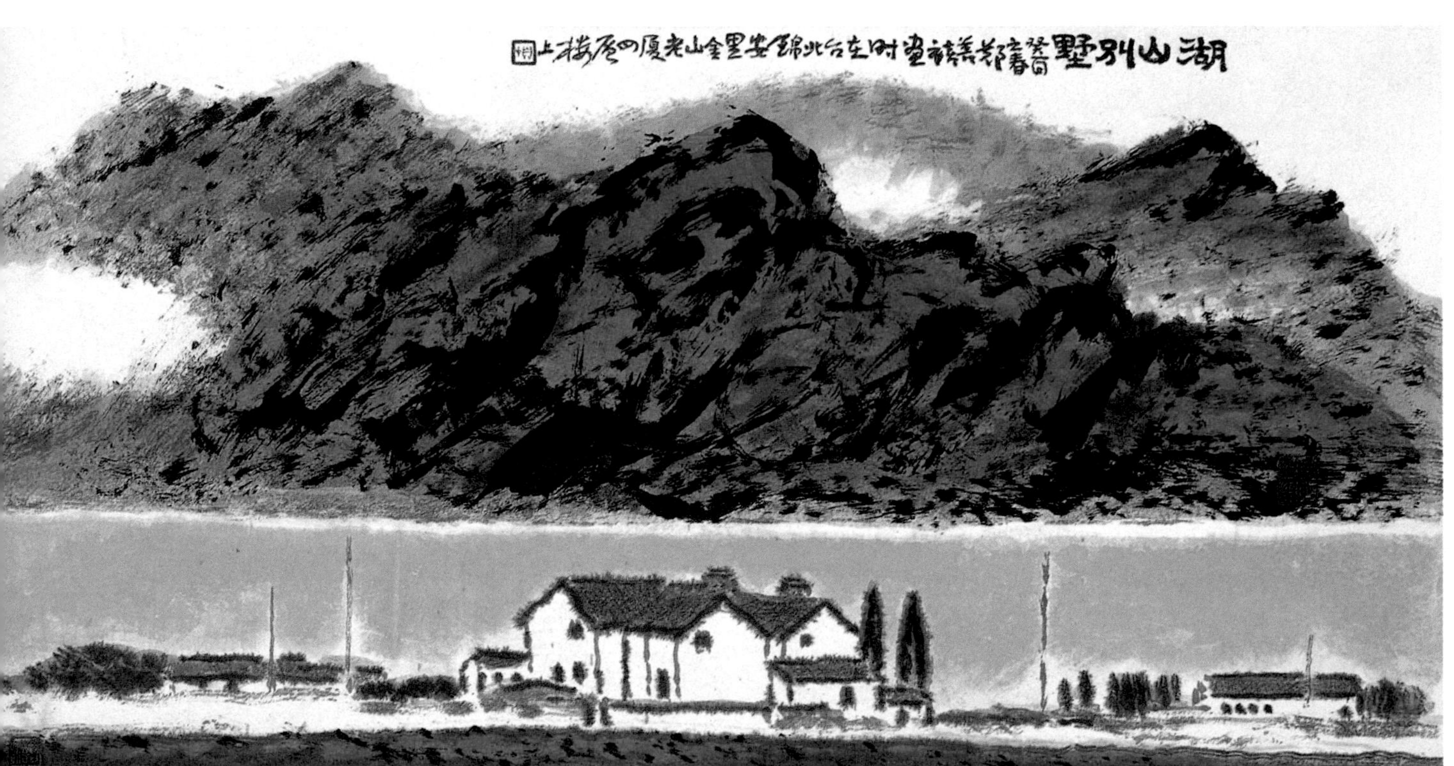

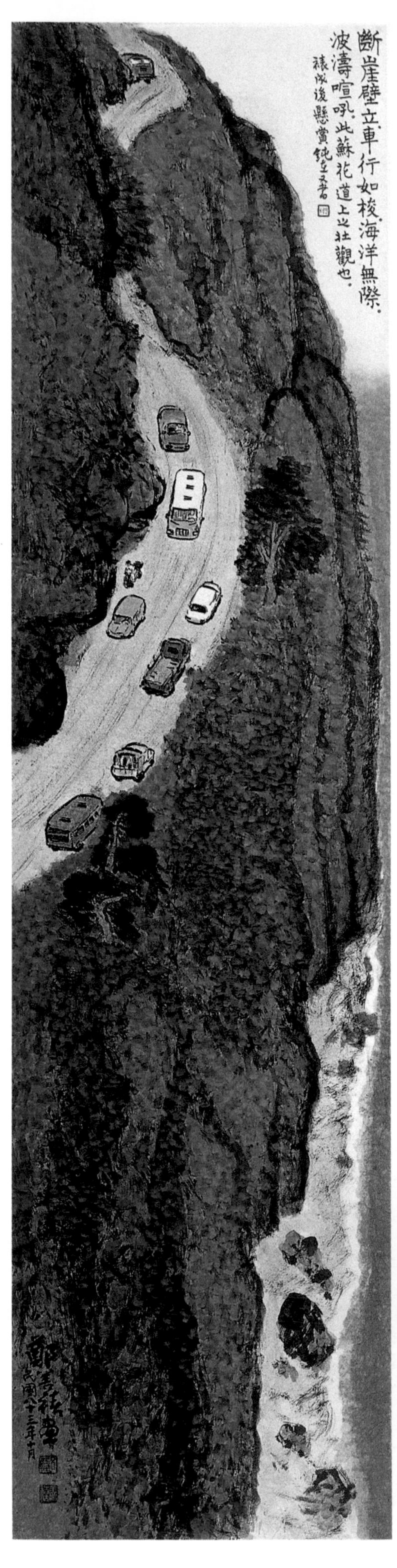

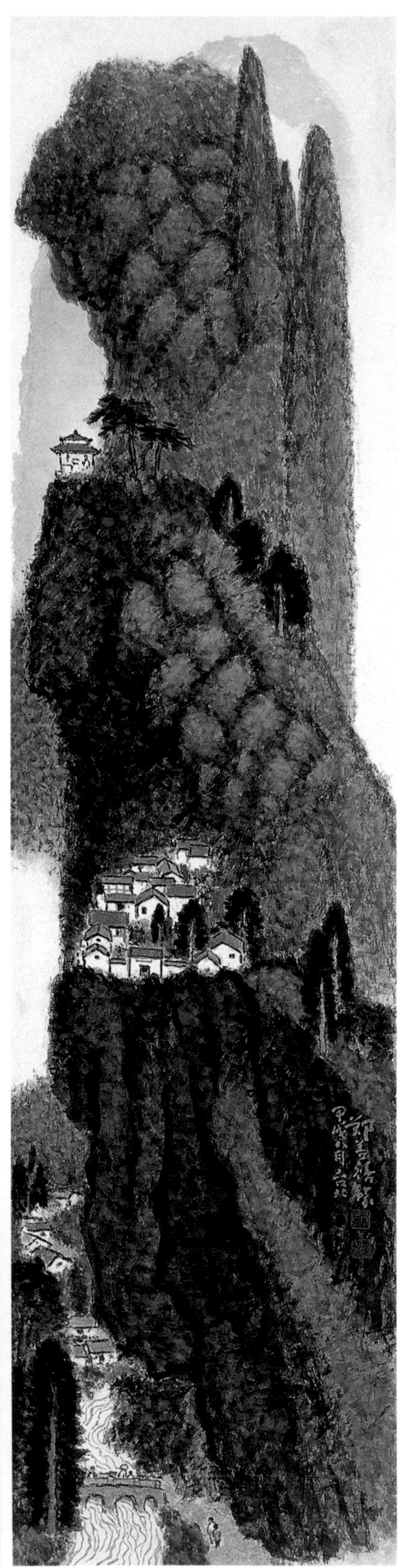

- 鄭善禧
  蘇花斷崖車如梭
  1994年
  彩墨
  120×31cm（左圖）
- 鄭善禧
  深山小鎮一橋通
  1994年
  彩墨
  120×31cm（右圖）
- 鄭善禧
  一泓清水出深山
  1994年
  彩墨
  120×31cm
  （右頁左圖）
- 鄭善禧
  秋林古寺雲瀑
  1994年
  彩墨
  120×31cm
  （右頁中圖）
- 鄭善禧
  賞秋遊客行澗道
  1994年
  彩墨
  120×31cm
  （右頁右圖）

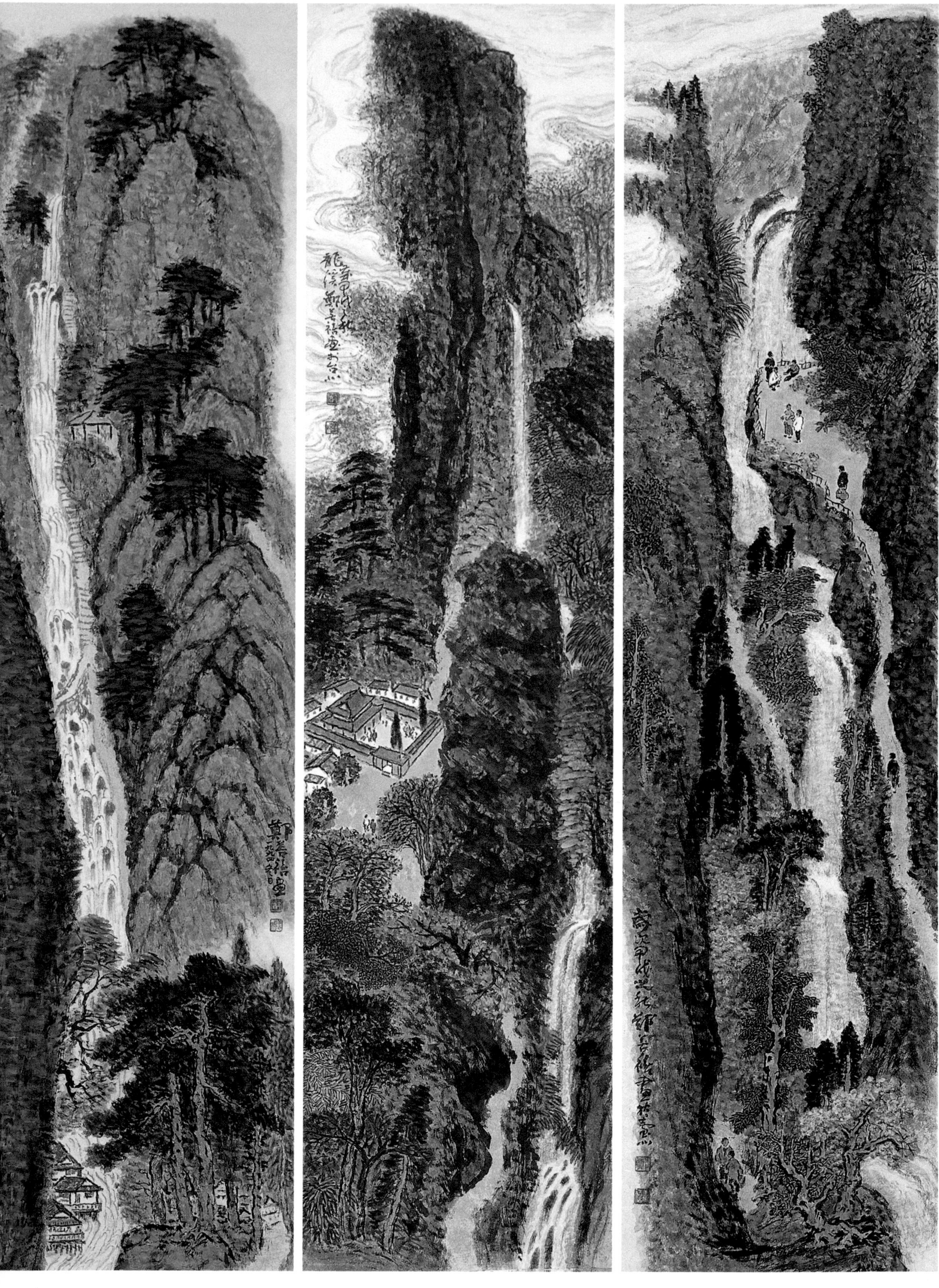

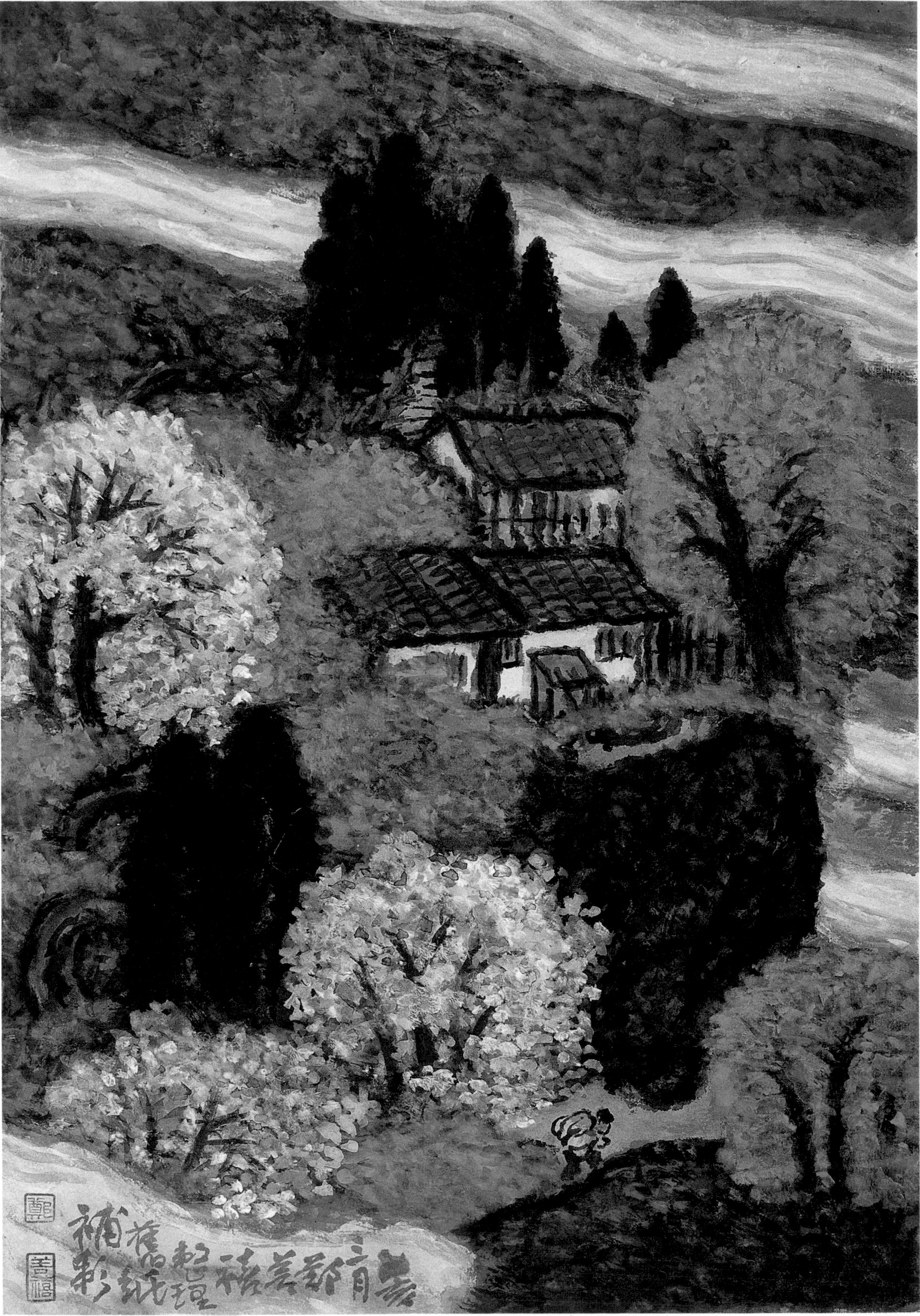

鄭善禧
春山花繁山舍靜
1995年
彩墨
50×36cm（左頁圖）

鄭善禧
翠巒山居
1995年
彩墨
71×45.5cm

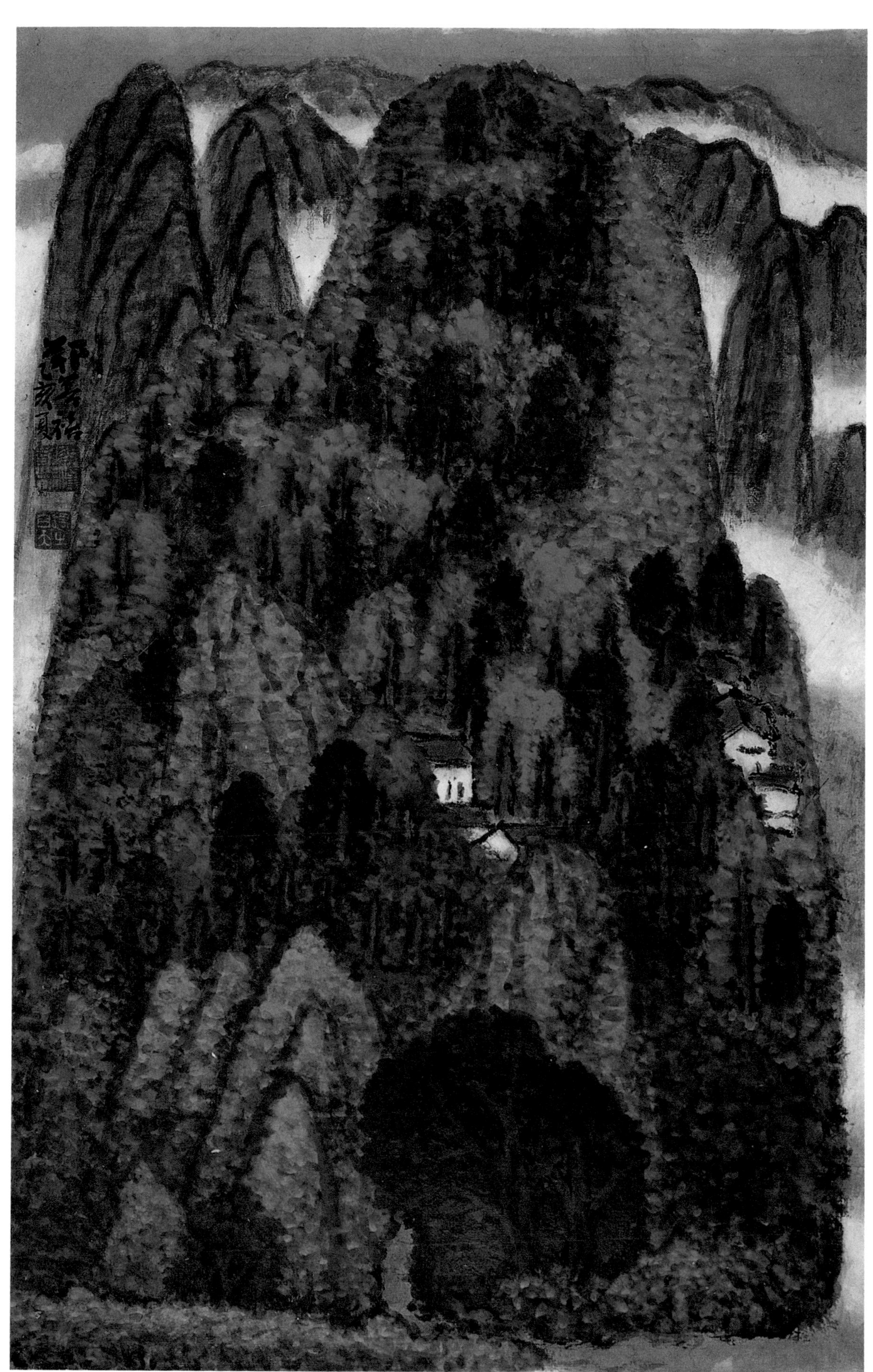

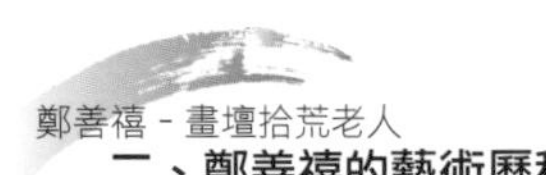

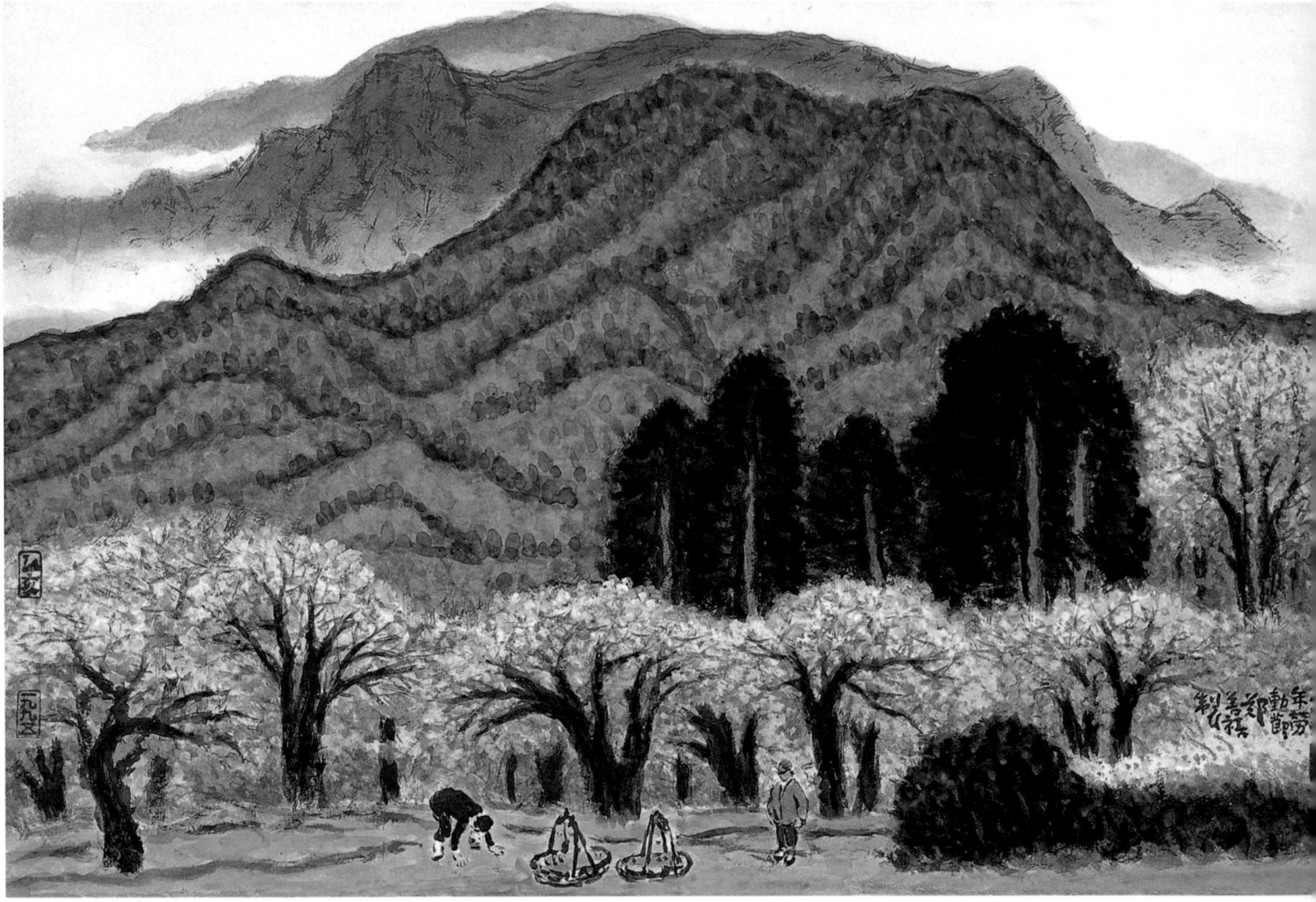

風，浩浩蕩蕩，是動美。動靜兩相宜，自成趣味。現階段作品彩多於墨，或許正是由於他一九九六年在巴黎他的學生處，興來畫了不少油畫如〈紅瓦村，黃花地〉（1996）、〈閒田雲天〉（1996）、〈海嶼村舍〉（1996），而引發他以色彩爲主，用壓克力顏料畫中國畫的大膽嘗試。

這種有著中國繪畫傳統的移動視點的構圖與留白及款題鈐印，而無中國傳統繪畫的皴染、設色，是他現階段融匯中西的新風貌，有種妙造自然的燦然感，正是他個人一貫的藝術主張的呈現：「我認爲以西方顏料畫中國畫並無不可，那怕是油畫顏料，只要能表達中國人的情懷便是。」「重要的是中國人的思想而不是材料。」(註16)〈山崖草寮〉（2001），前景、中景、遠景，景景分明的懷鄉之作，已把他畫台灣的山水情懷，融入故鄉，揉合出舊景新境。

〈雲林秀以重〉（2001），重重山林，爲片片雲霧所隔斷，構圖新穎，設計味濃，濃塗藍、綠色彩，配以白色，產生高反差對比效果，畫面洋溢著原始粗獷的氣息。

晚近鄭善禧的山水作品，偏重構圖的設計性，用筆的厚拙鈍樸及色彩的穠麗，因而建立個人特殊而鮮明的面貌。

自一九八二年起，鄭善禧開始關注於彩瓷畫，他常常於瓷揚窯作畫，內容涵蓋花鳥、走獸、人物、山水、民俗及書法，包羅萬象，他本著好學不倦的精神，在陶瓷上可以看出他努力奮進的軌跡。

鄭善禧
紅花青草春山麗
1995年
彩墨
69×46cm

鄭善禧
白首小雛隱荒林
1996年
彩墨
50×35cm（右頁圖）

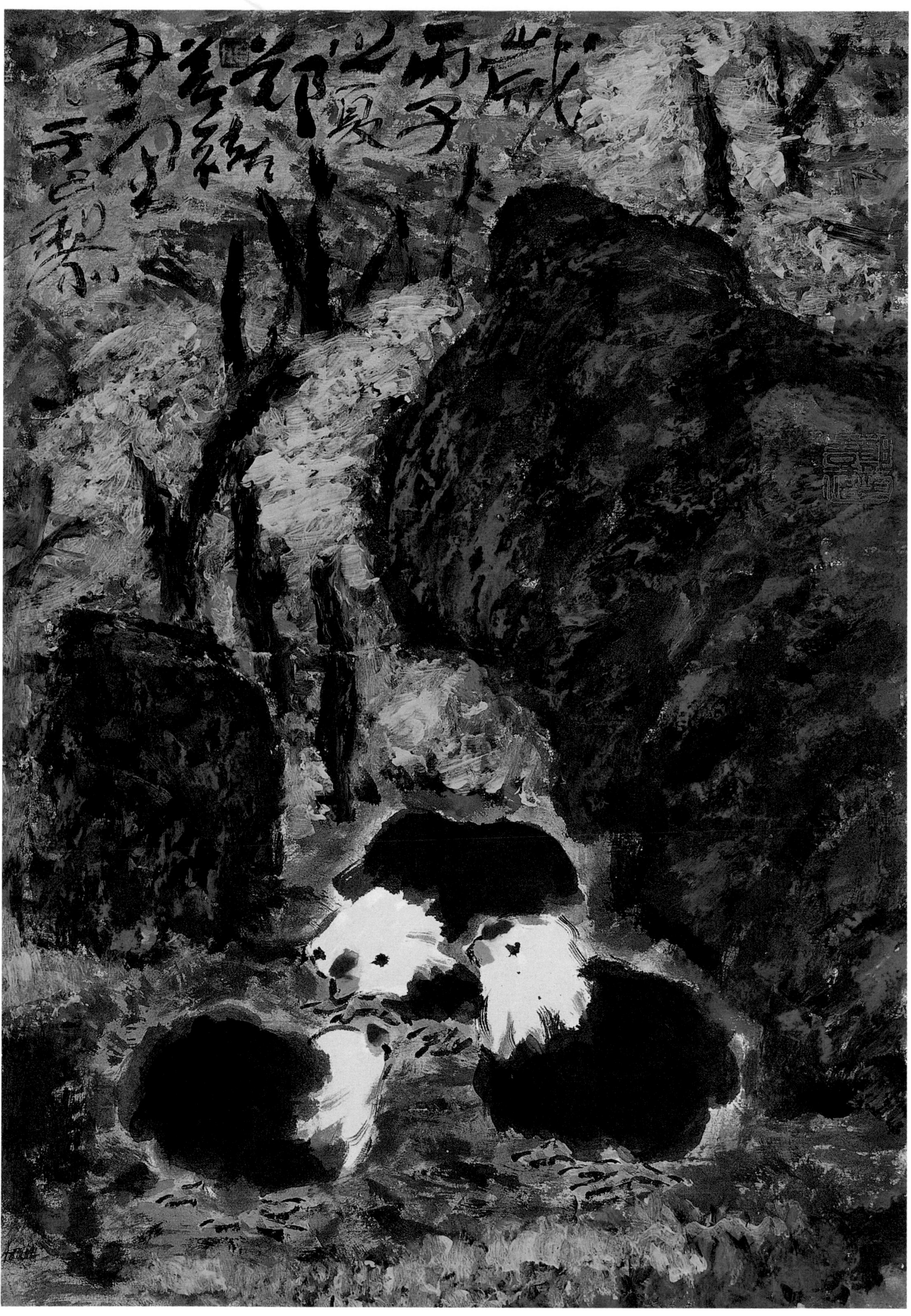

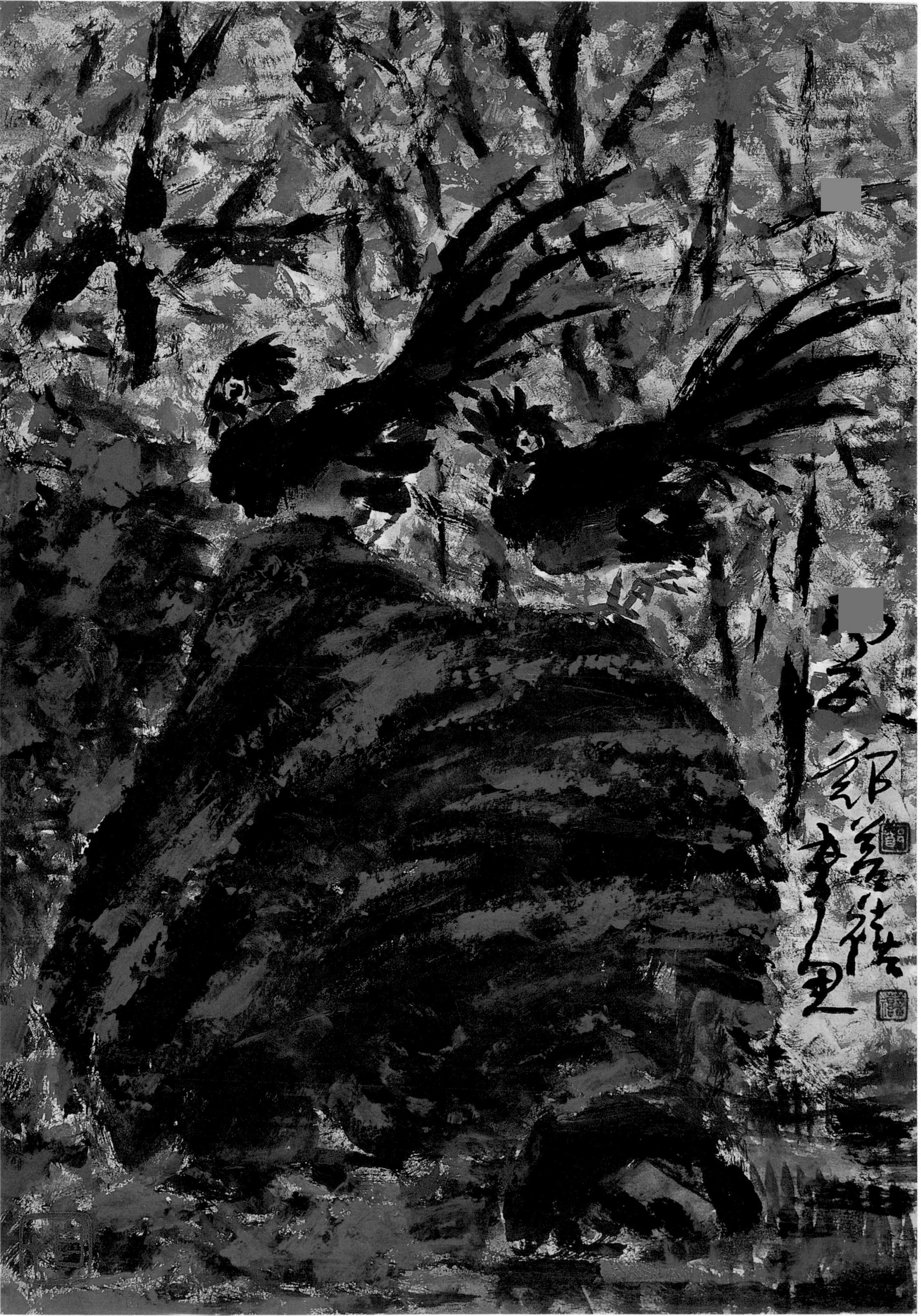

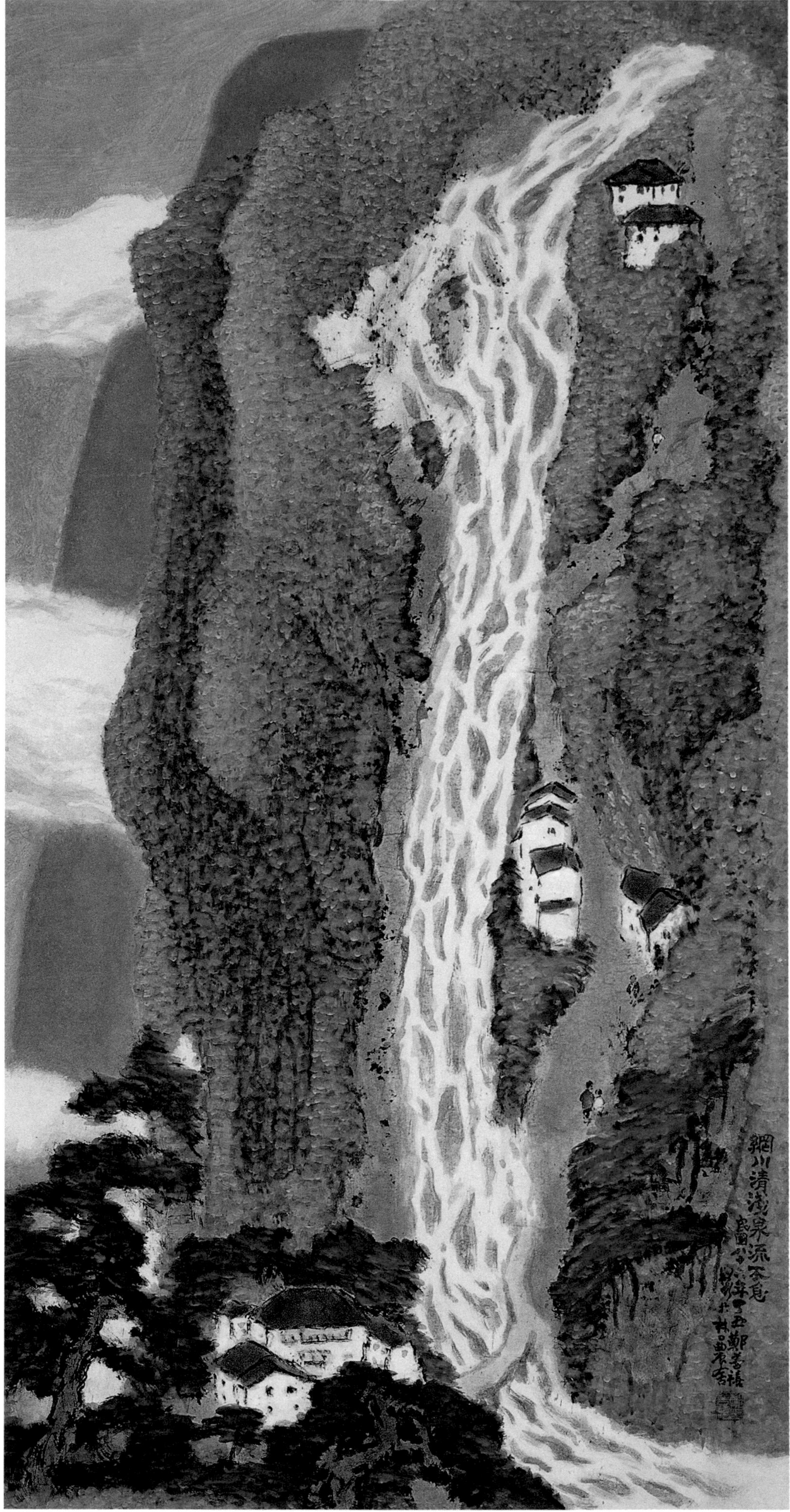

鄭善禧
深林幽禽
1996年
彩墨
50×36cm
(左頁圖)

鄭善禧
網川山谷
1997年
彩墨
142×75cm

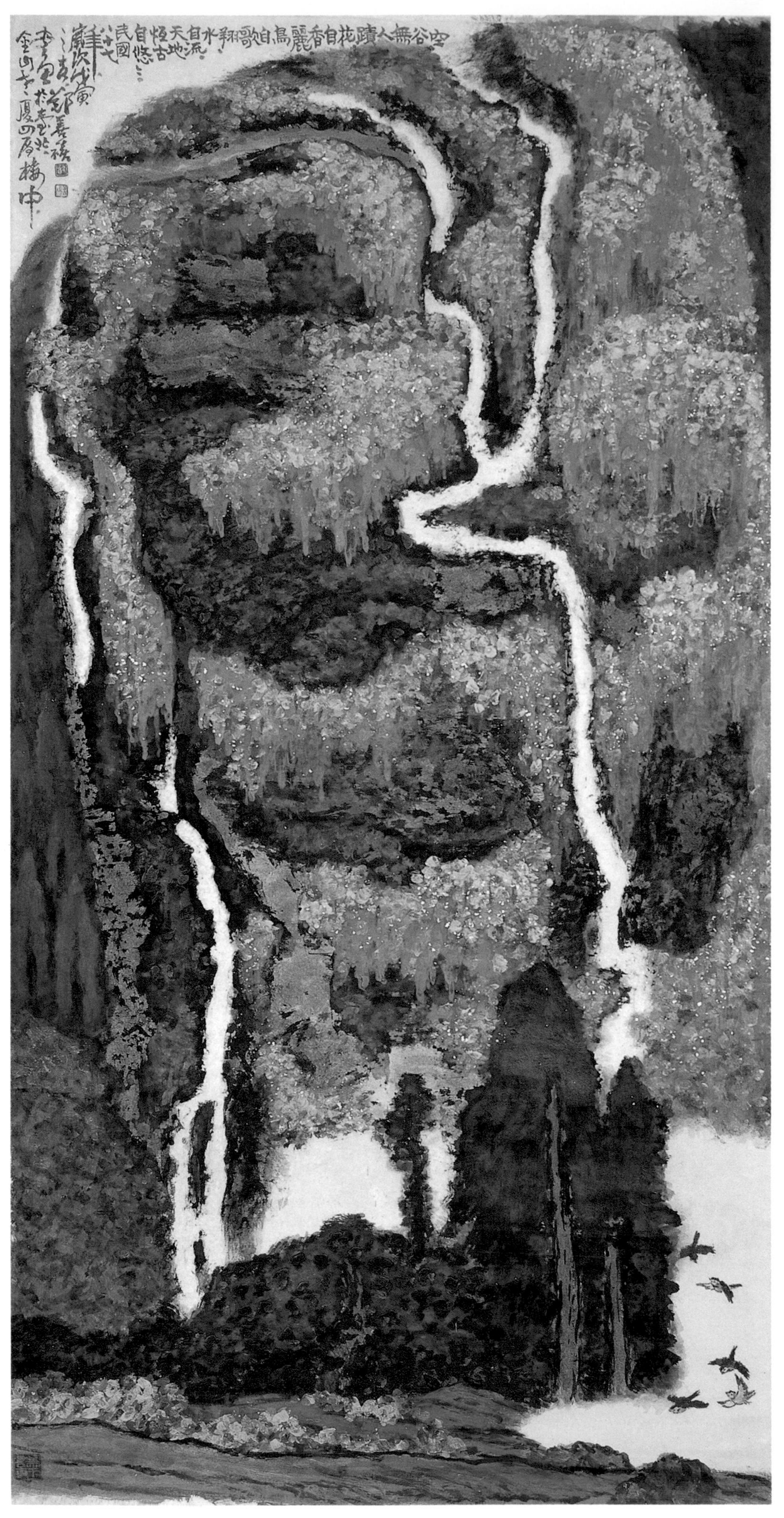

鄭善禧
幽谷自有天然美
1998年
彩墨
172×75cm

他廣泛地融合了中國繪畫傳統大家的梁楷、四僧、八怪、海上畫派、齊白石、王震等諸大家作品，又上溯至漢代的石刻畫像、漆器彩繪，宋代磁州窯圖繪或民間剪紙，更廣泛地學習畢卡索、馬諦斯、夏卡爾、德朗或日本棟方志功，甚至印地安、非洲及台灣原住民的圖騰，他或刻或繪，彩瓷面目非拘一方，打破框框，他常以古人爲基礎的墊腳石，有時臨摹得十分逼眞，有時只臨摹三、四分，便自行改造發揮。

往往在他重新佈局又加上書法題款後，比原作更富情趣，而彩瓷上的書法，他有時自運，大部分是臨仿之作，他無所不臨，從古代碑帖到現代名家作品，皆是他師法的對象，如毛公鼎、爨寶子、史晨、開通褒斜道、好大王碑、孔宙碑、衡方碑等及懷素、金農、齊白石、八大與當今名家書法，他常以「一個師傅三擔稿」自勉。

他的彩瓷書畫，正是本著民間畫家的精神，廣羅博納，苦力學習。他挪用組合中、西繪畫名作，甚至參酌卡片、插畫、寫眞集的彩瓷畫，常常同一個彩瓷一面是畢卡索作品，另一面是非洲雕刻，再結合中國書法的題款，迷漫著濃濃的後現代藝術之風。

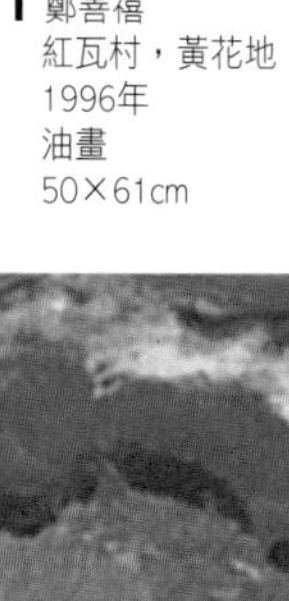

鄭善禧
紅瓦村，黃花地
1996年
油畫
50×61cm

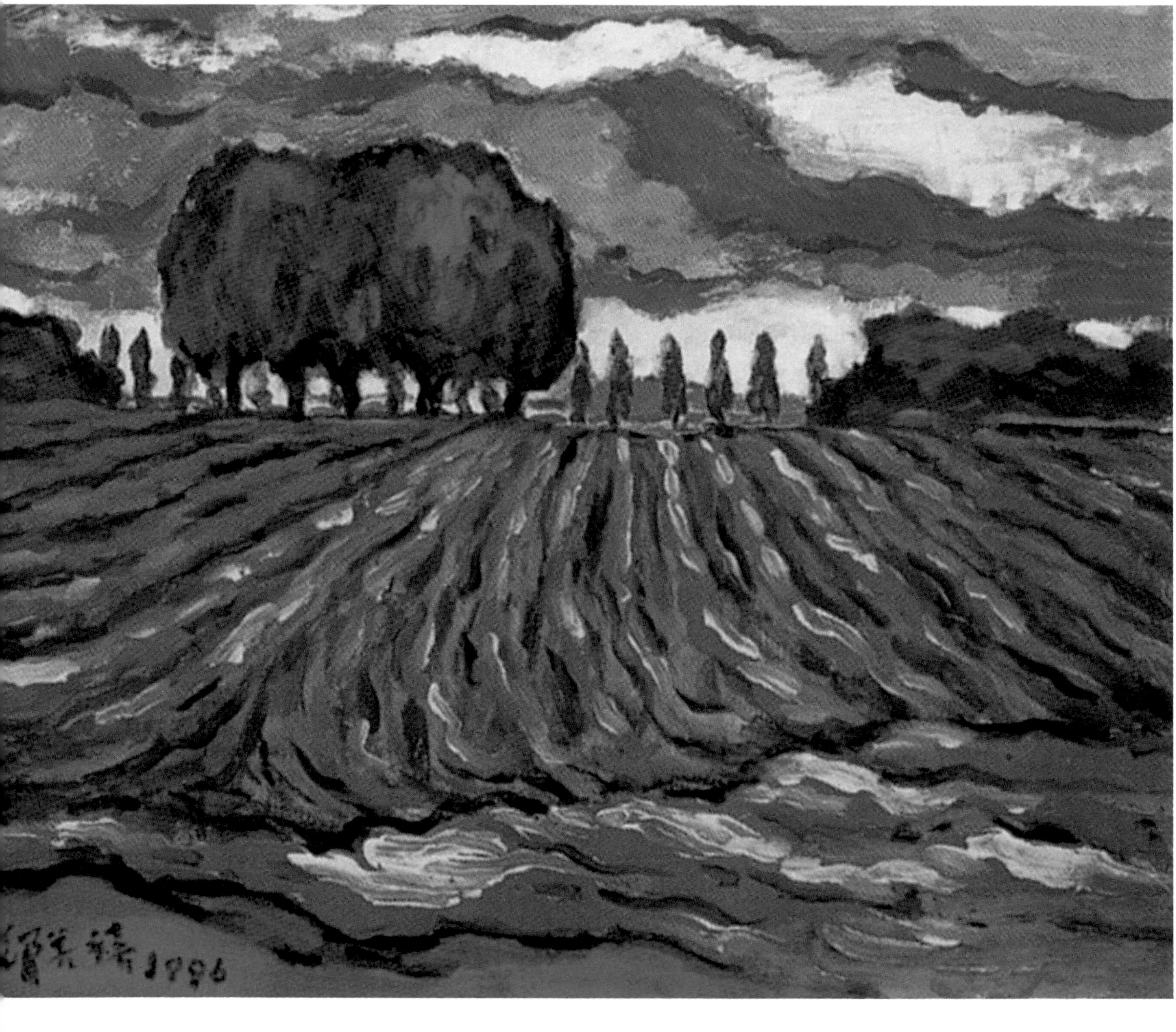

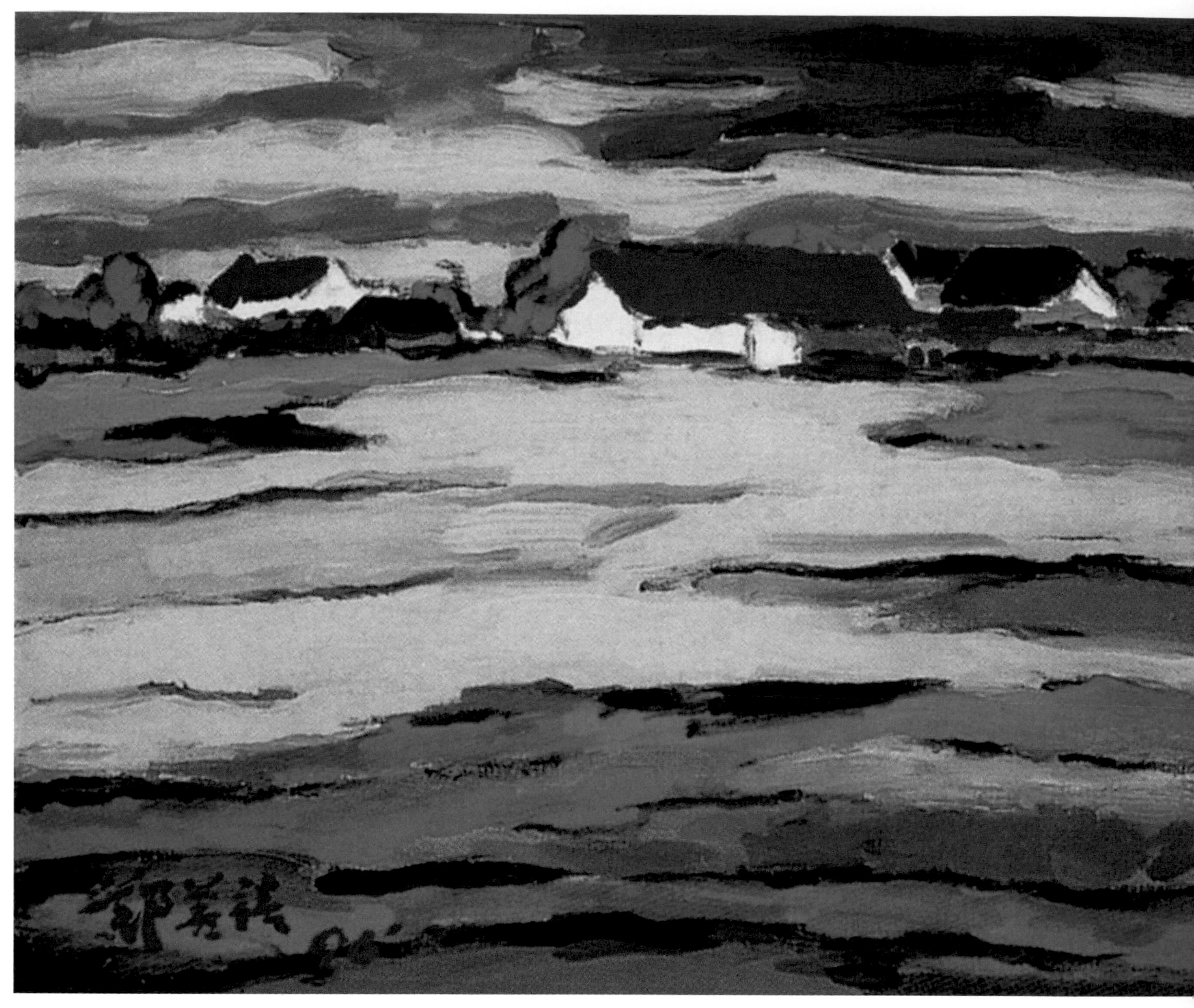

鄭善禧
閒田雲天
1996年
油畫
50×61cm

如今鄭善禧深居簡出，隱於謙軒農舍，讀古書，耕硯田，就像他二〇〇一年所畫的〈獨鶴隱深林〉，生來孤獨相的他，樸實無華如畫中野鶴，喜幽居林中，獨與天地精神相往來。

註5：鄭善禧〈我的話，我的畫〉，見《國立歷史博物館館刊》3卷4期，頁64，1993年10月。

註6：訪談鄭善禧，2002年9月13日。

註7：陳星《人間情味豐子愷》，頁154～159，佛光文化，1999年11月。

註8：黃寤蘭《鄭善禧畫壇老頑童》，頁74，時報文化，1998年9月。

註9：鄭善禧〈林玉山教授之教學作畫與為人〉見《桃城風雅一林玉山的繪畫藝術》，頁46，台北市立美術館，1991年5月。

註10：同註9，頁47。

註11：鄭善禧〈我作畫的途徑〉，見《國教輔導》82期，頁13，台中師專1969年10月。

註12：訪談鄭善禧，2002年8月23日。

註13：訪談鄭善禧，2002年8月31日。

註14：鄭善禧的插畫，大都以鋼筆所畫，題材內容常配合文章所須，如長期連載的〈教學集錦〉則是章慶懋文，配鄭善禧的圖，見《國教輔導》，頁54，1961年12月。

註15：鄭善禧於《國教藝苑》中刊登他所畫的一幅〈牧牛圖〉（1977），這段文章是他牧牛圖的圖說，見《國教輔導》1978年3月，封底裡。

註16：同註8，頁172～174。

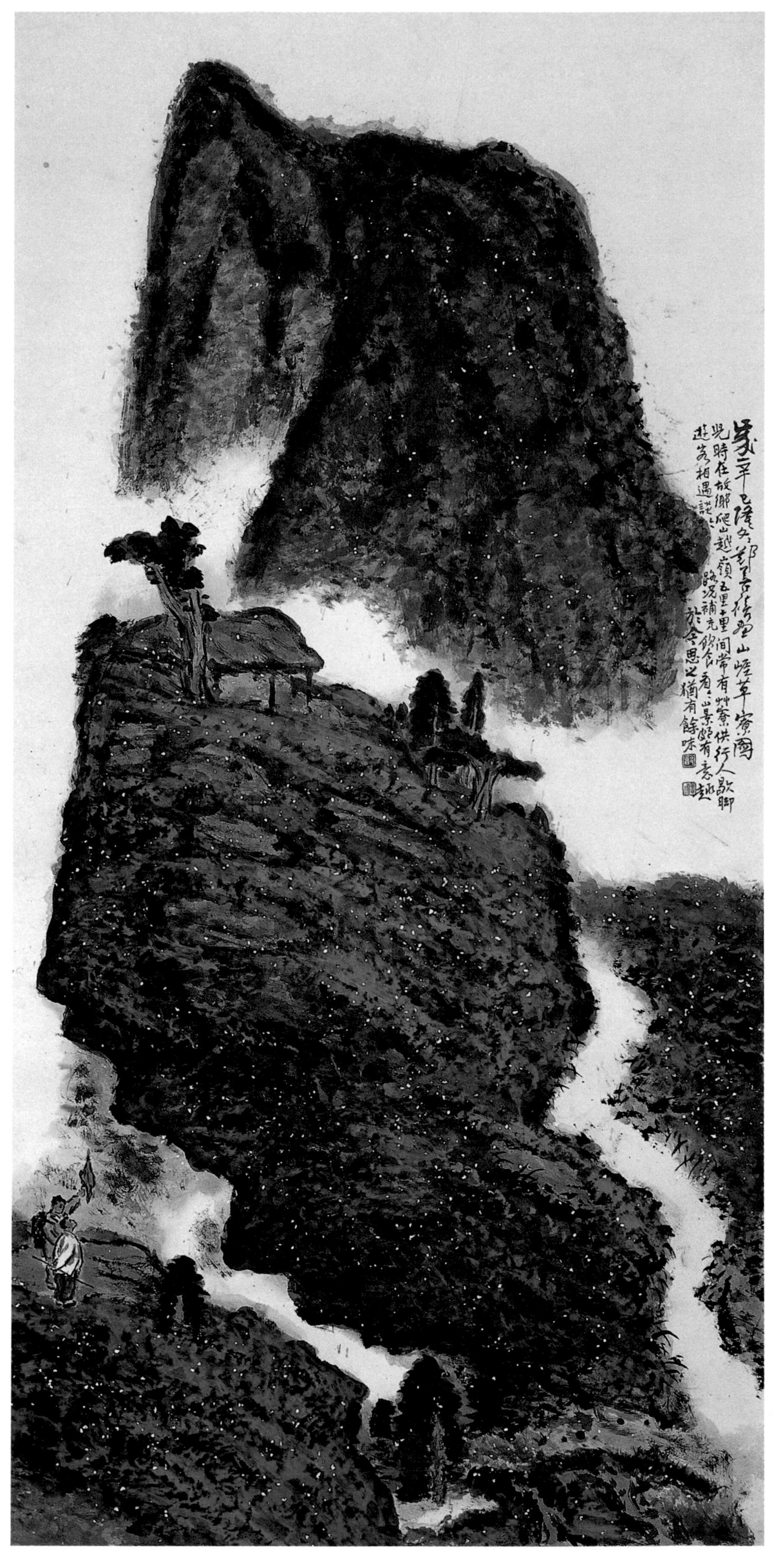

鄭善禧
山崖草寮
2001年
彩墨
138.5×60cm

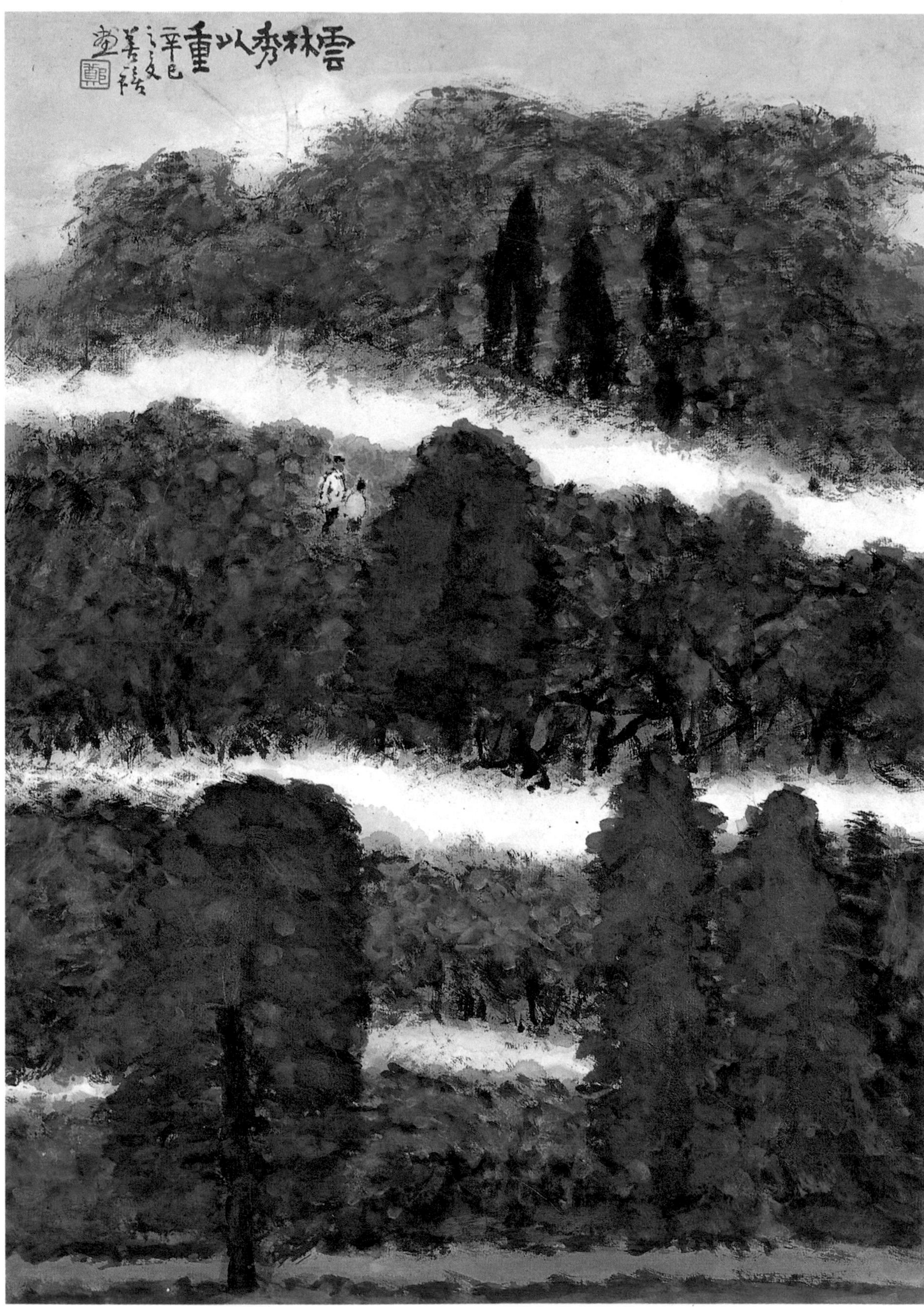

鄭善禧
雲林秀以重
2001年
彩墨
49×35cm

鄭善禧
獨鶴隱深林
2001年
彩墨
97.5×67.5cm
（右頁圖）

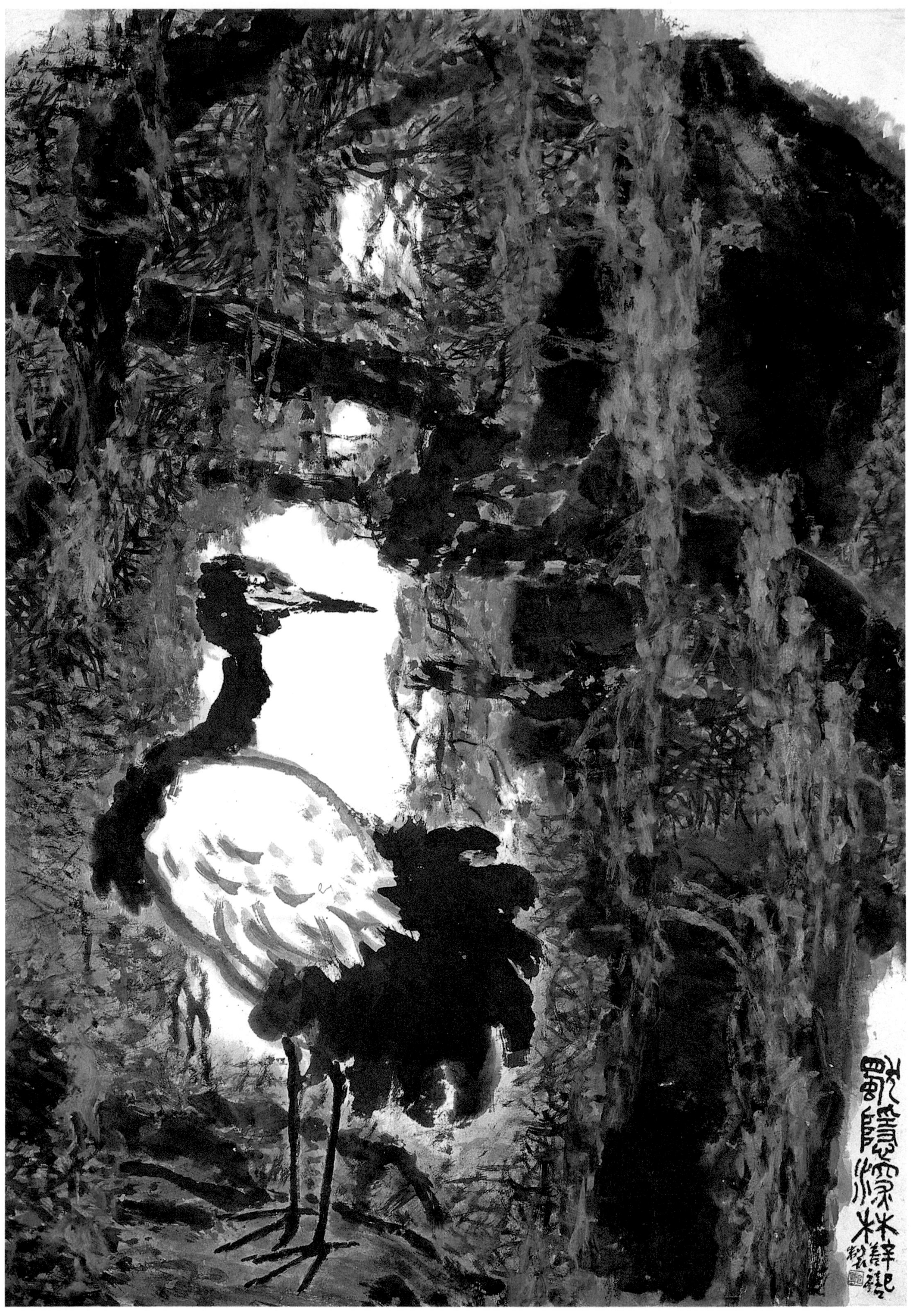

三 鄭善禧的藝術思想與藝術特質

（一）不中不西，不立風格

「國父說：『我的思想是出自中國優良傳統、泰西的長處和我的創見。』我作畫也就本此三方面發揮而來。」鄭善禧又說：「我的繪畫是三民主義畫論。」（註17）在一件他所臨刻的畢卡索銅版畫方瓶上，他自署邊款：「鄭善禧自審所爲者，新舊交匯，中西混雜，察我之作品，確是沒有風格的風格，若無家可歸也。」這件四方長形瓷器，一方他刊刻漢光和七年洗及萬歲宮高燈銘等兩則漢隸，而另一方則刻畢卡索的銅版畫，一東一西，一古一今，有如後現代的拼組風貌。就像他的一方「不中不西，不成風格」的印章，他的學習來自上下古今，綜合融匯。〈秋聲賦〉（1979）是他以歐陽修所寫的秋聲賦一文作爲畫意，描寫疏林中枝椏零落，秋風入戶，書生燭下夜讀，書僮在侍的秋景。他以乾筆、濕筆交陳出荒率的筆意，在構圖及骨法用筆上雜揉華喦與金農所畫的〈秋聲賦〉，又以金農體題寫秋聲賦全

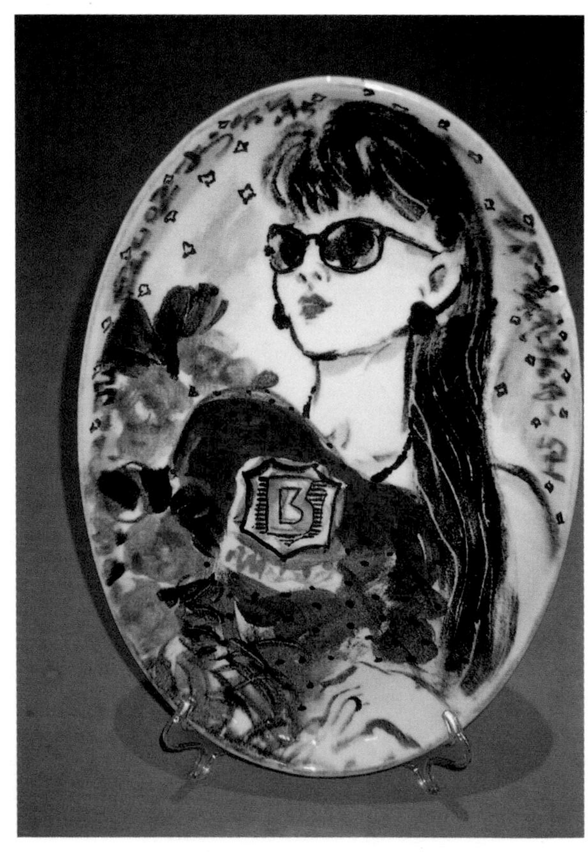

鄭善禧
臨畢卡索
銅版畫刻瓶
2002年
鄭惠美攝（左圖）

鄭善禧
台華窯所畫辣妹彩瓷
陶瓷彩繪
2002年
鄭惠美攝（右圖）

鄭善禧
秋聲賦
1979年
彩墨
91×61cm（右頁圖）

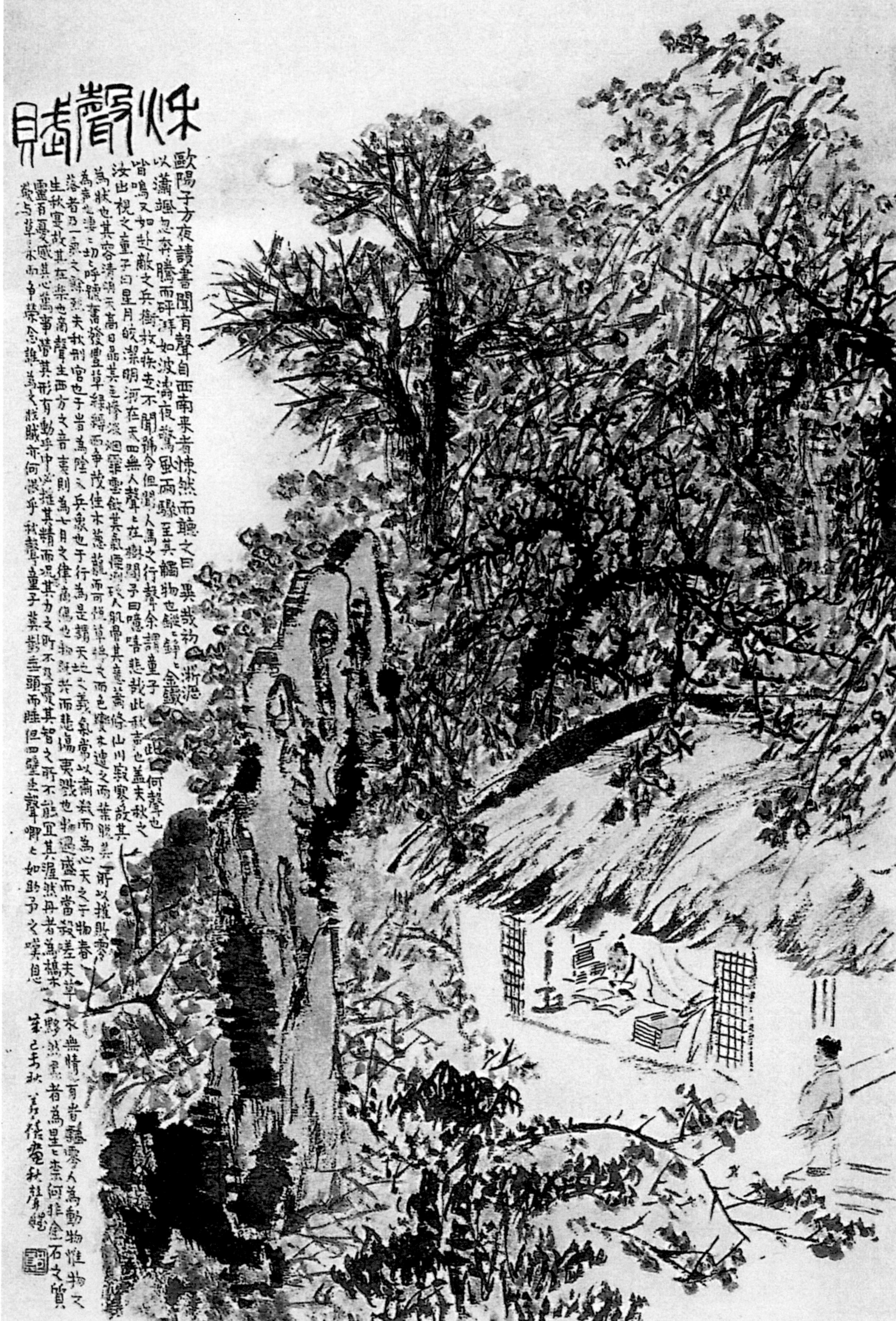
秋聲賦
歐陽子方夜讀書聞有聲自西南來者悚然而聽之曰異哉初淅瀝
以蕭颯忽奔騰而砰湃如波濤夜驚風雨驟至其觸物也鏦鏦錚錚金鐵
皆鳴又如赴敵之兵銜枚疾走不聞號令但聞人馬之行聲余謂童子此何聲也
汝出視之童子曰星月皎潔明河在天四無人聲聲在樹間予曰噫嘻悲哉此秋聲也蓋夫秋之
為狀也其容清明天高日晶其色慘淡煙霏雲斂其氣慄冽砭人肌骨其意蕭條山川寂寥故其
為聲也淒淒切切呼號奮發豐草綠縟而爭茂佳木蔥蘢而可悅草拂之而色變木遭之而葉脫其所以摧敗零
落者乃一氣之餘烈夫秋刑官也于時為陰又兵象也于行為金是謂天地之義氣常以肅殺而為心天之于物春
生秋實故其在樂也商聲主西方之音夷則為七月之律商傷也物既老而悲傷夷戮也物過盛而當殺嗟夫草木無情有時飄零人為動物惟物之
靈百憂感其心萬事勞其形有動乎中必搖其精而況思其力之所不及憂其智之所不能宜其渥然丹者為槁木黟然黑者為星星柰何非金石之質
欲與草木而爭榮念誰為之戕賊亦何恨乎秋聲童子莫對垂頭而睡但聞四壁蟲聲唧唧如助予之歎息

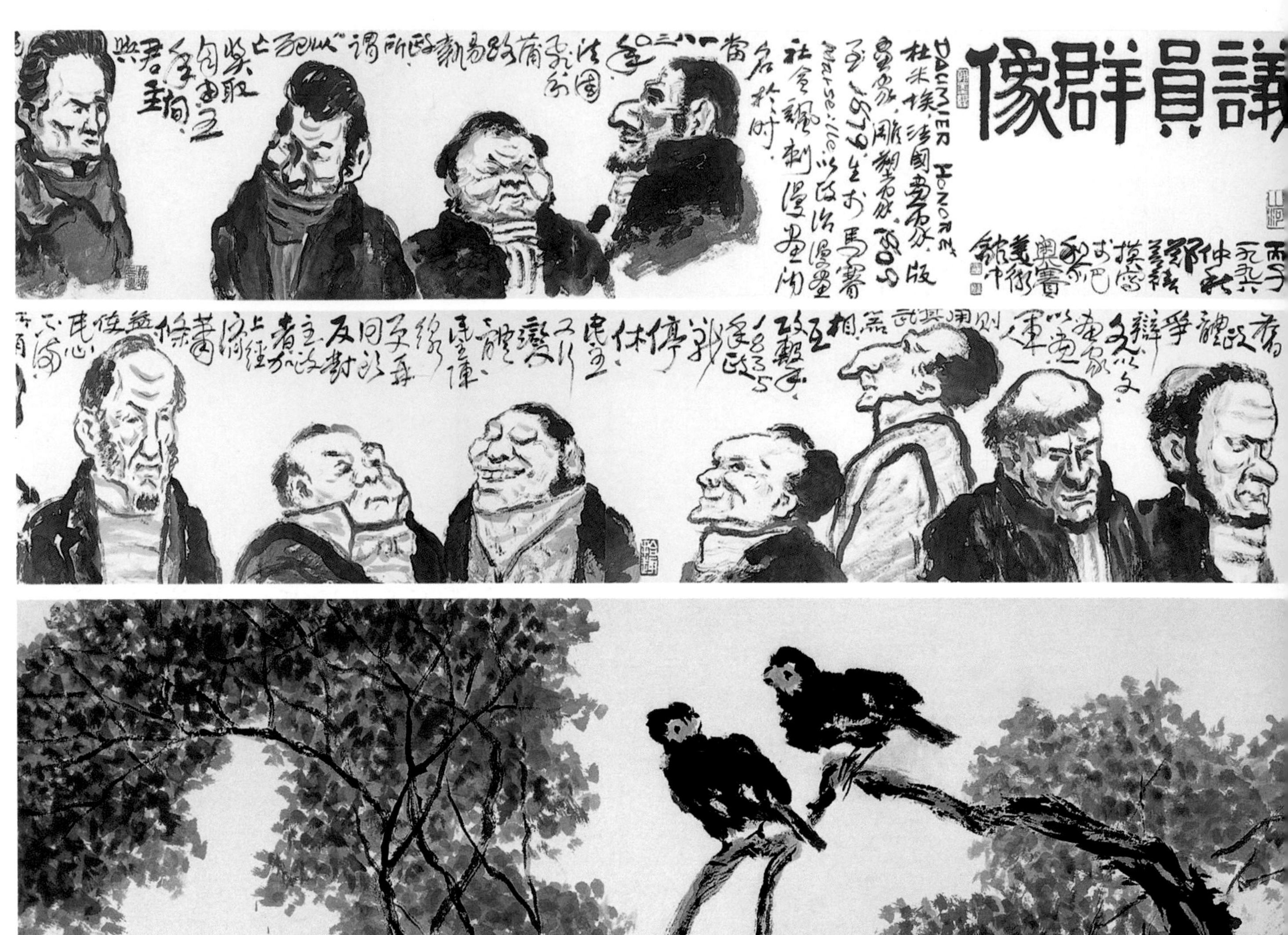

文，全幅設色樸雅和諧，古意盎然。〈洋相具足〉（1996）是他以中國筆墨畫法國十九世紀政治諷刺畫家杜米埃（Honore Daumier, 1808～1879）所雕塑的議員群像，除逼肖地捕捉對象的神情外，他又針對法國民主政治與君主執政之爭，有感而發地書寫一長串的書法題跋，用以貫穿整組頭像的行氣，他透過西方的立體雕塑，建構出東方筆墨的平面繪畫，又旁襯書法，這是中西交併的火花，正足以說明鄭善禧善學、善仿、善變的細膩巧思與人格特色。他不但挪用杜米埃的雕塑把西方變東方，又善於古爲今用，將一幅清代僧人眞然（1816～1884）的作品〈墨竹〉，補上兩

鄭善禧
洋相具足（局部）
1996年
水墨
（左上二圖）

鄭善禧
鳴春
1998年
彩墨
68×34.5cm
（左下圖）

鄭善禧
雙飛翩翩出幽林
2001年
彩墨
84×22cm

鄭善禧
方鑑齋
1987年
彩墨
46×70cm（下頁圖）

隻鳥，補題：「善禧添雙禽」自娛一番。他認爲道無處而不存，能夠匯通都是營養，所以他擅於採花釀蜜，中國、日本、歐美的現代名家，都成爲他採擷的對象，再融入他自己的寫生心得與主見，便成爲他自己所說的「沒有風格的風格，無家可歸」的人。

（二）儒家美學，生活為本

儒家是以人爲本位的人生哲學，儒家所追求的道，具有積極入世的精神。孔子說：「道不遠人，人之爲道而遠人，不可以爲道。」道在人間，人間道上好修行，儒家的修道，緊扣著人。鄭善禧說：「儒家修身齊家治國平天下的一貫大道，是生活、民生的。我落定周遭生活是我感受的本源，一切應以人爲本，成仙是道家，成佛是佛家，成人則是儒家，也是我的美學觀念所依附。」(註18)

孔子說：「君子無常師」「君子不器」，在鄭善禧的創作歷程中，他沒有一定的老師，也沒有特別的師承，而他的創作也無所不包含，書法、繪畫、陶瓷、雕塑樣樣做，他無特定的模式，沒有框限，他是躬親實踐孔子的哲學。而儒家內心所嚮往的不僅是道德的「善境」，同時也是藝術的「美境」。(註19) 在鄭善禧的花鳥畫〈鳴春〉（1998）、〈雙飛翩翩出幽林〉（2001）、〈肥碩的浣熊〉（1995）或山水畫的人物點景常是成雙成對。一幅〈恆河頌〉（1983）更是道盡「萬善同流恆河水」的善美之境，款題：「恆河朝日未升，這裡早已熱鬧非常，印度教徒密集在河邊沐浴禱告，我看到河中有幾隻禿鷹立於小丘，群鴉盤翔，及遊船駛近看清楚來，赫然爲老牛浮屍，並非土丘，鷹鴉爭食其上。雖然恆河包容來客沐

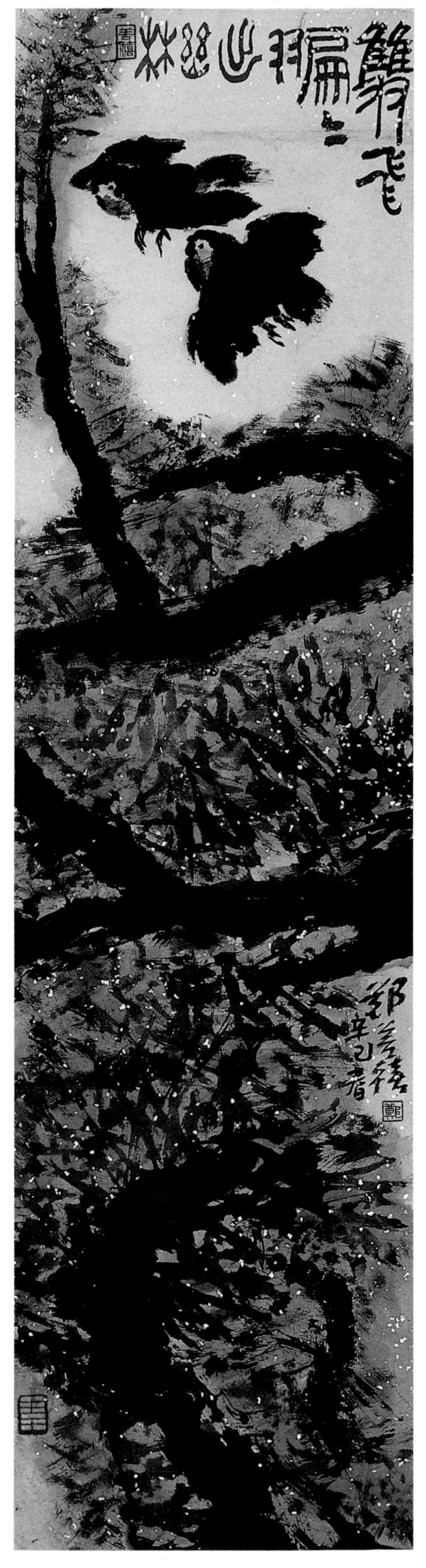

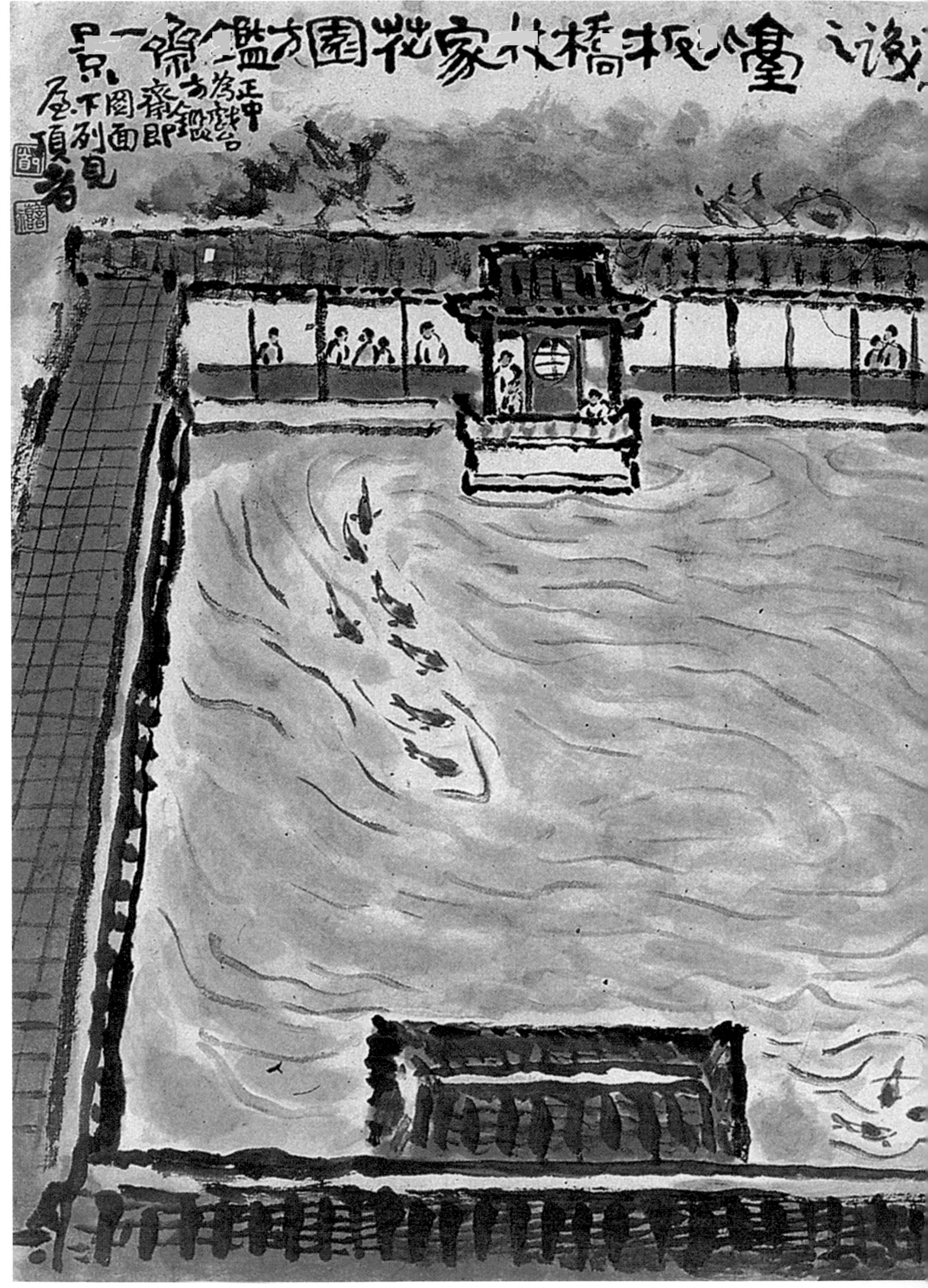
遊之臺北板橋林家花園方鑑齋一景
正中為戲台方鑑齋即圖面下列見屋頂者

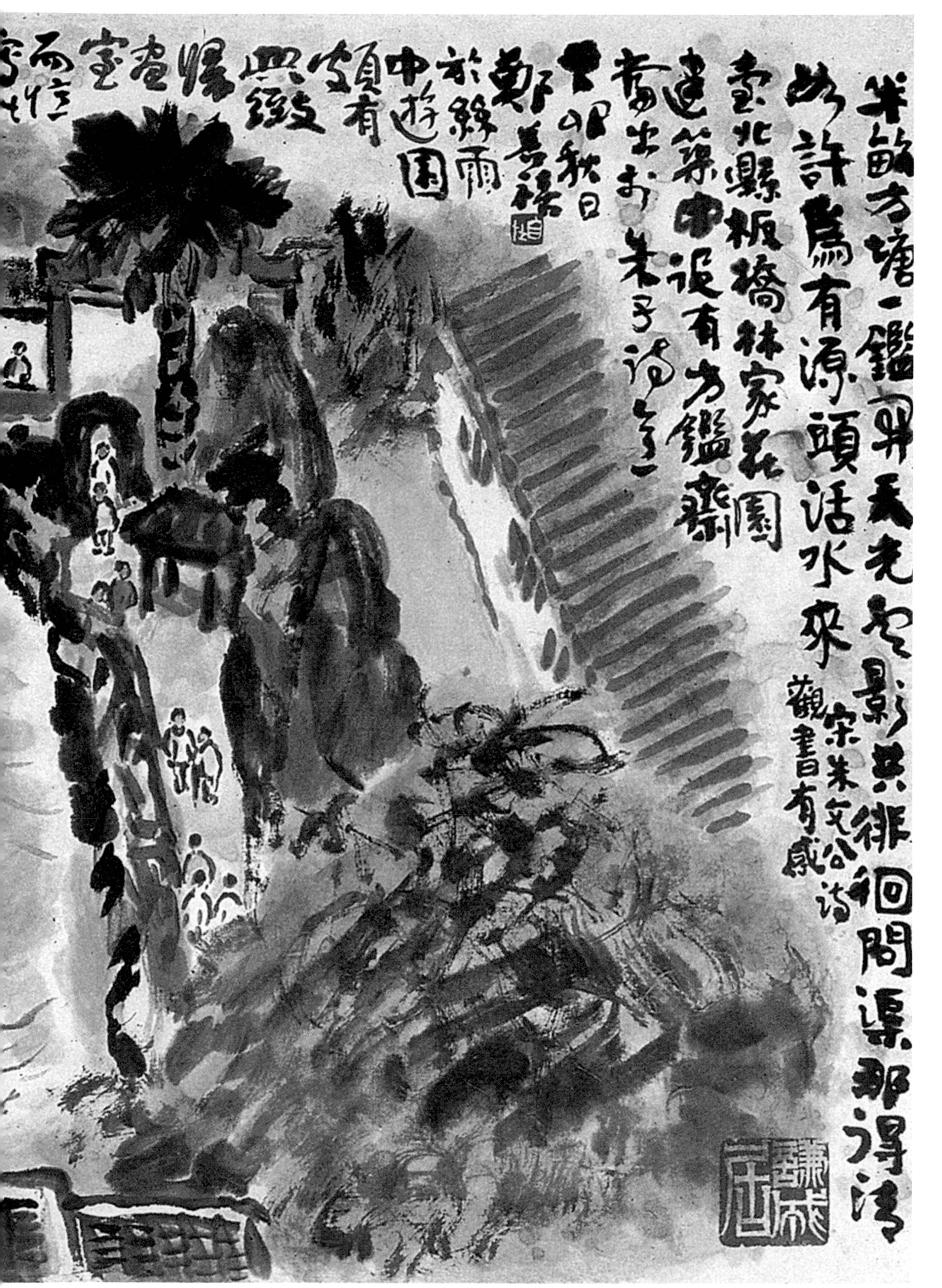
半畝方塘一鑑開天光雲影共徘徊問渠那得清
如許為有源頭活水來
觀宋朱文公詩書有感
臺北縣板橋林家花園
建築中設有方鑑齋
意出於朱子詩意
丁卯秋日
鄭善禧
於綠雨
中遊園
頃有
興致
隨意寫
而作之

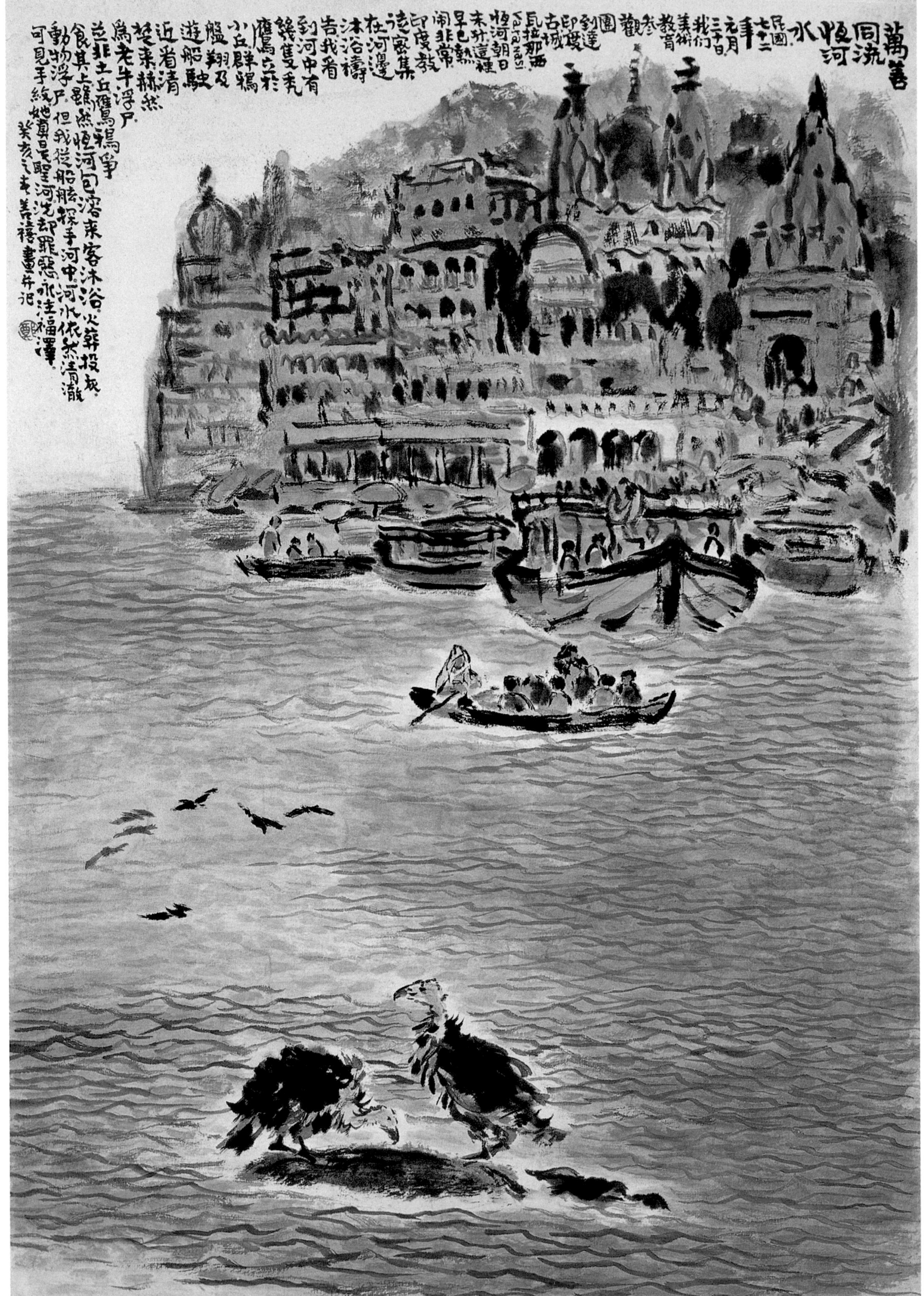

萬善同流恒河水
民國七十二年元月三十日我們美術教育參觀團到達印度古城瓦拉那西
Varanasi
恒河朝日未升這裡早已熱鬧非常印度教徒密集在河邊沐浴禱告我看到河中有幾隻禿鷹立於小丘群鴉盤翔及遊船駛近看清楚來赫然為老牛浮尸並非土丘鷹鴉爭食其上雖然恒河包容來客沐浴火葬投灰動物浮尸但我從船舷探手河中河水依然清澈可見手紋她負有聖河洗卻罪惡永注福澤
癸亥之春善禧畫并記

浴，火葬投灰，動物浮屍，但我從船舷探手河中，河水依然清澈可見手紋，她眞是聖河洗卻罪惡，永注福澤。」這幅畫多了畫家由感而悟的哲思，形式既美，內容又美，意境既美且善。再如〈林旺爺爺〉(2002）拙趣拙相，這是一隻比中華民國年紀年長的老象，在中日抗戰時曾經身負重任馱大炮，爲國軍勞役，來台後又在動物園歡娛群衆，鄭善禧稱許牠是國家特別榮民，因爲牠功在國家，惠及衆生，來日應將牠供奉於忠烈祠，塑像、敘勳，一張簡明的圖象與題跋流露著畫家悲憫的心境。現實生活中的景，他觸景生情，都化爲感人肺腑的畫作。

他的一幅〈方鑑齋〉(1987)，畫板橋林家花園的方鑑齋，畫面題上朱熹膾炙人口的詩「半畝方塘一鑑開，天光雲影共徘徊，問渠那得清如許，爲有源頭活水來。」清澈如鏡的水面，映得朗朗青天，魚兒優游水中，是畫家把新知當源頭活水，不斷注入，而映出生命的多彩雲天。二〇〇二年當他在陶瓷上寫下「老不厭於新學」的行書時，正是他人生七十才開始，「學而時習之，不亦說乎」的生命進境。鄭善禧以畫藝修道，勤精進，以「藝術爲人生」的審美理想爲依歸。

(三）白話文學，民主藝術

鄭善禧在〈民主時代之國畫〉一文中強調，五四運動推行白話文，也使文學走向大衆化，是以當今的藝術必然要循著民主自由的途徑找發展。「我的創作是基於『五四運動』後白話文學的精神，本乎個人的感發以經營中國畫。」(註20)

鄭善禧
恒河頌
1983年
彩墨
75×53cm（左頁圖）

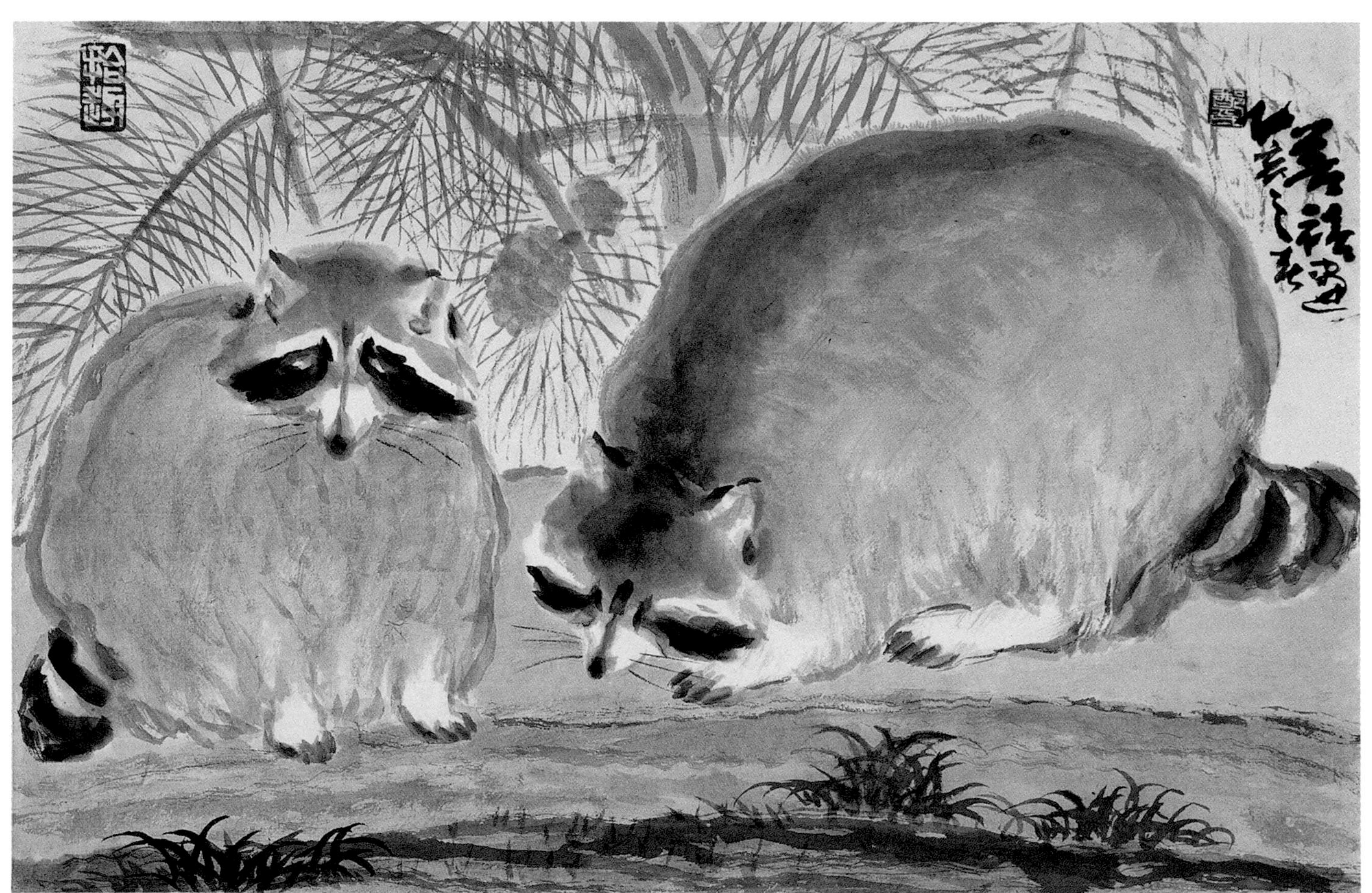

鄭善禧
肥碩的浣熊
1995年
彩墨
69×45cm

林旺爺爺

允是國家特別榮民

謙成居主正評

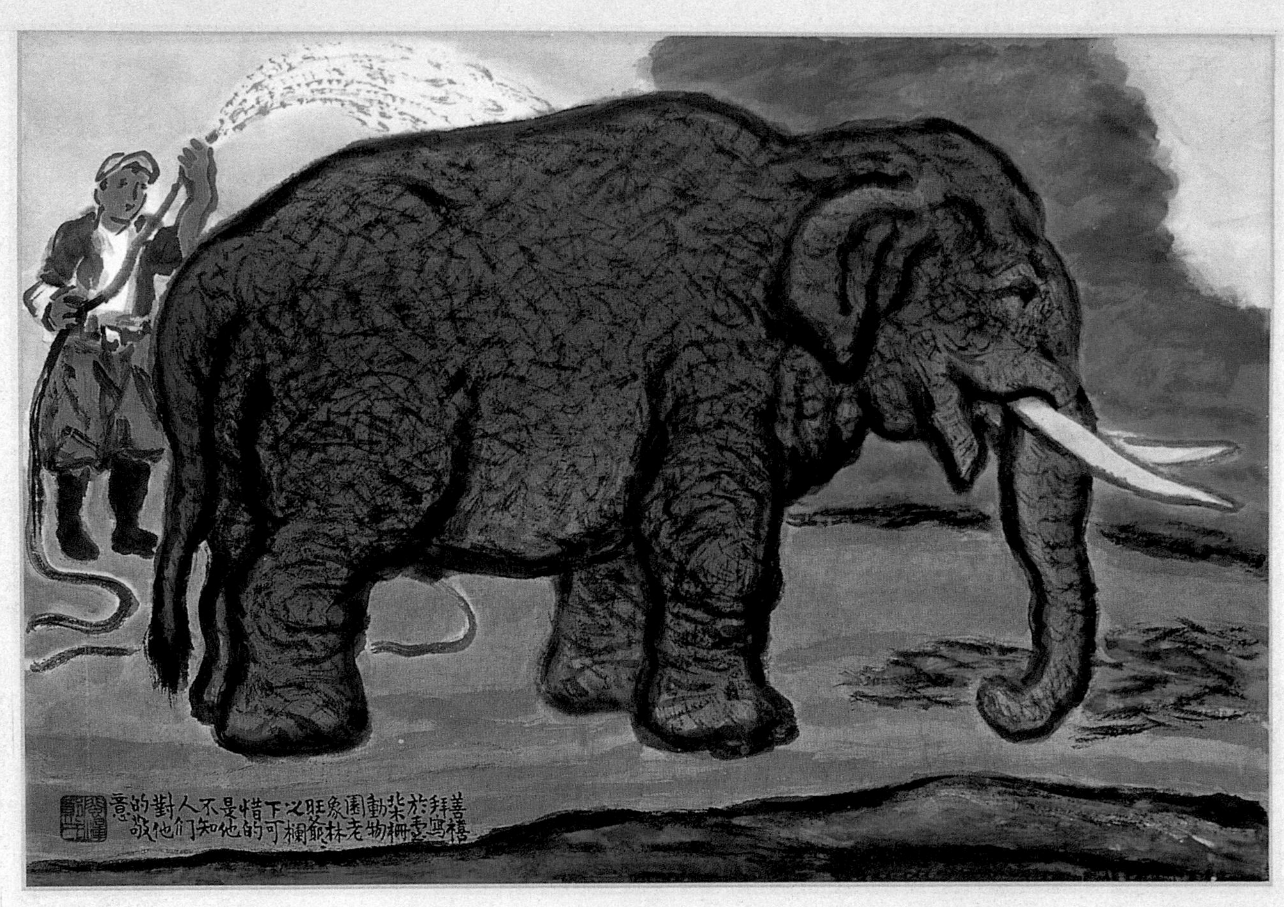

老象林旺爺爺。生於緬甸。抗日戰爭中。為我國遠征軍救助印度服役。馱大炮輜重。同伴有四十餘頭。勝利後隨我軍歸國。無何一一老終。而林旺碩果僅存。後來孫立仁將軍帶來臺灣。安養在圓山動物園。其後動物擴展。搬遷木柵。林旺爺爺遂定居於此。如今已然八十幾歲。為臺灣兒童帶來長時的歡樂。其當壯年為國軍勞役。晚歲在動物園依然能歡愉群衆。其貢獻於人者多矣。我們爺爺愛之。誰說是緬甸外客。宜當尊為國家特別榮民。我是園中常客。自學生時代跟 林玉山老師圓山寫生。而後我依然常帶大青年學生來此習畫。動物園於我功深意重。林旺爺爺比我年長 是園中之元老。我寫生向他致敬。并獻議忠烈祠門前宜應為之塑像。叙勳。他真是功在國家惠及人群。

歲壬午新正 鄭善禧并識

鄭善禧最崇拜豐子愷，因爲他貼進現實生活的題畫詩文，典雅而平易近人，正是胡適所謂的「中國文人用文言文寫的文學都是沒有生氣的古董，文言是死的文學，自然寫不出活的文學。」所以豐子愷白話文的文學，言之有物，說之成理，他的題畫文言兼白話都是時人能解的詞意，是動人的活文學，最爲鄭善禧所欣賞，而豐子愷所畫的上學、放牛、釣魚、喝茶掃地，取材皆來自現實生活，工人、清道夫、傭工、乞丐、腳夫，皆可入畫。豐子愷在〈繪畫改良論〉一文中說：「我們既是生在現代，而度著實生活的人，那麼，我們的繪畫表現，一定要同我們的時代與生活相關。」又說：「中國畫在現代何必一味躲在深山中讚美自然，也不妨到紅塵來高歌人生的悲歡，使藝術與人生的關係愈加密切，豈不更好？」(註21)

鄭善禧受到豐子愷的觀念啓發，以現實社會中的歌手爲題材，在他的〈不惜歌者苦〉(1984)畫作上題：「不惜歌者苦，但感知音稀。」他並諷刺時人常是聽畫、看音樂，以貌取勝，就像畫中歌者賣力演唱，仍無人欣賞，也意味著畫家辛苦一生，而買畫者亦是聽風聲買畫，而非眞懂其畫，似乎正是畫家當年的心聲。〈老背老〉(1978)是他昔日在台中中華路見賣膏藥藝人，有感而發之作，題畫：「昔日應是老背少，演到如今老背老，藥有靈機除百病，術乏良策駐紅顏。」畫家的入世關懷之情，親切湧現，但又不免令他唱起時間的悲歌，感嘆韶光易逝。另一幅〈野鳥野趣〉(1975)，只畫一隻大鳥兀自立於岩石竹葉間，題畫云：「野人寫野鳥，野鳥成野畫，野畫得野趣，野趣野人賞。」他的白話詩文寄寓理於形象，自嘲自己是野人畫野畫，無人賞，他像天地間獨立蒼莽的一隻野鳥，孤芳自賞。野鳥配野詩，讀來老嫗能懂，妙趣橫生，美麗又蒼涼，這是鄭善禧的白話文學的繪畫。

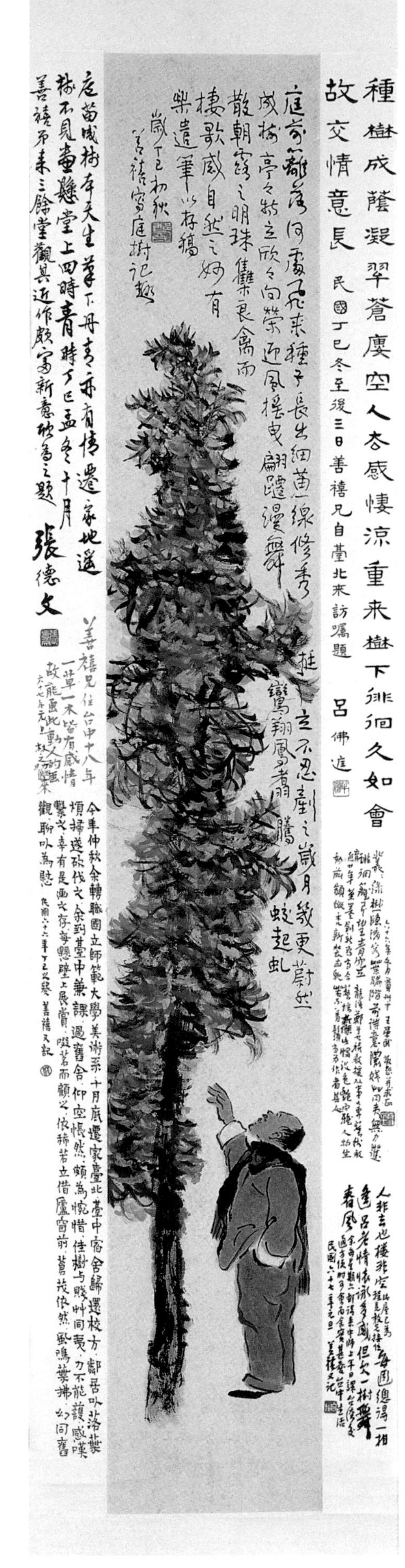

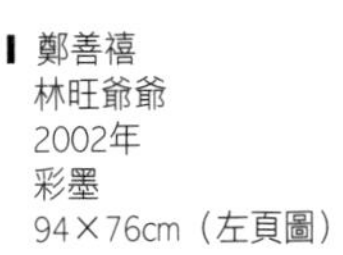

鄭善禧
林旺爺爺
2002年
彩墨
94×76cm（左頁圖）

鄭善禧
舊日庭樹
1977年
彩墨
136×20.5cm

（四）新舊雅俗，圓融無礙

一般人認爲文人畫是高雅的，民藝作品是俚俗的，鄭善禧卻認爲應該學習白石老人把傳統上民間藝術和古典繪畫格格不入的雅與俗統一起來，把形與神統一起來，把思想性與藝術性統一起來，也就

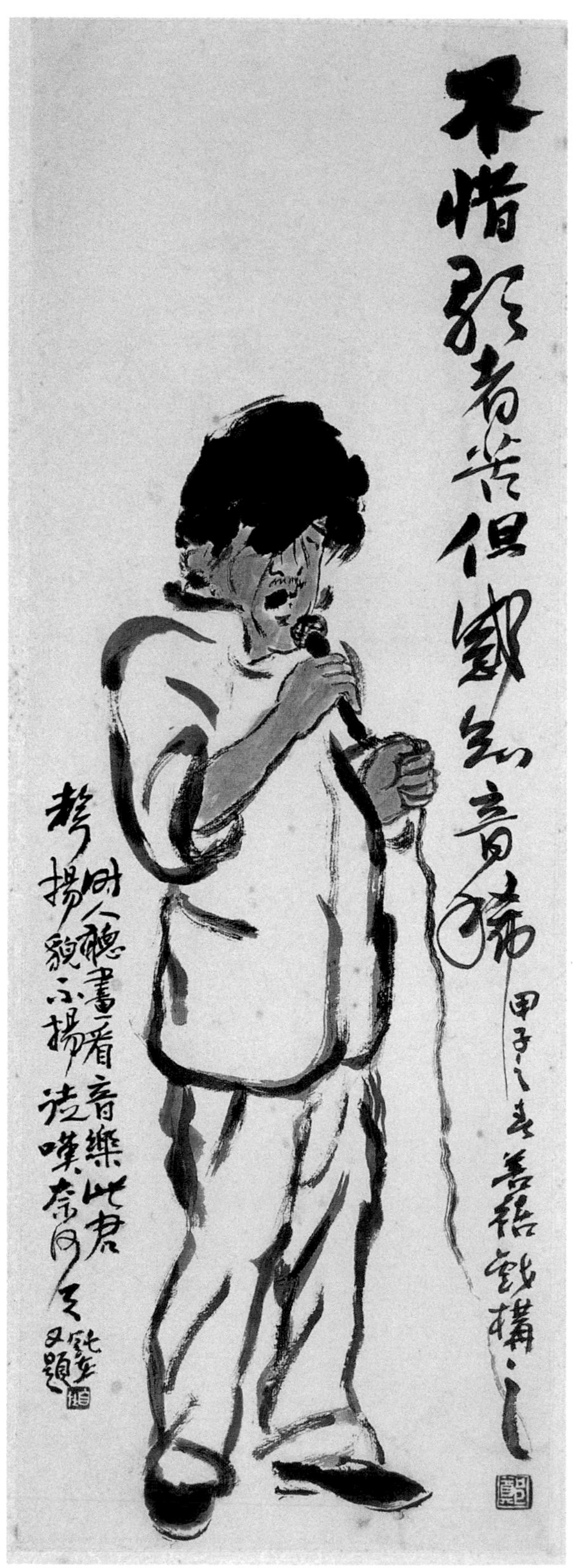

是要以民間藝術生活基本實體感情，充實古典文人藝術的內容。(註22)

鄭善禧在繪畫題材上，開拓出傳統文人畫家不入畫的題材，神像、戲偶、民俗技藝、器用之物、布娃娃、玩具，那股單純、樸拙之趣，躍然紙上。民俗曲藝或通俗之物在鄭善禧畫中無論筆墨、用色都已不俗，再加上書法題款，更展現他的文學涵養，抒發他的人生感懷，其實藝術上的

▎鄭善禧
不惜歌者苦
1984年
水墨
40.5×35.5cm
（左圖）

▎鄭善禧
野鳥野趣
1975年
彩墨
141×60cm
（右圖）

雅俗不在題材，而是畫家的涵養。〈四熊不同貌，形相皆巧妙〉（1987），四隻不同造形的熊上下並列，大小相同，書法款題：「熊、熊、熊、熊的造形真不窮，自然生態已多樣，況乎作家能變通，藝術能手善意造，總是不願太雷同，如今社會進步快，求變求新蔚成風。」通俗的玩具熊，不但具有筆情墨韻的趣味，構圖亦富設計性，也更彰顯畫家童心未泯的赤子之心。而題款更道出他想求變求新，畫出不與人雷同的畫風，〈小丑眼淚〉（1988），兩個西洋小丑人偶，一坐一立，一胖一瘦，一白描一塗彩，在構思上已具巧思，又題上郭光陽所作的詞，文情並茂，想必

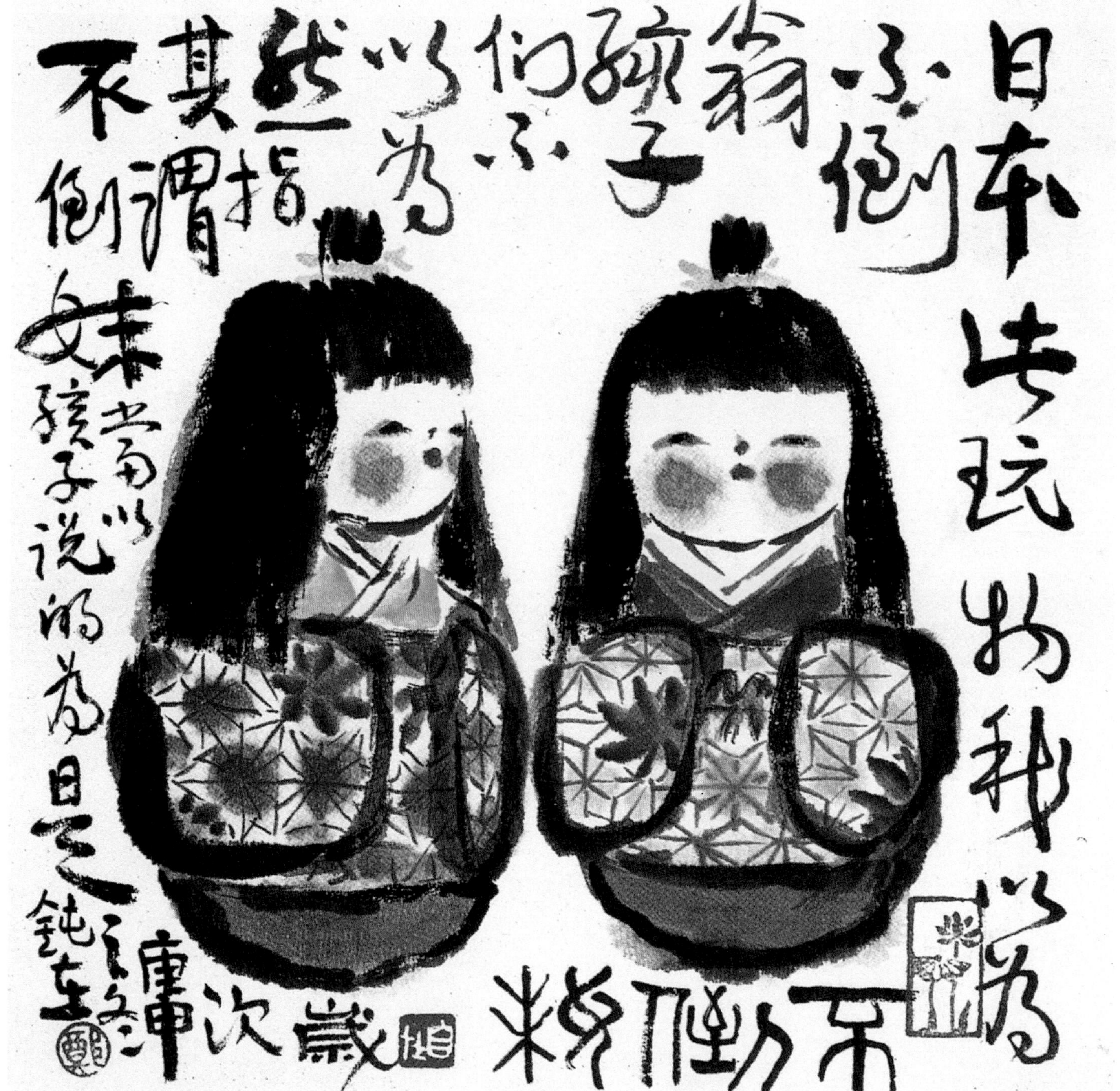

鄭善禧
不倒妹
1980年
彩墨
25×24cm

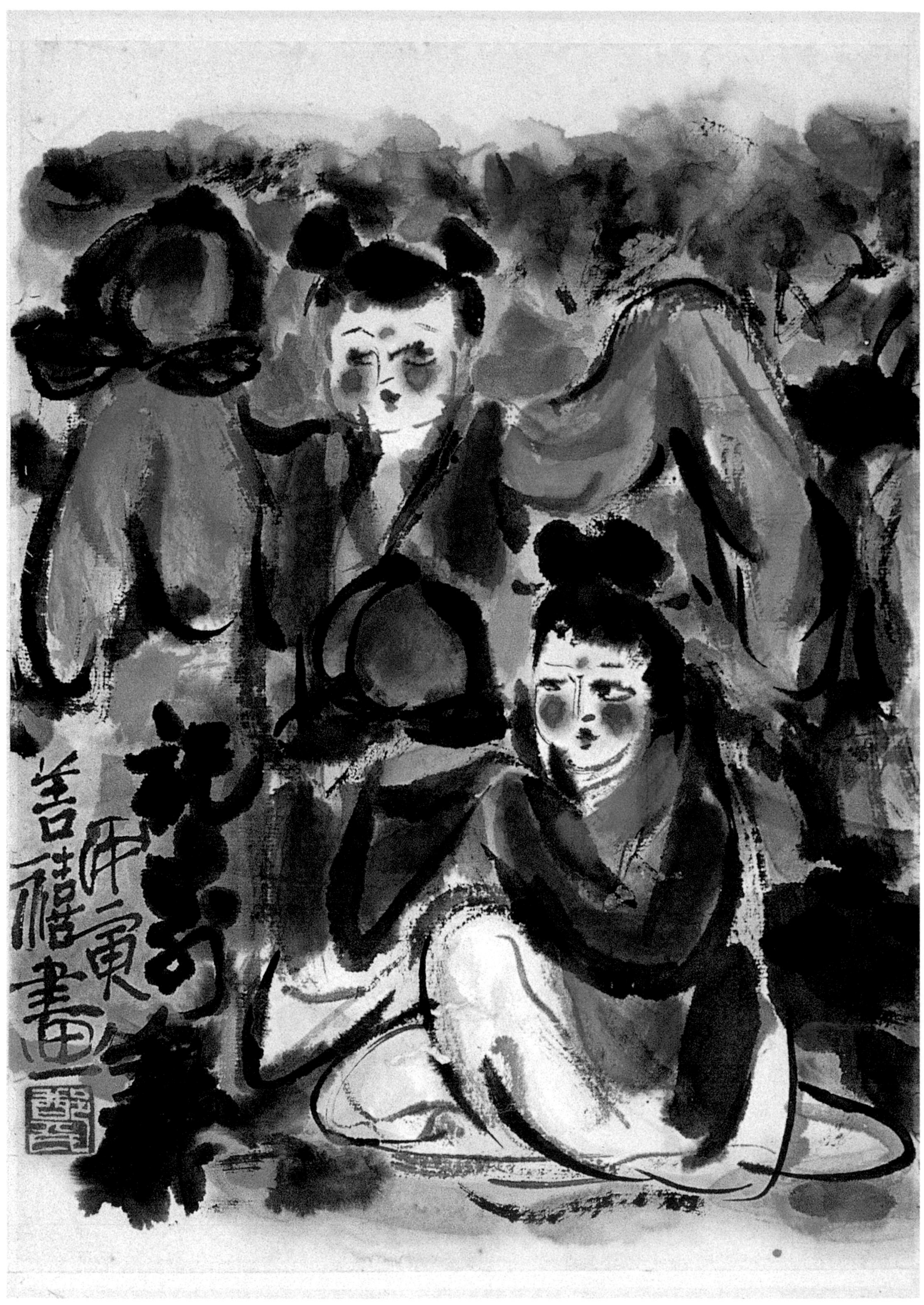
甲寅
善禧畫

鄭善禧
祝壽舞
1974年
彩墨
36×26cm（左頁圖）

鄭善禧
四熊不同貌，
形相皆巧妙
1987年
彩墨
45.5×38cm

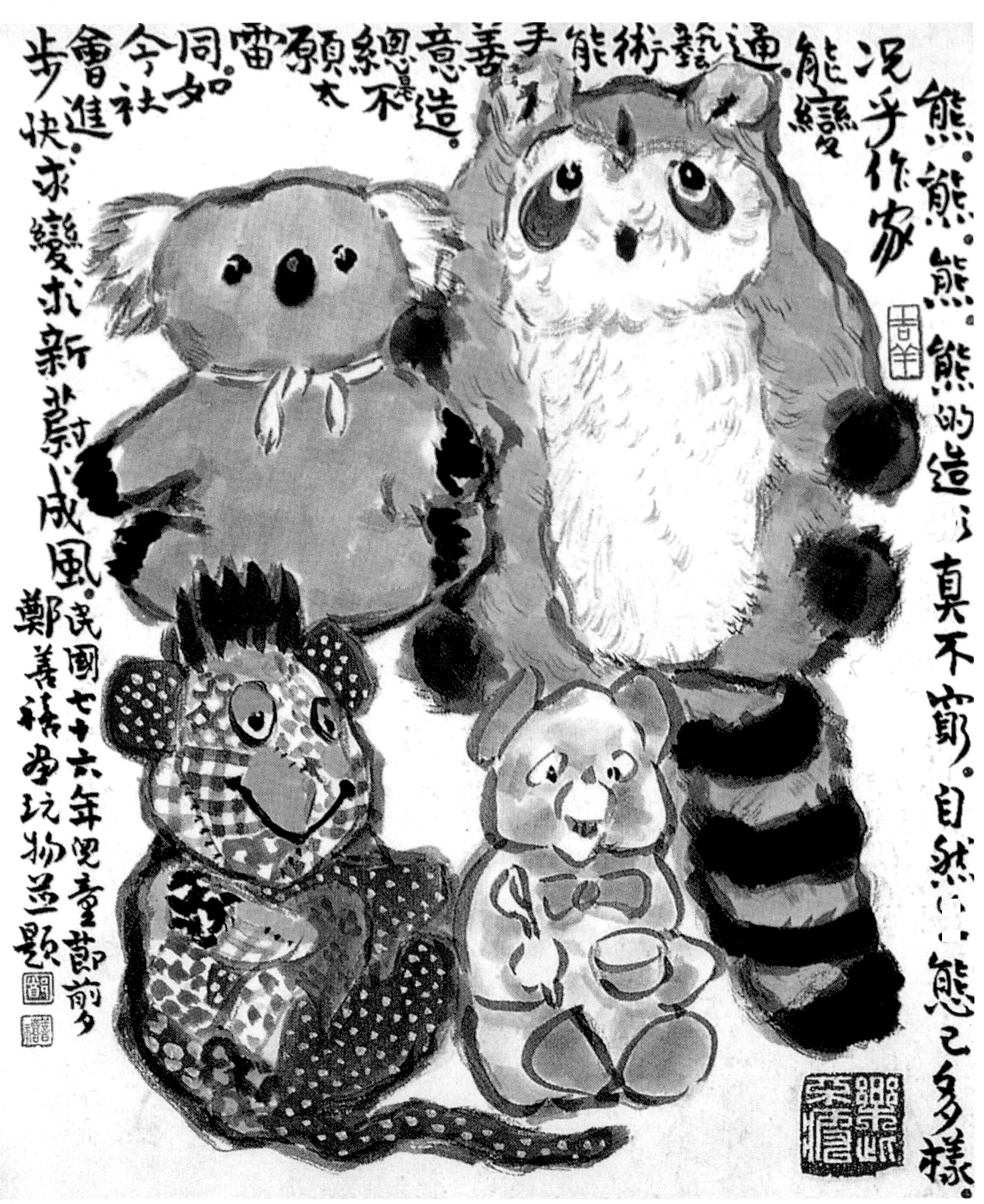

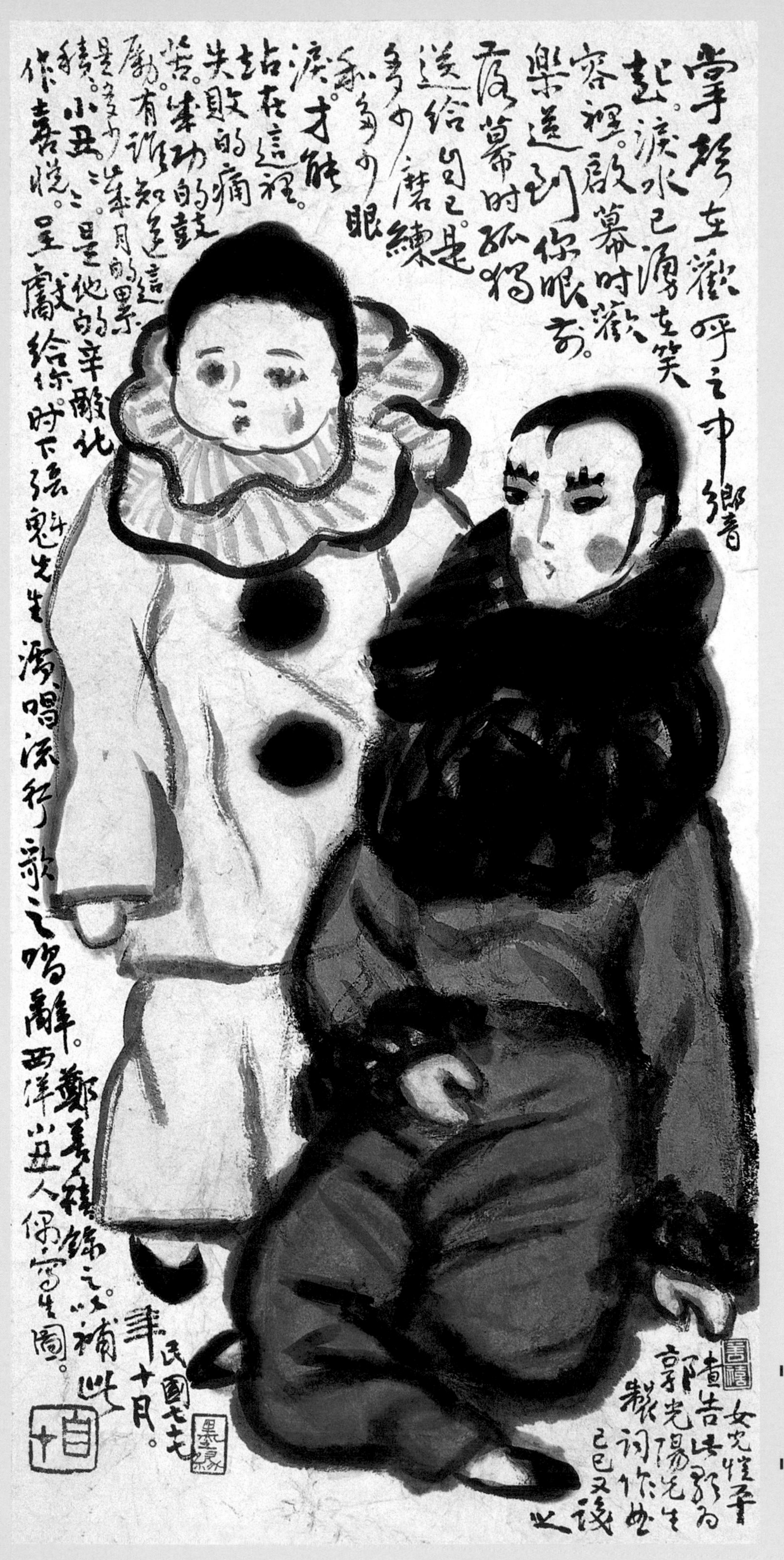

鄭善禧
小丑眼淚
1988年
彩墨
60×30cm

鄭善禧
慈航普渡
1988年
彩墨
76×53cm（右頁圖）

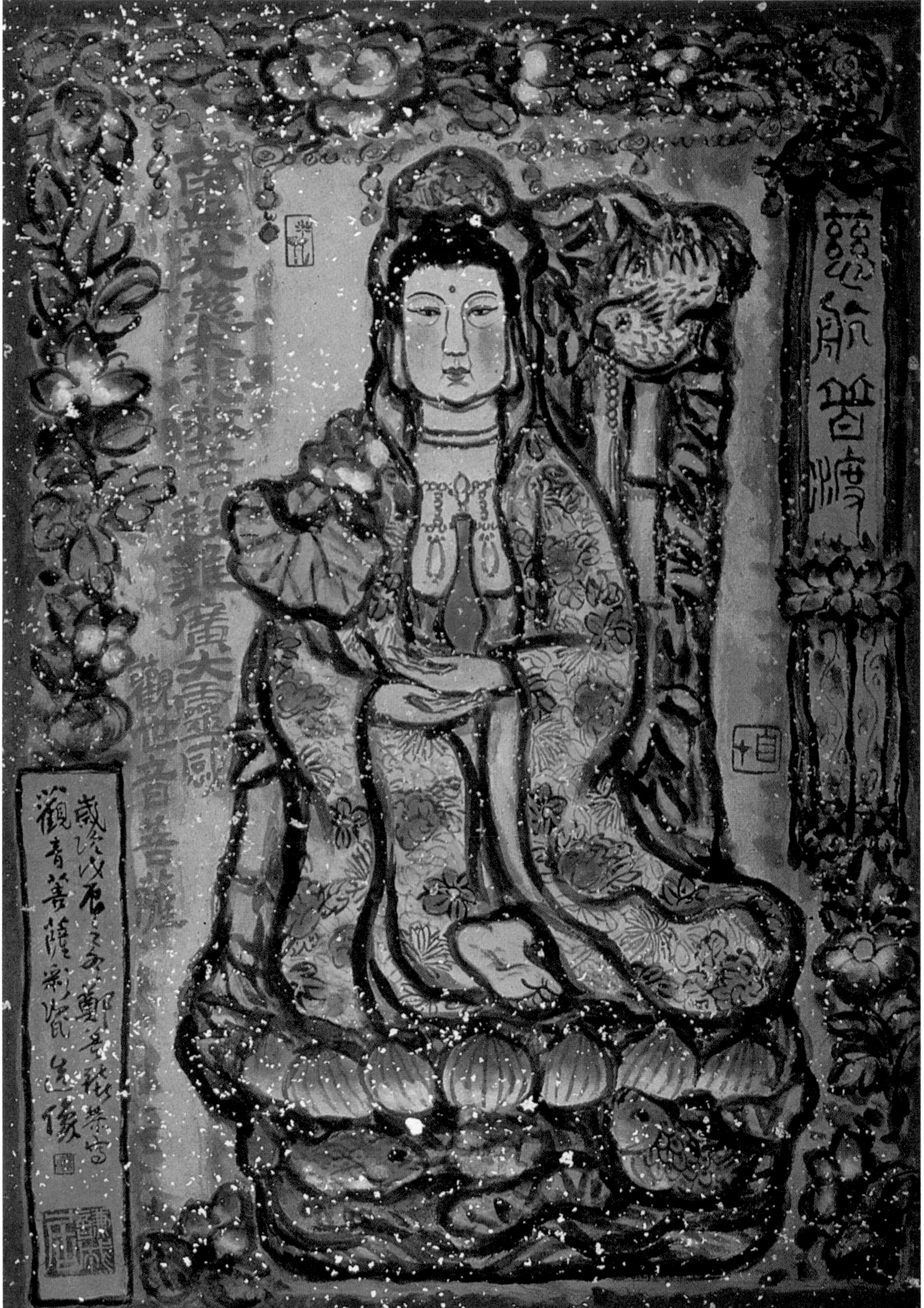
慈航普濟
大慈大悲救苦救難廣大靈感
觀世音菩薩
觀音菩薩彩瓷造像

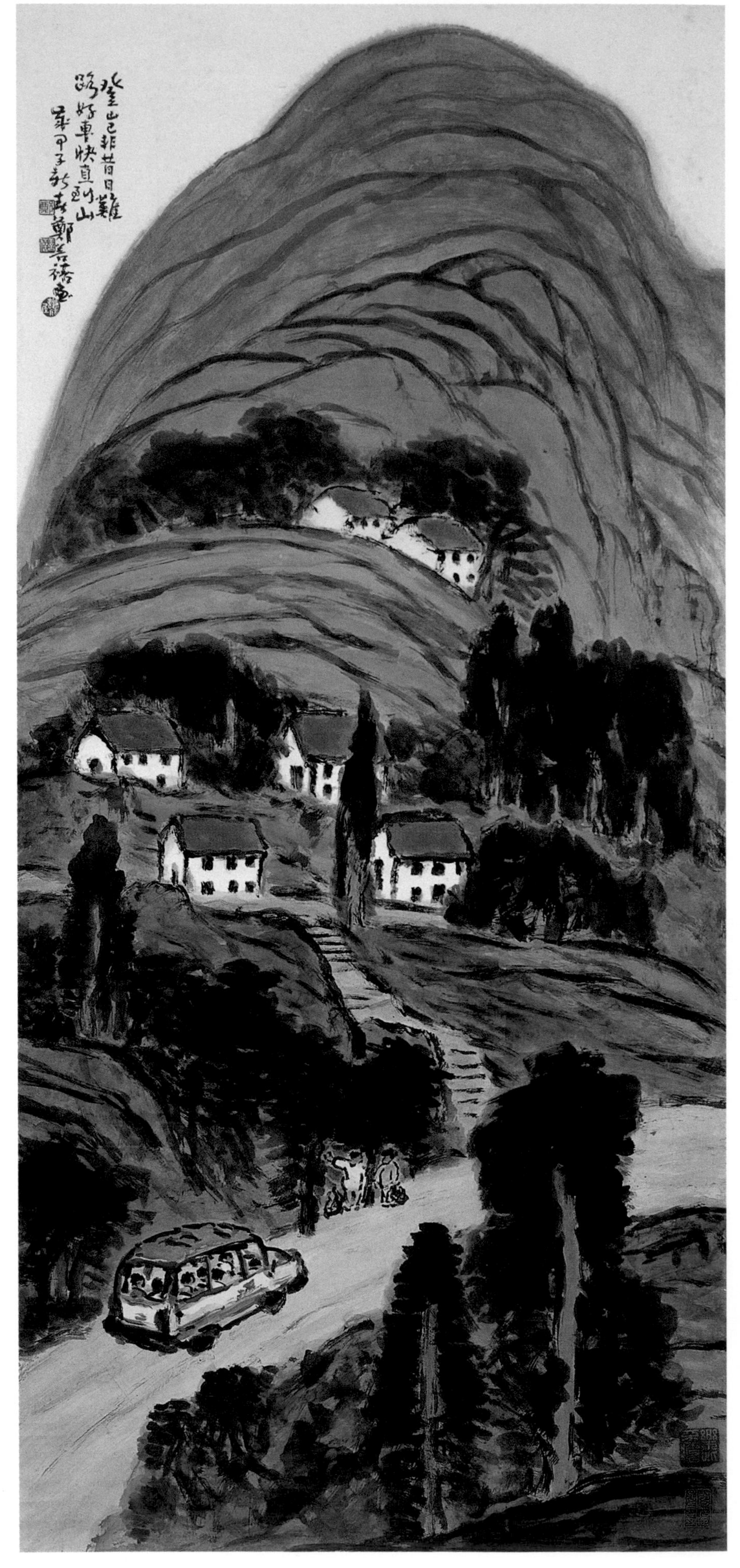

是他有感於小丑把辛酸化作喜悅，獻給觀眾，令人無限悵然。所以任何題材在鄭善禧的手裡，便成不俗，因爲他是「能手善意造」，就像柴耙、畚箕、鋤頭、算盤，在齊白石的手中，雅俗合一，成爲廣爲民眾所愛的作品。〈慈航普渡〉（1988），他寫民間觀音彩瓷像，以厚拙的書法線條，融入充滿裝飾性的民間鮮活色彩，別富情趣。鄭善禧畫他生活周遭的所見所聞，眞情彌漫，他以詩、書、畫文人畫的繪畫語言，融入民間質樸、強悍的生命能量與穠麗色彩，他所畫的通俗之物，已達到雅俗共賞，圓融無礙的境地！

（五）濃塗艷抹，彩墨並發

明度相當的紅與綠爲互補色，大紅大綠，重色並置，鮮活醒目。〈紅花綠草山海亭〉（1986），鄭善禧在濃塗艷抹紅花綠草外，又以重墨染坡石，並留出白色坡路，使紅綠在高度對比中取得沉靜和諧，色彩用得艷麗燦爛，濃重不俗，値此繽紛佳節，正是紅男綠女約會好時節。〈幽谷自有天然美〉（1997）有著「紅間綠，花簇簇」的豐盛之美，他以紅、黃、綠重彩，營造別有洞天的花香幽谷，綿綿密密、堆堆疊疊的色點，織組成令人驚艷的圖景，他的畫已不是一如傳統以「水墨爲主，色彩爲輔」的清新淡雅，而是彩墨並發，甚而彩多於墨，他重彩的山川，在水墨發展史上另樹一格。

他爲了尋譯適合台灣繪畫的語彙，不得不在色彩上不斷嘗試，打破舊有陳法，

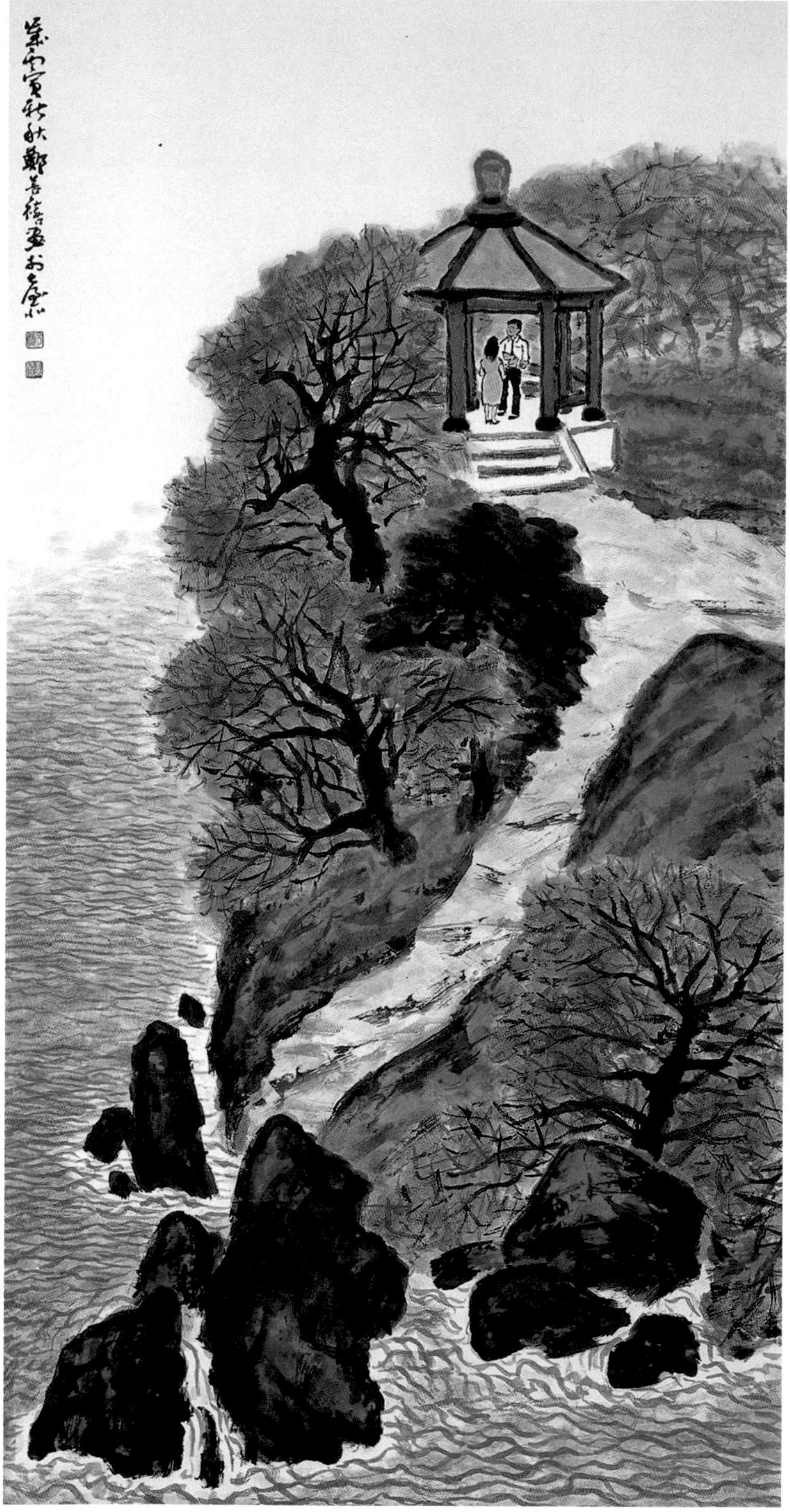

鄭善禧
山中新社
1984年
彩墨
151×70cm（左頁圖）

鄭善禧
紅花綠草山海亭
1986年
彩墨
135×70cm（左圖）

鄭善禧
碧山紅瓦寺
1983年
彩墨
138×70cm（右圖）

找到「炎方」色彩。「台灣山嶺幅度緩和，呈現亞熱帶濃蔭密布的景觀，隨處可見蕉蹤椰影，作畫當然青綠用得特別重。為了找出不同的綠來呈現台灣山水，丹青之餘我還用水彩，水彩再不夠，就用壓克力來豐富色彩。」(註23)〈山中新社〉（1984），綠的層次，變化無窮，深綠、翠綠、濃綠、黃綠，可以感覺空氣的流盪與水氣的濕潤，他把對綠的感動，融注大地，畫出天地自然亙古不變的盎然綠意，其間再配以紅瓦白屋，襯得綠色更濃烈。

愈近九〇年代末迄今，鄭善禧的山水畫逐漸弱化筆墨，筆墨所象徵的是中國的人文精神，他已抉出台灣山川的勃發力，彩墨並發，或彩甚於墨，重彩成為現階段他的繪畫路向，具裝飾性的美感。

（六）貼緊風土，造化在手

鄭善禧以我手寫我眼，我手寫我心，打造台灣眼前這片新山川，它不同於舊大陸，有血有肉

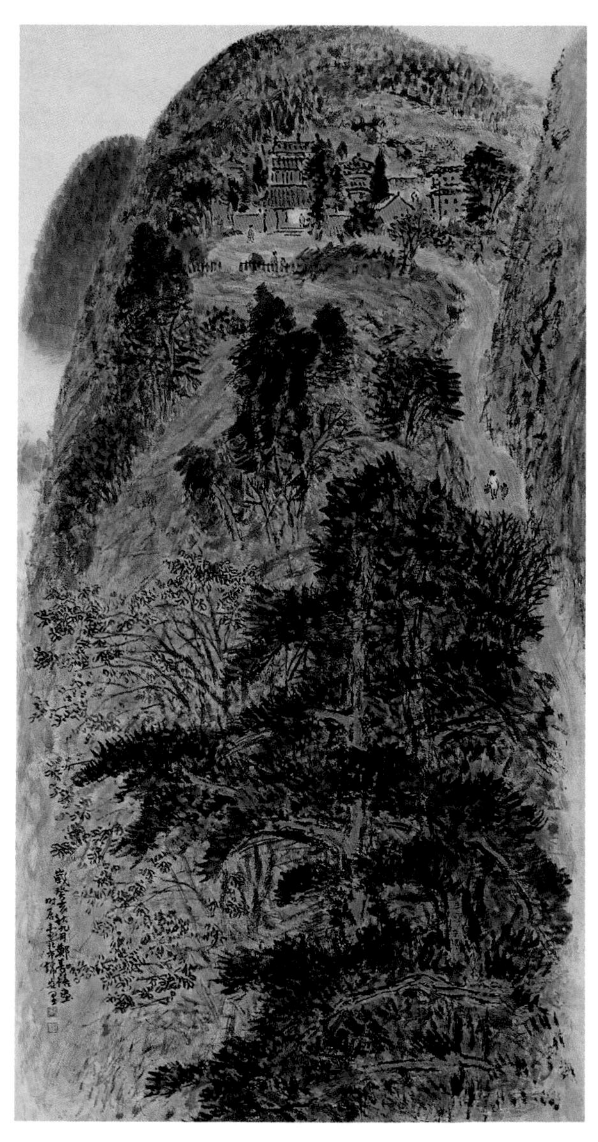

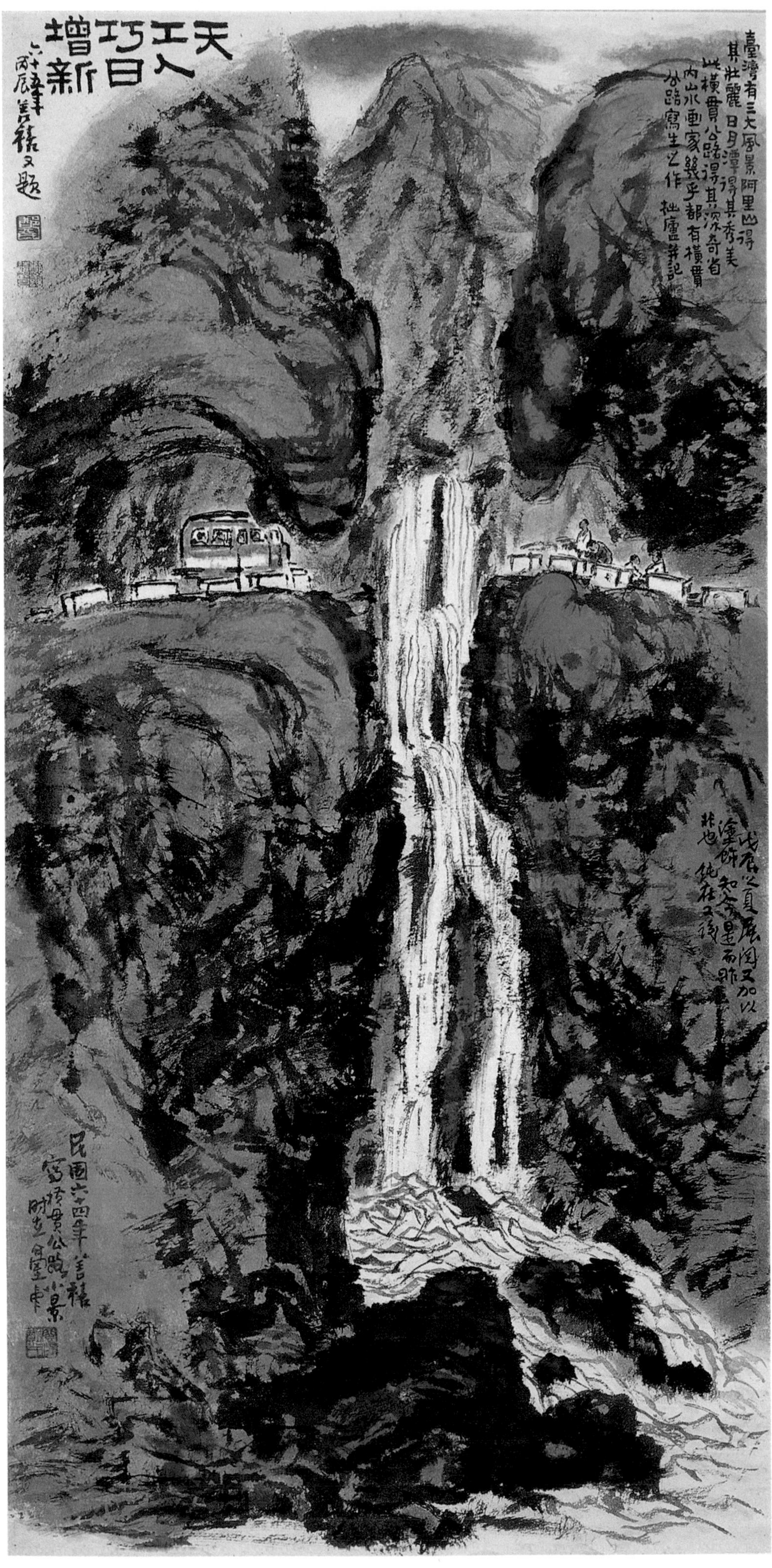

鄭善禧
橫貫公路山谷幽深
1976年
彩墨
120×60cm

鄭善禧
廣廈櫛比
1983年
彩墨
75×53cm
(右頁圖)

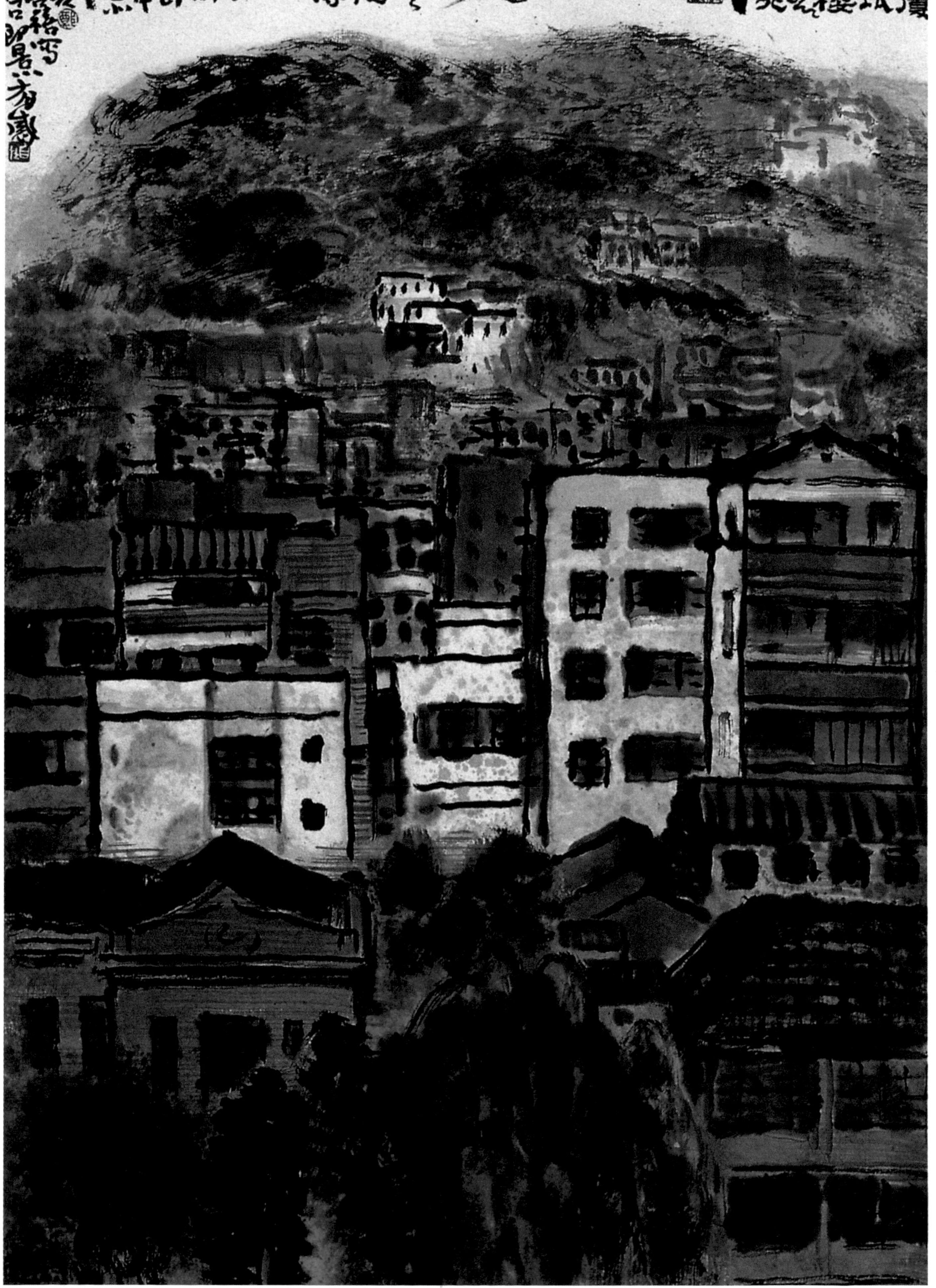
廣廈櫛比
高樓連雲
臺北市
從窗口放眼看去
極目盡邊高樓連雲
已無從認得當年我學生時代印象中的台北市
癸亥善揚寫
窗口即景有感

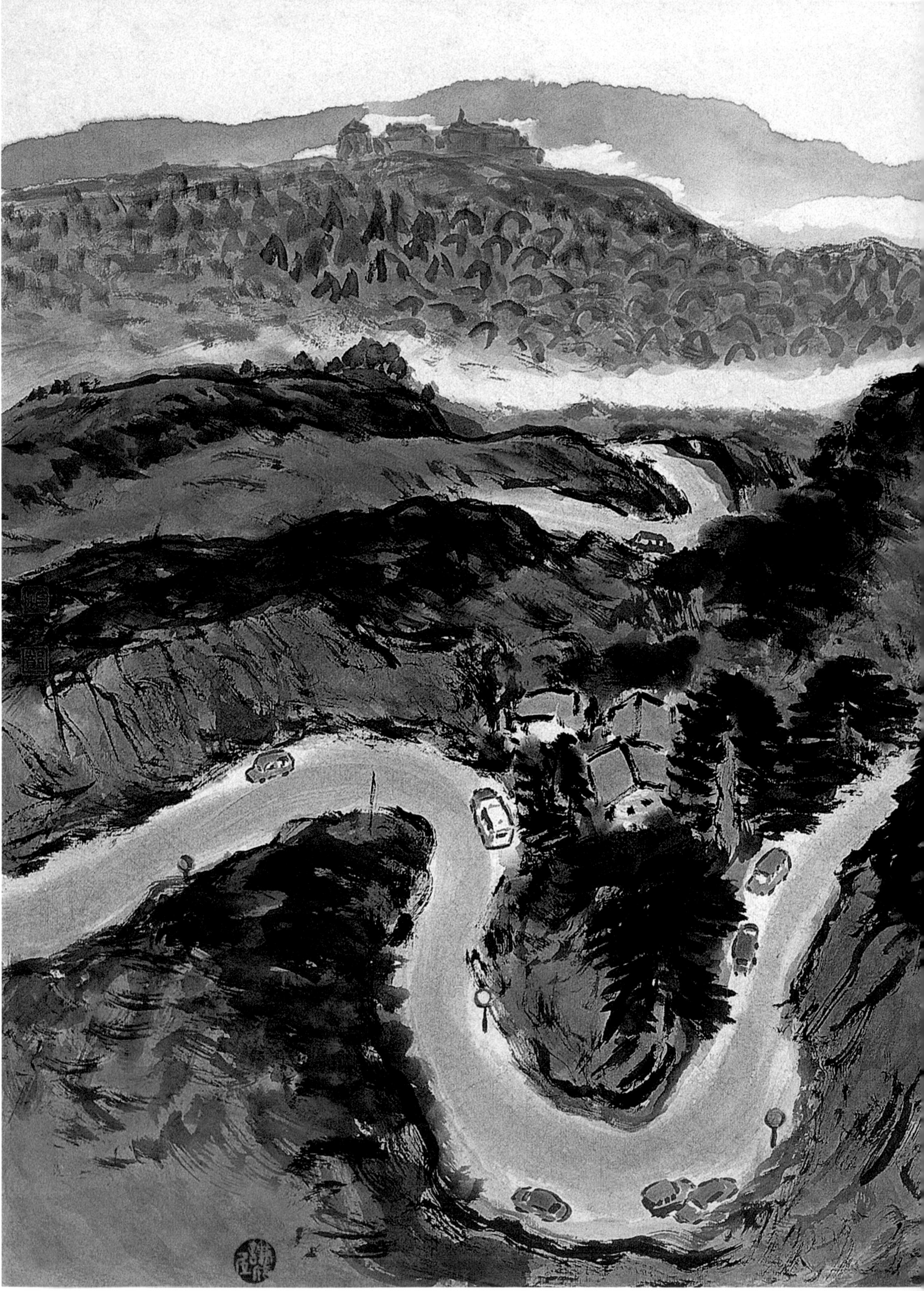

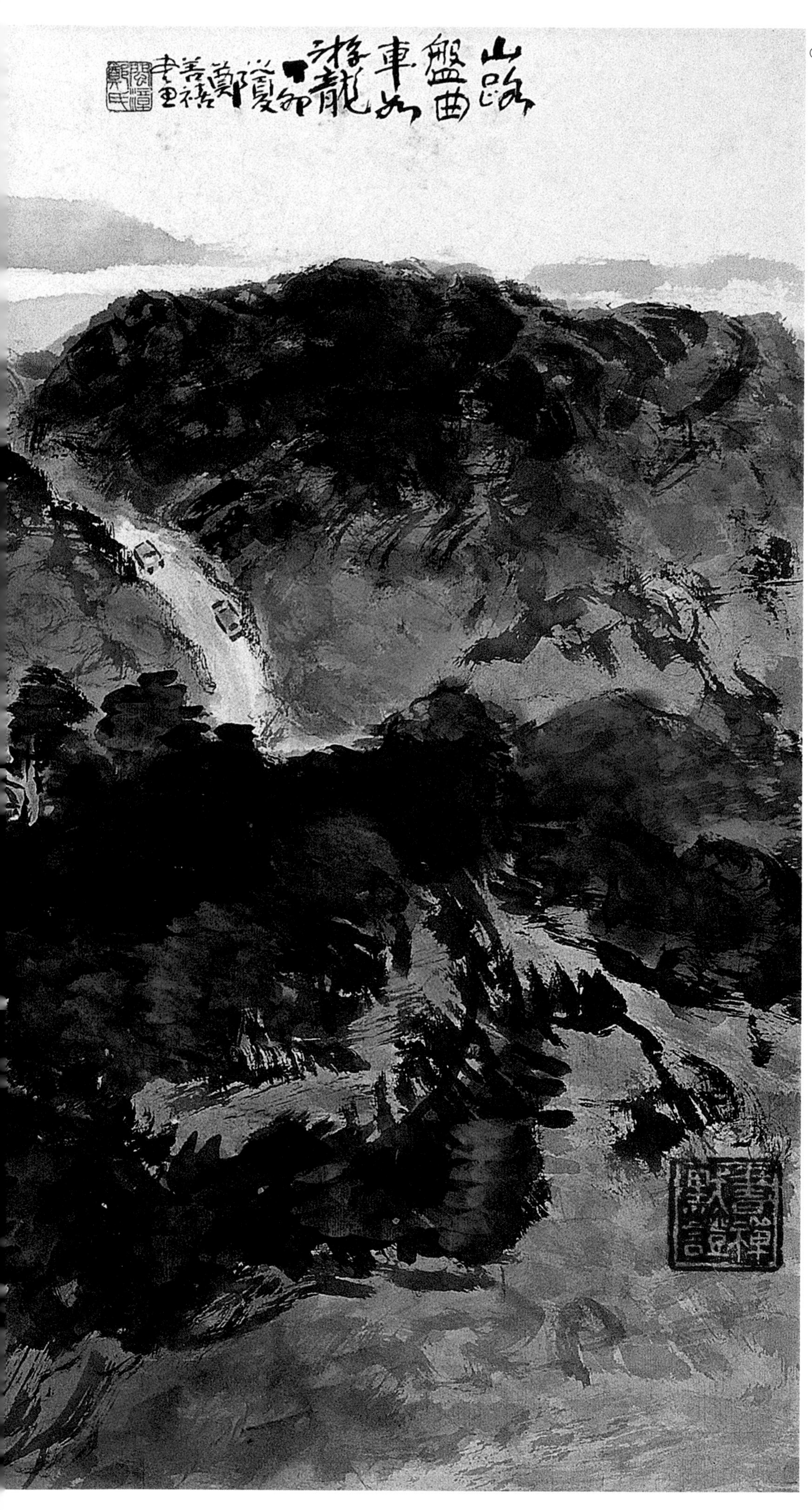

鄭善禧
山路盤曲車如遊龍
1987年
彩墨
55×72.5cm

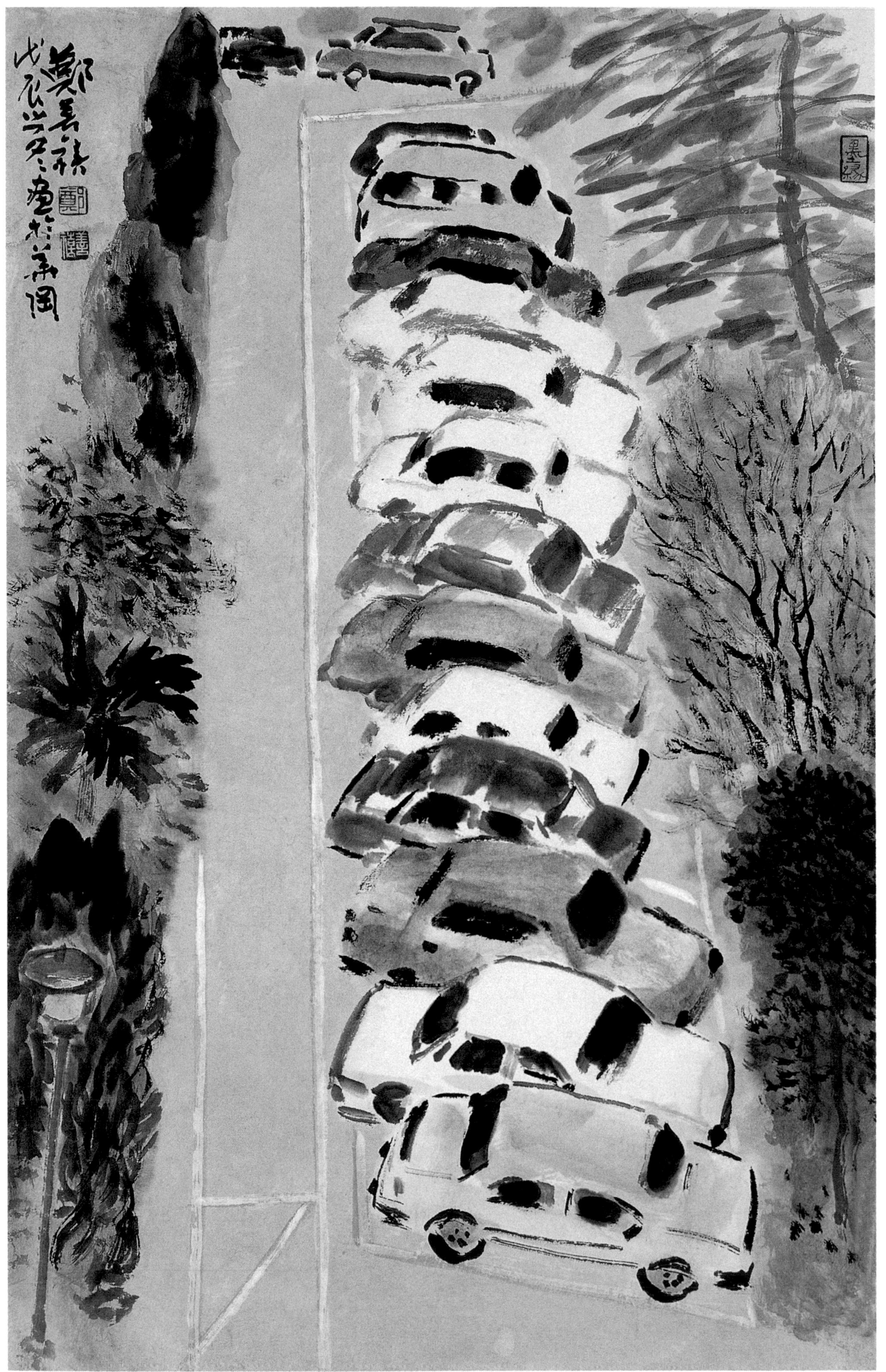

鄭善禧
車位停滿
1988年
彩墨
70×44cm

鄭善禧
候公車
1984年
彩墨
120×20cm
（右頁圖）

的台灣海島自然風土，不是以舊傳統的繪畫語言畫出林壑溪巒就足以傳達他創作的需要。他的創作觀，來自林玉山老師的薰陶，林玉山說：「台灣鄉土藝術之創作，不宜延長日本內地畫之形式。應注重台灣鄉土藝術之特質，取材炎方海島性之風物，以表現台灣富有地方性之繪畫。」[註24] 鄭善禧把林玉山在日據時期所掌握的「炎方色彩」，再接再勵地深入探究，終於脫離以強調墨色爲主的水墨畫風，邁向以彩爲主的炎方山水。

那幅〈橫貫公路山谷幽深〉（1976），他以平視的角度塗寫山壑瀑布，向來張大千最愛遊橫貫公路，他的〈橫貫公路通景屏〉，大丘大壑的開合，氣象萬千，筆墨淋漓，古法盡現，他以台灣風土揉和大陸故土，畫出「故山青」，並在畫上題款云：「十年去國吾何說，萬里還鄉君且聽，行遍歐西南北美，看山須看故山青。」張大千心中飽含著故國山水的喟歎。

而鄭善禧他卻只取他所看到的橫貫公路一角入畫，重拙、莽亂的筆線，綠色顏料的厚塗重染，瀑布居中，人車分道，垂直的瀑布與綿長的公路，隱然是畫面的十字架構，凸顯山川的雄偉、壯麗，眞山眞水如現眼前，可親可近，實感十足，它不是如張大千畫出超然出塵的仙境，而是畫出滿眼綠意的人間美境。〈碧山紅瓦寺〉（1983）是寫台南縣關仔嶺，其實景感，正如他所說的「台灣的山是圓的，不能強把華北陡峭的山搬到畫面上，作畫要如同白話文一樣，清清順順的，教人明白，不然就落入『少年不知古風韻，爲作國畫強學古』的窠臼了。」[註25] 只有貼進土地，才能分別台灣山是如何與大陸不同，而在思想造形上另闢新路。〈廣廈櫛比〉（1983）是以台北都會的高樓大廈爲題材，畫他從窗口望出去的框景，在題材上不保守，不過師大教授張德文在一九八一年也曾畫過類似的題材，甚至把建築工程中的鷹架都畫上去，因爲師大的學風向來以寫生爲教學重點，然而兩人作品不同處在於鄭善禧較能以我手寫我心，而不只是我手寫我眼而已。〈候公車〉（1984）、〈車位停滿〉（1988），鄭善禧貼切地傳達出都會小市民的心聲，無車者久候公車乾著急，有車階級又是無停車位，他的筆墨與現實生活緊密結合，再如〈山路盤曲車如遊龍〉（1987），以鳥瞰法描寫陽明山依山盤旋的公路，汽車穿梭來往的景況，構圖新顯，又有現代性、地域感。他的繪畫始終是入世的關懷多於出世的逍遙。

（七）工匠身手，文人涵養

「白石老人是雕木細工的匠師出身，張大千敦煌壁畫研究，實在也學自工匠的經驗，即其顏料的運用，畫絹的拼接，也得自藏畫喇嘛的技藝，工徒都有精專苦練的工夫。」[註26] 鄭善禧從小看著石工木匠雕刻，泥水匠貼剪黏，畫工畫壁畫門神，糊紙匠紮彩樓糊厝，這些匠師們的手藝令他十分嘆服。在台南師範就讀時他就練就了一身匠師的工夫，希望打好基礎將來畫招牌或電

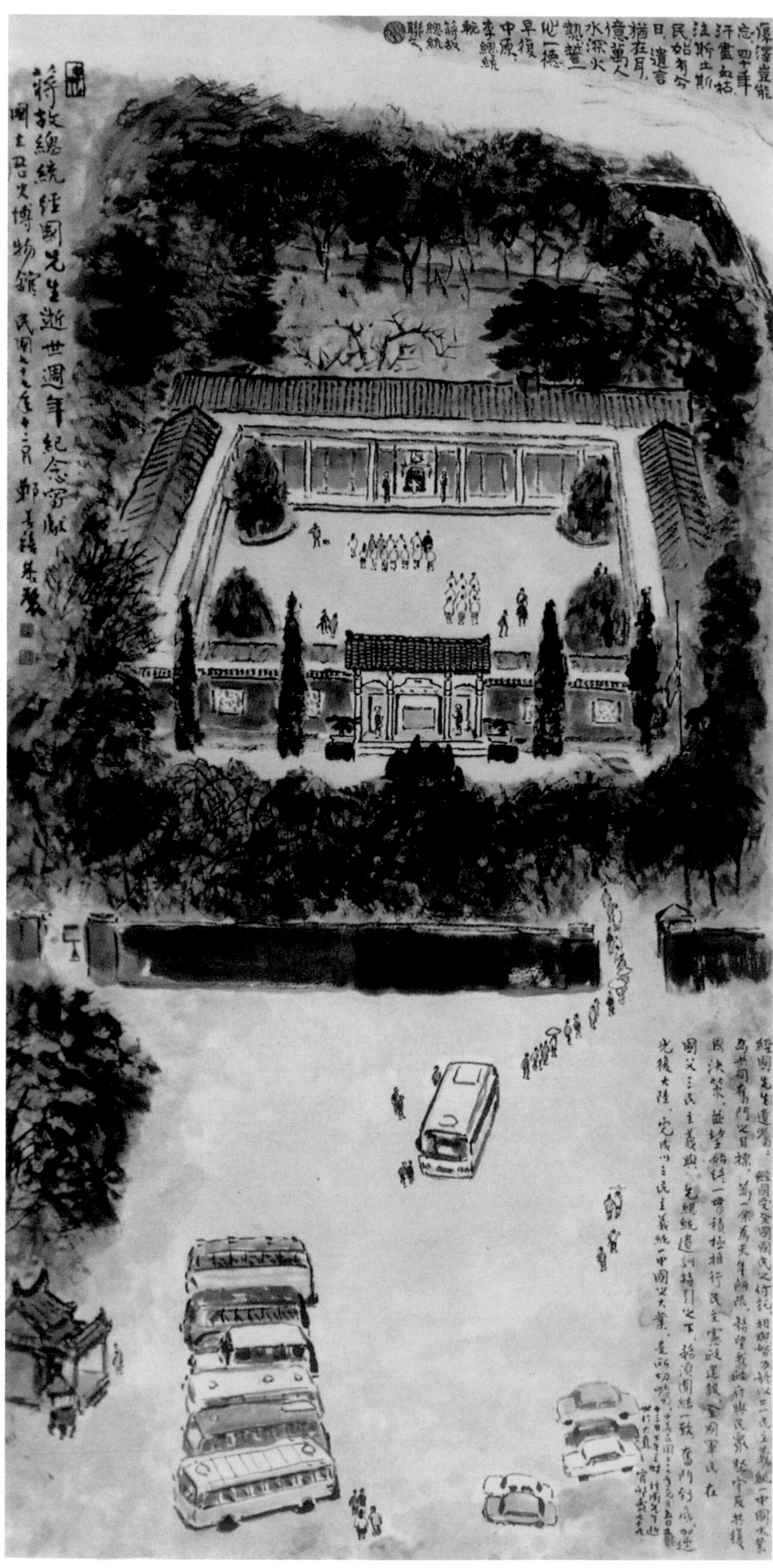

鄭善禧
大溪陵寢
1988年
彩墨
164×68cm

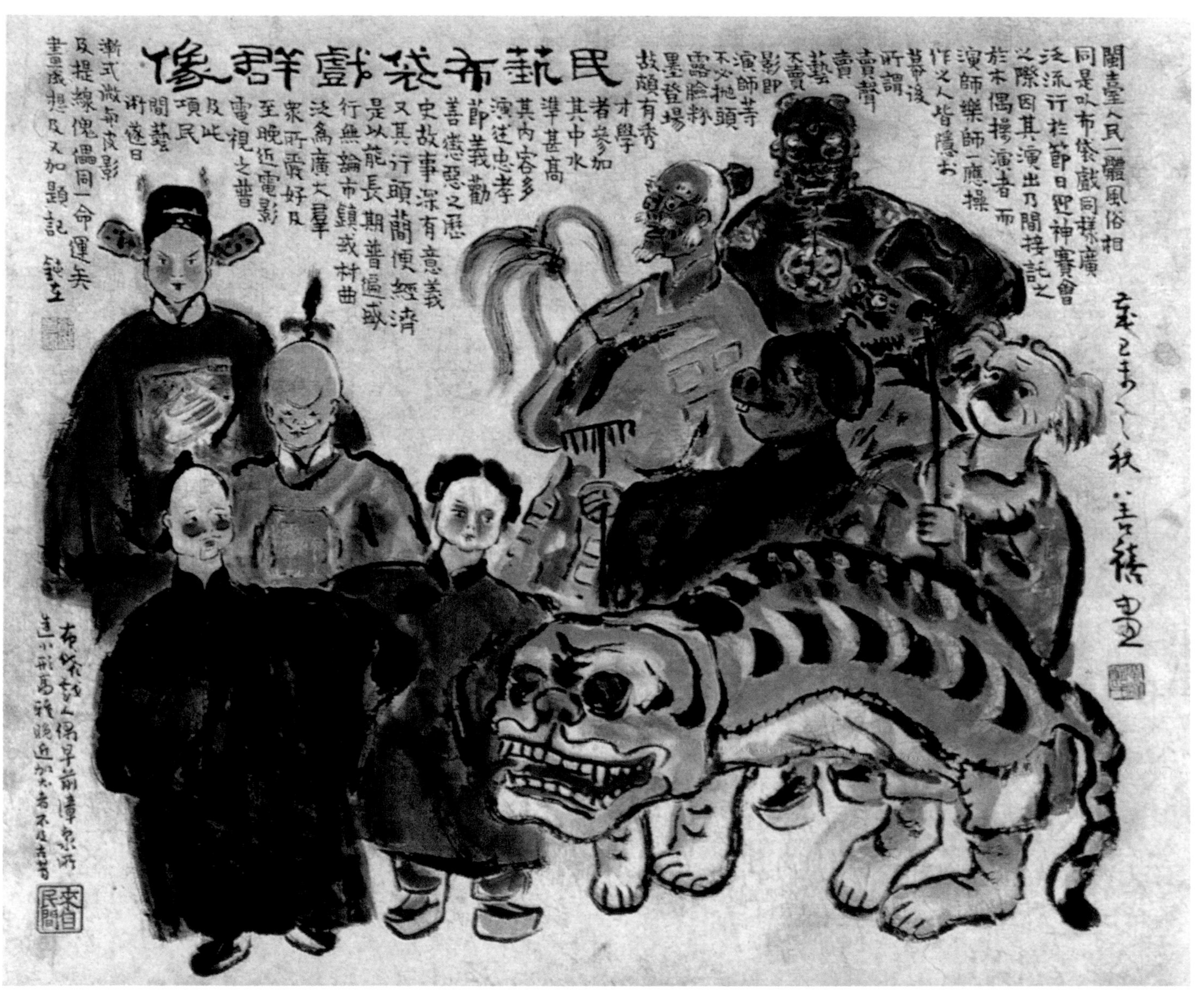

鄭善禧
布袋戲
1979年
彩墨
75×53cm

影廣告或畫插畫，直到進了師範大學，看了溥心畬老師的題畫及人物畫的衣紋線條，才恍然大悟，插畫與藝術多麼不同，招牌字與書法也全然不一樣，完全就在於文學修養，至今鄭善禧仍常爲當年未能追隨溥老師這位末代王孫，多學一些中國文學而後悔不已。(註27)

鄭善禧效法工匠的勞動精神，以「寫生」爲本，一本萬變，無論人物畫、山水畫、畜獸畫、花鳥畫或畫民藝，無一不工，眞是道道地地的工匠本色。而他的文人涵養便顯現在他的白話文學上，亦即他作畫常常前題後跋，題題跋跋不斷，舊畫新題亦常見，他豐富的書畫題跋經驗與涵養，足可開一門「題跋學」。例如〈大溪陵寢〉（1988）的上、下、左方共有三個題款，上方是他抄錄李總統輓蔣故總統聯文，「厚澤豈能忘，四十年汗盡血枯，泣斯土斯民，始有今日，遺言猶在耳，億萬人水深火熱，誓一心一德早復中原，李總統輓蔣故總統聯文。」下方是「經國先生遺囑：經國受全國國民之付託，相與努力於以三民主義統一中國大業爲共同奮鬥之目標，萬一余爲天年所限，務望我政府與民眾堅守反共復國決策，並望始終一貫積極推行民主憲政建設，全

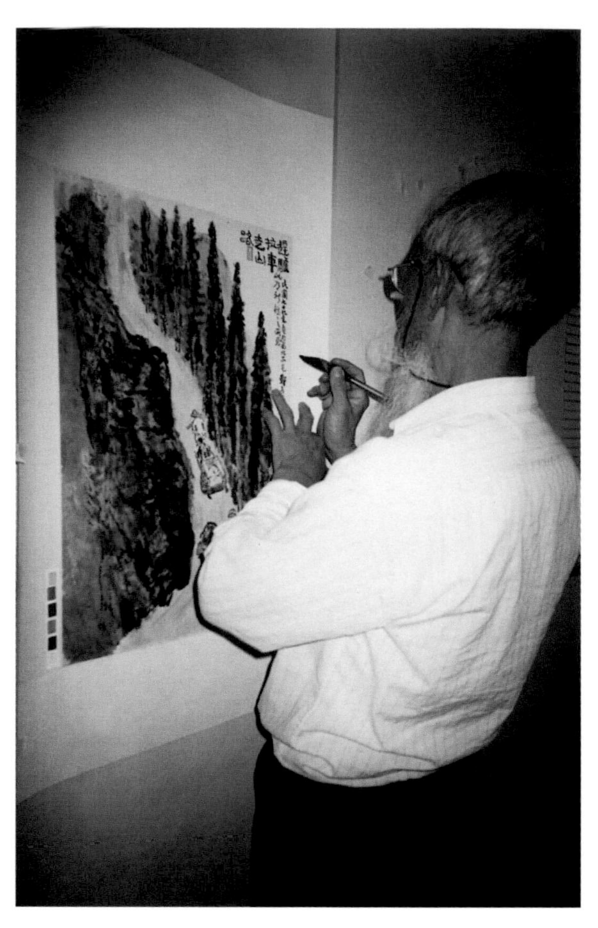

鄭善禧擅於舊畫新題，當作品正攝影拍照時，他仍隨時喊停，再補上一行字 2002年 鄭惠美攝

鄭善禧 自畫像 1995年 彩瓷 34×41cm（右頁圖）

國軍民在國父三民主義與先總統遺訓指引之下，務須團結一致，奮鬥到底加速光復大陸，完成以三民主義統一中國之大業，是所切囑，中華民國七十七年元月五日立。十三日下午三時經國先生逝世於大直官邸壽七十九。」左方是「蔣故總統經國先生逝世週年紀念寫獻國立歷史博物館民國七十七年十二月鄭善禧恭製」鄭善禧的題款使這幅畫的主題「陵寢」的意涵更深化，意味更深長，也抒發出他個人對經國總統的感念之情。

另一幅〈布袋戲〉（1979）更是以長款把畫中高高低低，五顏六色的戲偶，串成一氣，益添畫面的節奏感。他第一次題款為：「布袋戲人偶早前漳泉所造小形高雅，晚近加大者不及古」又題：「閩台人民一體風俗相同，是以布袋戲同樣廣泛流行於節日迎神賽會之際，因其演出乃間接託之於木偶操演者，而演師、樂師一應操作之人皆隱於幕後，所謂賣聲賣藝不賣影，即演師等不必拋頭露臉粉墨登場，故頗有秀才學者參加其中，水準甚高。其內容多演述忠孝節義，勸善懲惡之歷史故事深具意義，又其行頭簡便經濟是以能長期普遍盛行，無論市鎮或村曲泛為廣大群眾所愛好及至晚近電影電視之普級，此項民間藝術遂日漸式微與皮影及提線傀儡同一命運矣，畫成想及又加題記。」鄭善禧以長題借物抒情嘆民間藝術之式微。有畫、有書法，又寓含文學素養，畫作增添了文人的意境，他將文人畫特有的書法題跋與濃烈的民間藝術戲偶，兼容並蓄地熔於一爐，煥發出嶄新的光彩，在境界、筆墨、色彩上，別具一格。

（八）抑巧守拙，以書入畫

巧是巧妙、華麗、妍美，拙是渾厚、古樸，抑巧守拙其實是古拙無巧。鄭善禧的性情務實、敦樸，他性喜吳昌碩、齊白石的鈍拙味、金石味，他把平日所寫的三公山碑、好大王碑、開通褒斜道等具有古樸厚拙之風的石刻碑體融入畫中，產生樸茂古厚的鈍拙趣味，尤其他的二爨魏體又兼參金農墨色濃重如漆，結體簡明緊湊，筆劃橫粗豎細的漆書，氣質古雅渾厚。〈自畫像〉（1995）用筆蒼莽渾拙，乾筆濕筆雜陳，線條猷勁厚重，加上書法題款「舉時未見鏡中影，不知此老是何人」又是蒼勁的草書更凸顯出自畫像的古樸趣味。

再如〈民歌彈唱兩少年〉（1983），他以毛筆線條的抑揚頓挫寫兩位彈唱少年，一位正彈唱、一位正拉琴，他把兩少年清瘦的形體和內心淒楚而有所期盼的神情，表露無遺，以速寫般的乾渴線條畫出了兩少年蓬鬆邋遢的衣衫，雜亂的

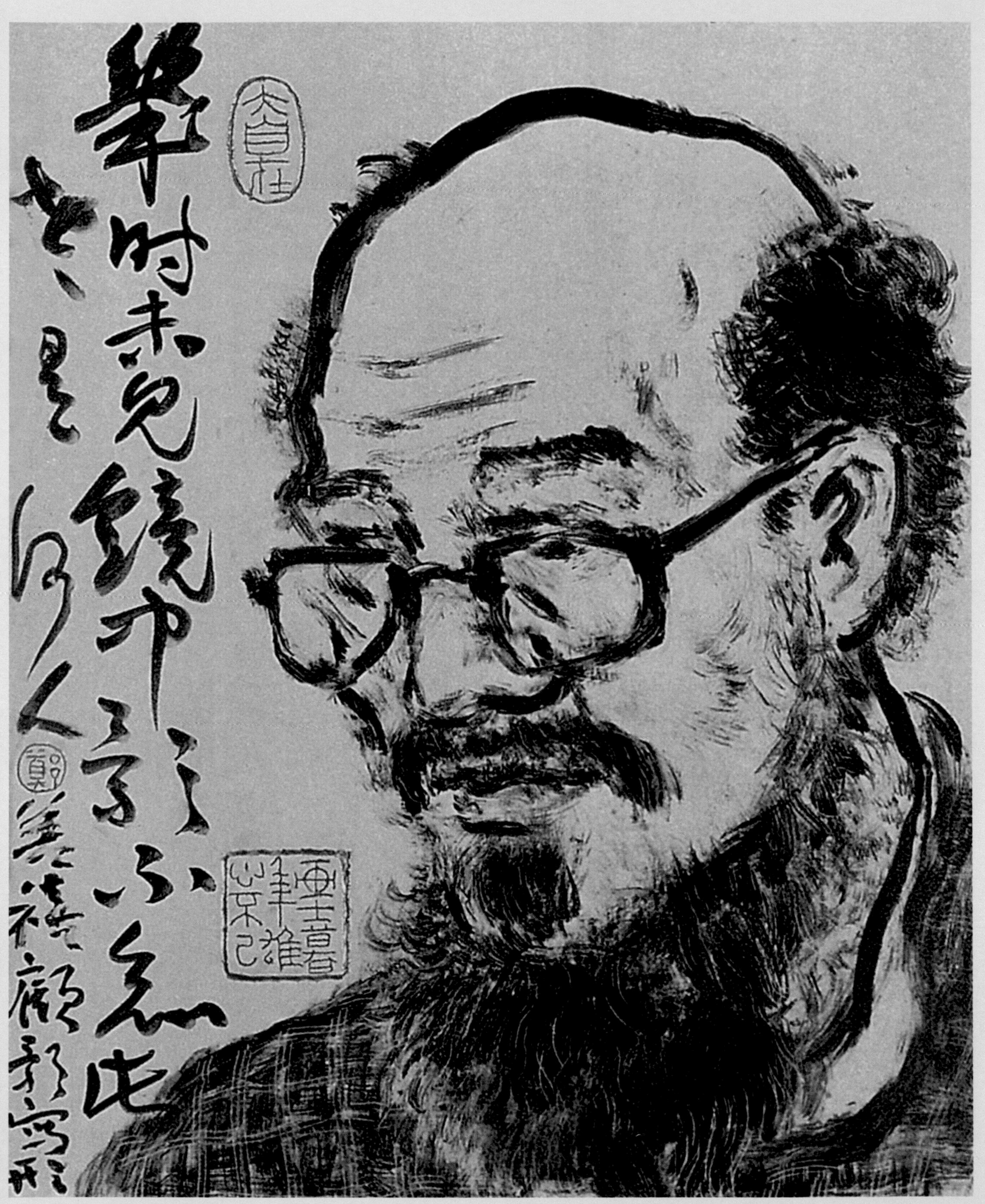

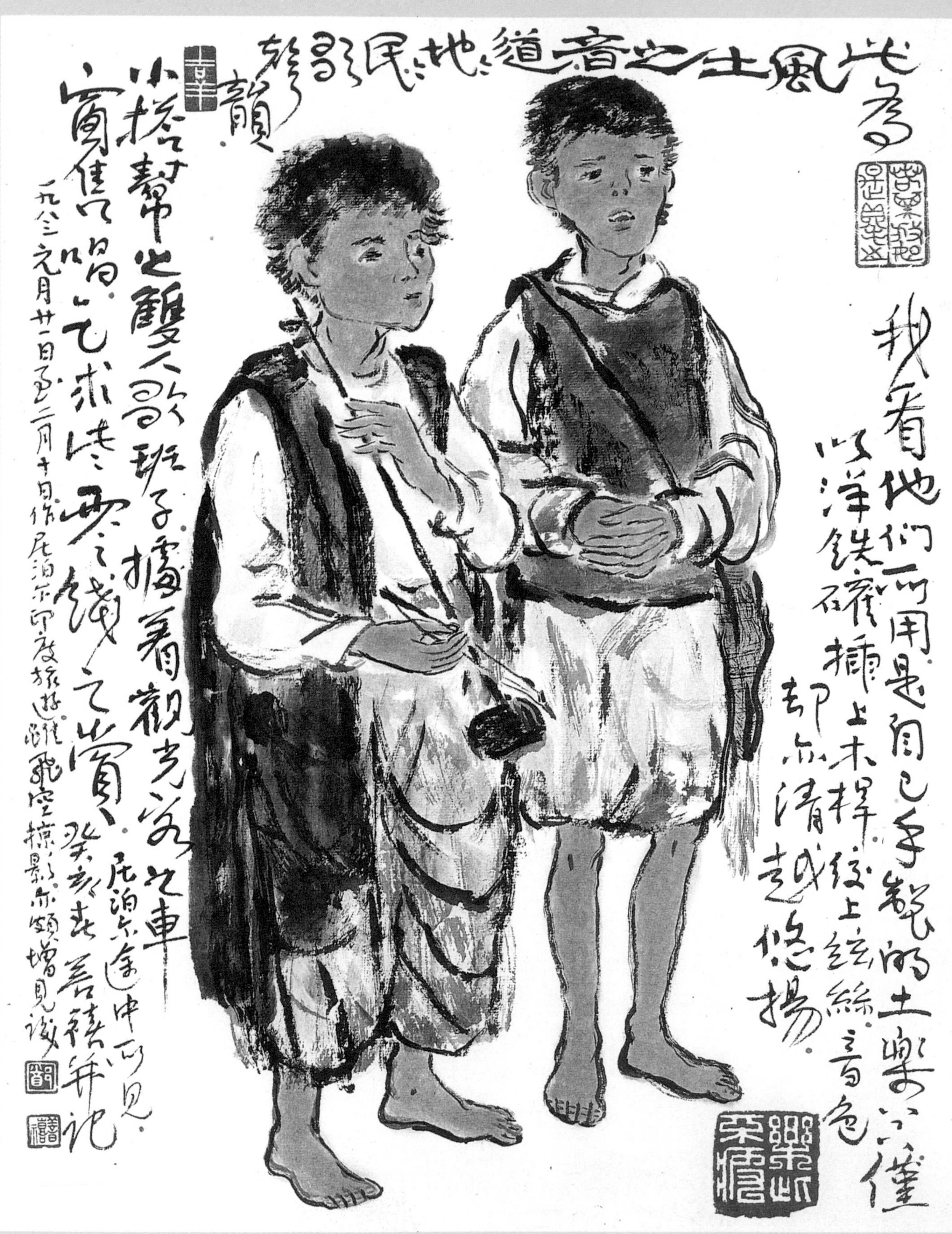
我看他們所用是自己手製的土樂器

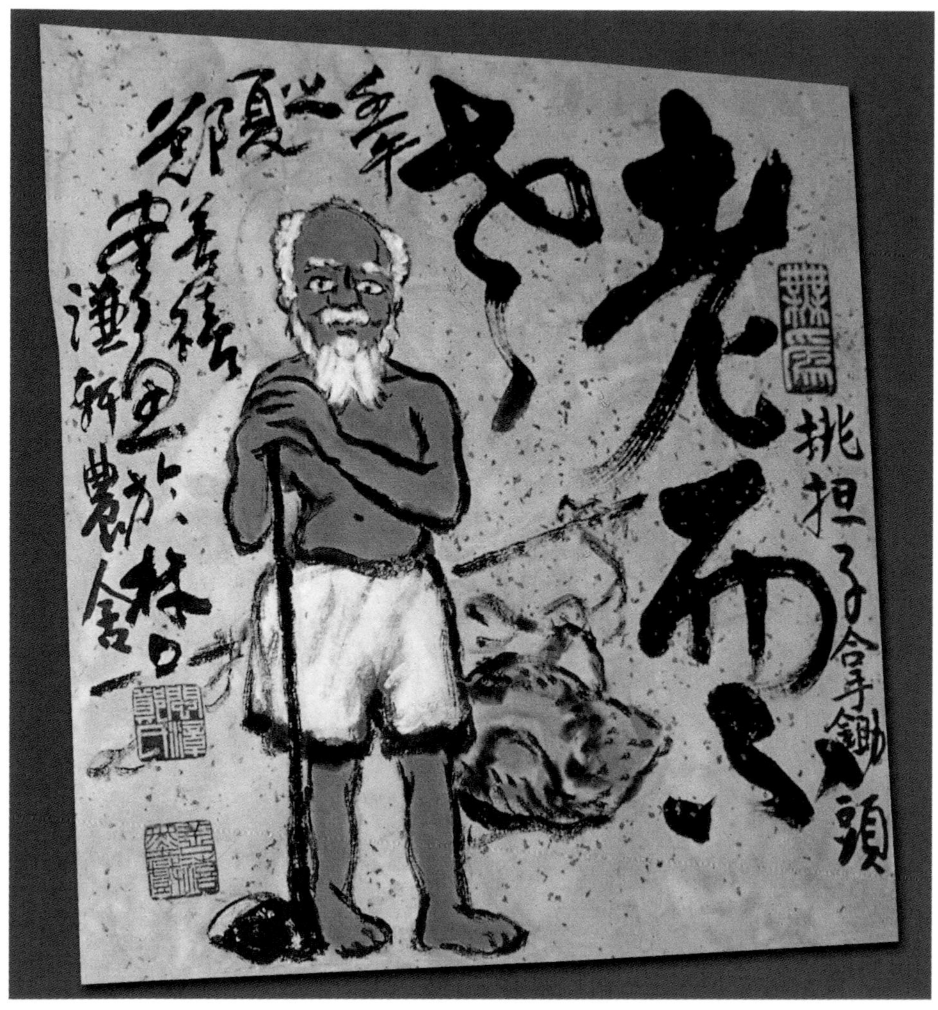

- 鄭善禧
  民歌彈唱兩少年
  1983年
  彩墨
  40.5×35.5cm
  （左頁圖）
- 鄭善禧
  老而不老
  2002年
  彩墨
  25×24cm（左圖）
- 鄭善禧
  漢隸
  1993年
  書法
  120×30cm（右圖）

頭髮，他們未著鞋子，有如叫化子般，在稚氣的眼神中看不到歡樂，反而充滿了沉鬱與寡歡。書法題款的筆趣與人物畫線條的筆力融合無間。〈漁村石屋〉（1981），整齊而秩序的馬祖南竿石屋，層層疊疊，依山而築，斑駁的筆意消融了建築物精巧的佈局設計，靈巧中有古樸的意趣，鄭善禧的落墨揮色，看似漫不經心，卻是千錘百鍊的成果。

他以「寫」入畫，即是以書法入畫，才能拙而不巧，才不太媚俗，也是他敦厚、素樸的個性展現。〈雨中醉草〉（2000），是鄭善禧極少數任性而發大寫意的水墨畫作，只以墨色爲主，分出濃淡層次變化，醉草粗細不一的線條與雨滴大小點點，齊飛狂舞，自成化境。

如今鄭善禧遠離塵囂，在謙軒農舍日日挑擔，荷鋤如農，回歸簡樸、清靜自在的生活，這幅「老而不老」（2002）畫作，就是這位老當益壯的畫家的生活寫照。

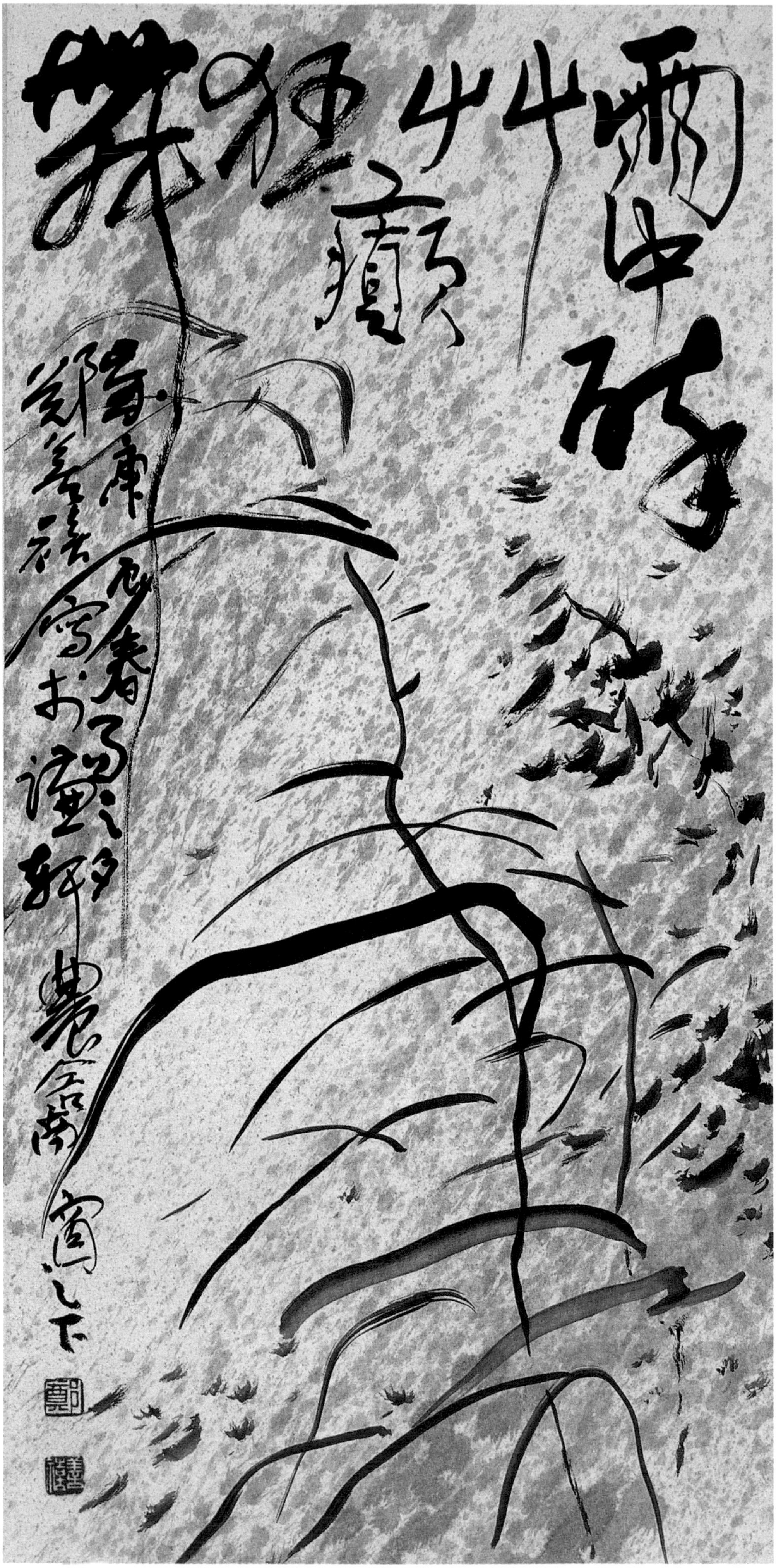

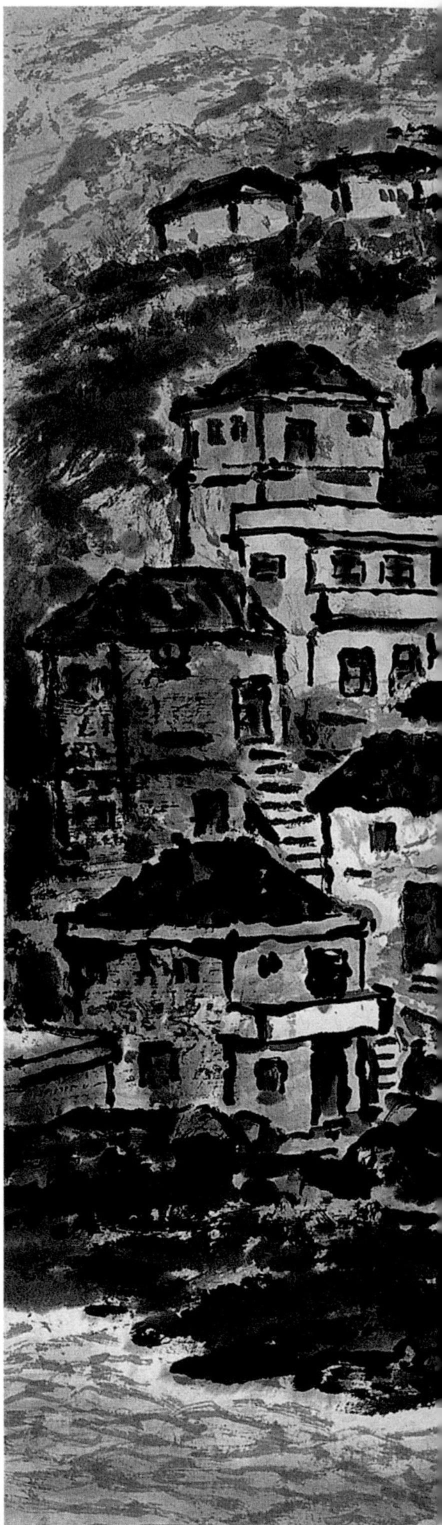

鄭善禧
雨中醉草
2000年
水墨
61×30cm（左圖）

鄭善禧
漁村石屋
1981年
彩墨
69×90.5cm（右圖）

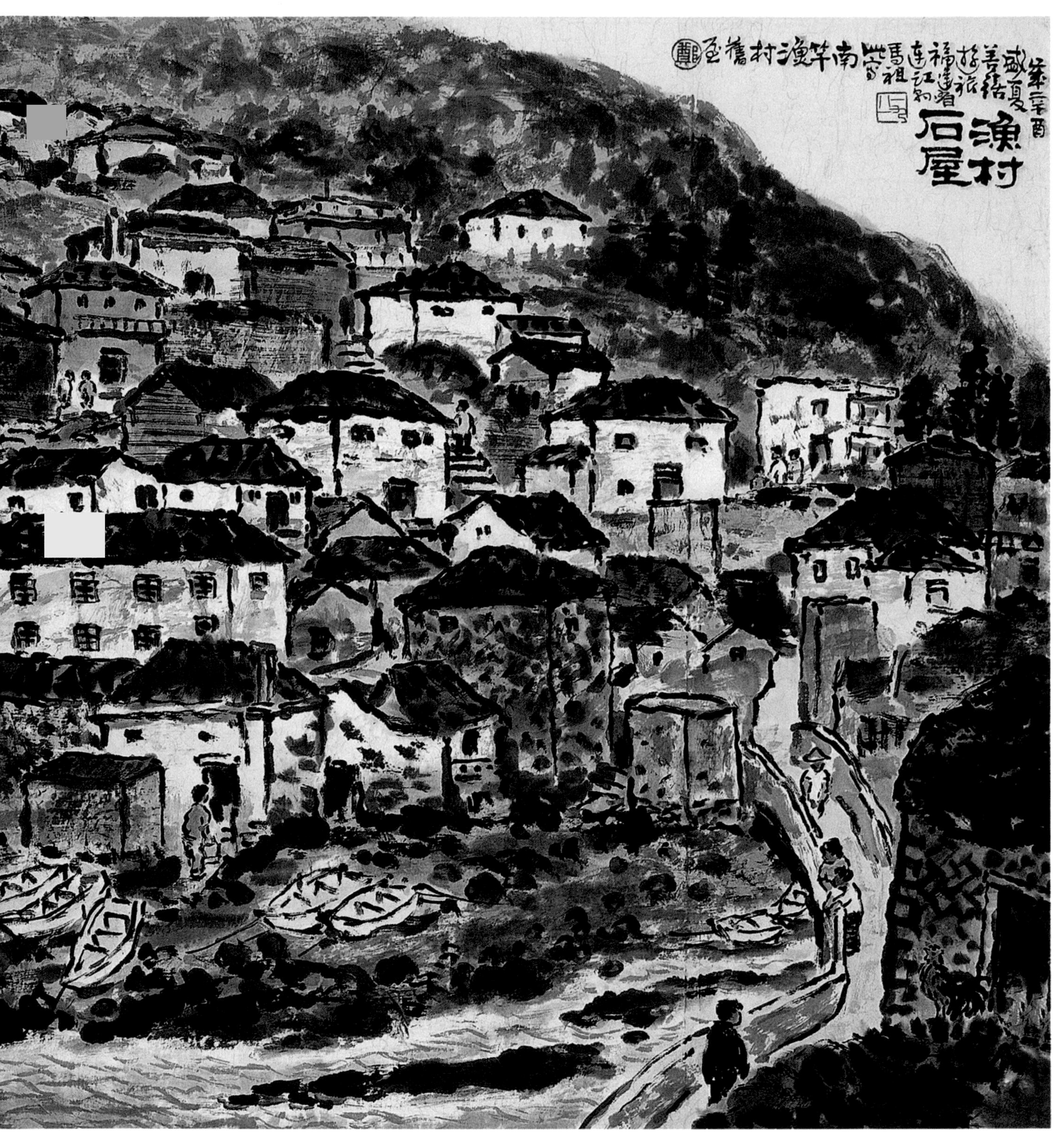

註17：鄭善禧〈我的話，我的畫〉，《歷史博物館館刊》3卷4期，頁67，1993年10月，台北歷史博物館。

註18：黃寤蘭《鄭善禧畫壇老頑童》，頁185，時報文化，1998年9月。

註19：高大成《儒家四重奏》，頁109。

註20：同註17，頁64。

註21：見豐一吟〈子愷漫畫〉，《雄獅美術》，頁47，204期，1988年2月及豐子愷〈談中國畫〉，見《豐子愷論藝術》，頁171，丹青圖書公司，1987年1月。

註22：同註18，頁182至183。

註23：同註18，頁154。

註24：林柏亭〈台灣東洋畫的興起與台府展〉，《藝術學》第3期，頁97，1989年3月，台北藝術家出版社。

註25：花村、黃玉珊採訪〈過去・現在・未來一洋畫運動縱橫談〉，《藝術家》雜誌，頁49，1978年4月。

註26：同註17，頁65。

註27：訪談鄭善禧，2002年9月12日。

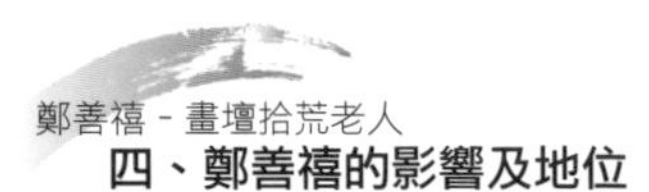

四 鄭善禧的影響及地位

鄭善禧從不對民間藝術或通俗之物，視若無睹，也從不對台灣本土風景或人物，視而不見；鄭善禧從不拒絕學習古今中外的藝術精華，也從不隱藏生性敦樸的鈍拙相。

他說：「我不是白雲堂，也不是寒玉堂，我是不成名堂。」詼諧幽默的鄭善禧不是文人，不是王爺，沒有特殊的師承，他只是務實地從學院美術系走出來，再走入民間，走入草根性的鄉土大眾，他獨樹一格的繪畫風格及題材的多元化，對台灣的繪畫已深具影響力。

（一）以重彩建立主體風格，形塑蓬萊山的新山水美學

石濤說：「老夫看慣桂林山，刪去臨摹手一雙。」對鄭善禧來說則是「老夫看慣蓬萊山，刪去臨摹手一雙」(註28)。鄭善禧要從現實山水去發掘台灣山川特質，他說：「一般畫國畫的人，總

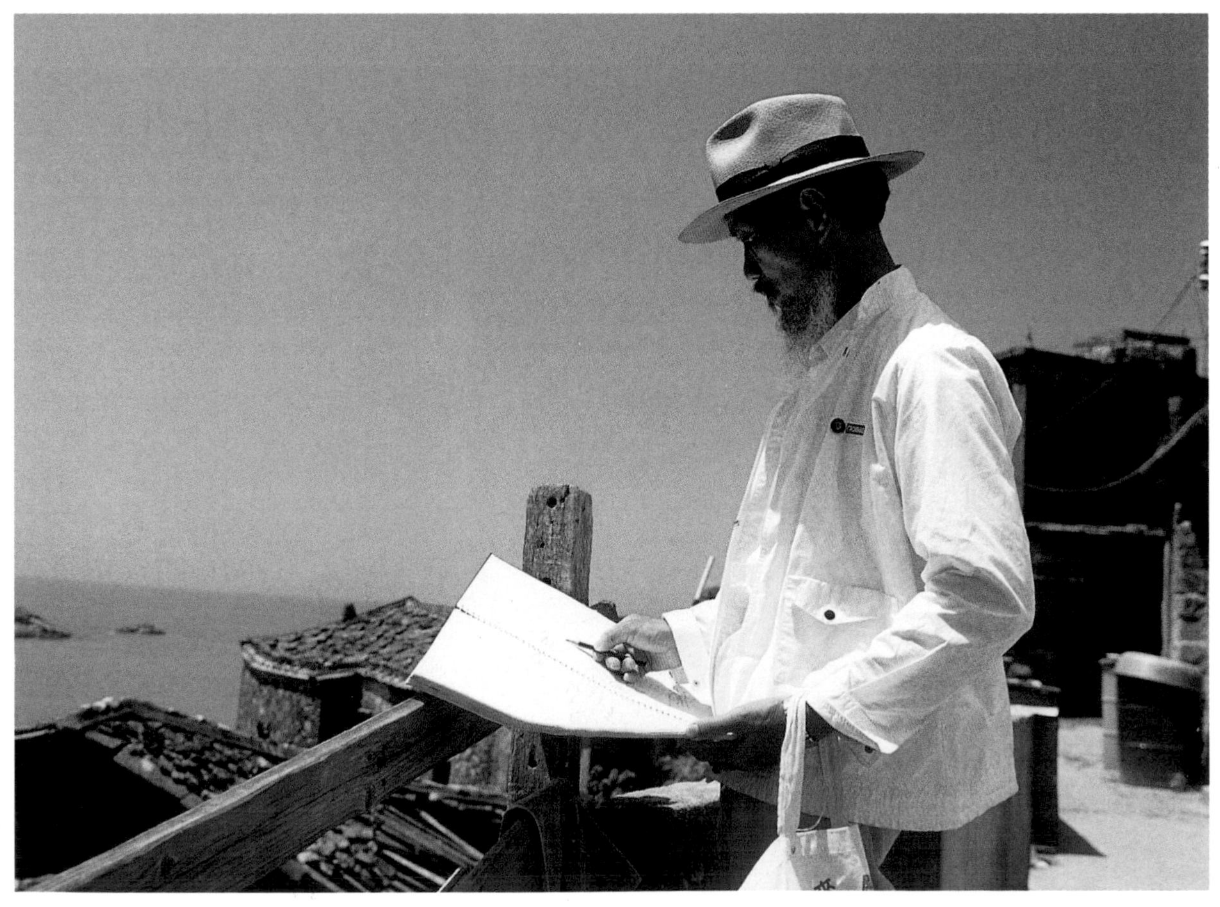

鄭善禧
鄭善禧於馬祖寫生
90年代
鄭善禧提供

鄭善禧
元宵燈節
1985年
彩墨
26.4×76cm（右頁圖）

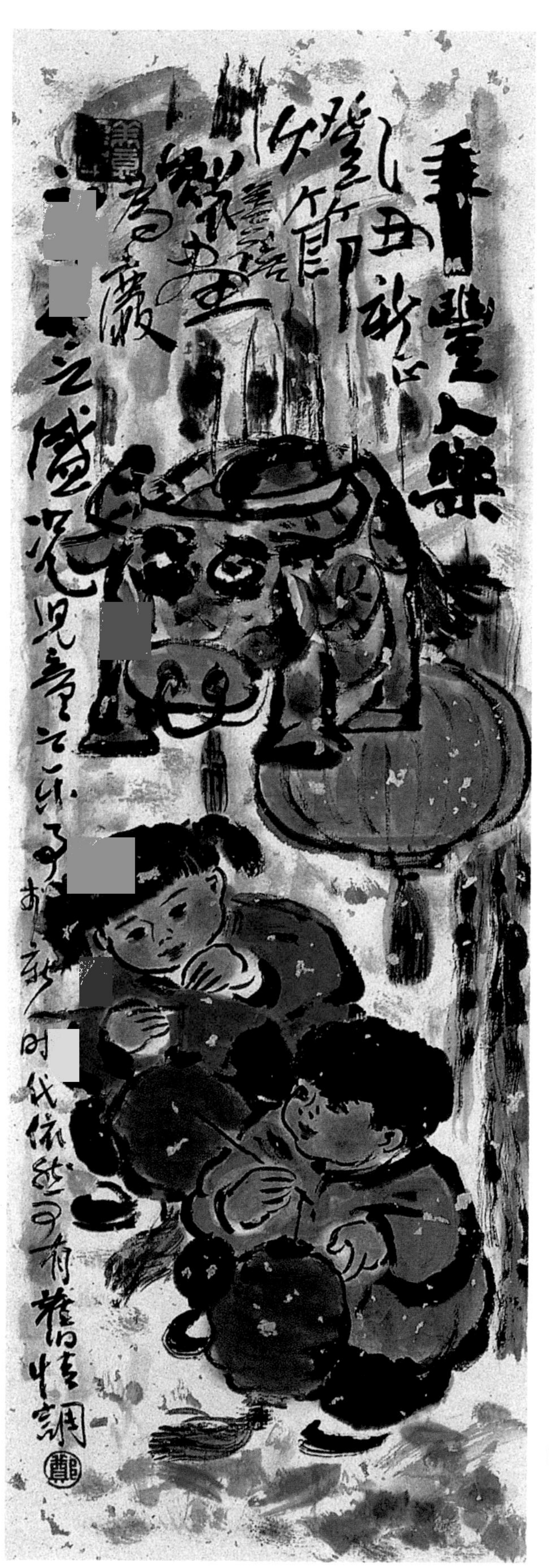

有一種誤解，以爲只有大陸的山川才有勝景，才能入畫。其實世界上每個地方，都有它的特色。

台灣雖然只是一個海島，但是太平洋的壯闊，阿里山、日月潭等等，無處不是風景。而且不僅是自然景觀，台灣的人文活動，經過先民長期的經營，充滿著豐富的多彩的內涵；這些都可以入畫。」(註29) 鄭善禧以一個閩漳的亡命青年，從五〇年代以水彩，畫遍台南古蹟開始，他便與這塊土地結下不解之緣，由原鄉逃出的漂泊離散經驗，促使他在新疆界裡尋找新的理想家園，台灣成爲他新認同的歸依。六〇年代鄭善禧把信義鄉原住民山區當成他表現台灣山川奇秀之美的源泉，他許多全省美展、全省教員美展的首獎之作都是來自於他多次在山中寫生，融自然與胸中丘壑於一體的山水作品，如〈閒話桑麻〉(1965)、〈草堂敘舊〉(1967)、〈風雨歸牧圖〉(1965)。他亂筆狂掃，雄放蒼勁的恣肆筆意，又銜接著有清一代台灣職業畫師的「閩習」之風(註30)。〈春耕〉(1967)，那甚無章法的雄偉山水，描述台灣的稻田、戴笠的農夫、紅瓦白牆的農舍人家，加上高聳渾圓，鬱鬱蒼蒼的青山，饒富鄉俚野趣，是他畫「台灣山」的開始。

鄭善禧一向認爲：「我們現在生活在台灣，就好好畫出台灣的特色，何必妄想那未曾體驗過的境物。」那一幅〈蕉園春舍〉(1974)，於竹木、蕉園、野舍之中，三兩農夫交談，雞鴨穿梭其間，平實地勾繪出台灣的農家景象，沒有林泉高士，沒有重巒疊嶂，他畫的盡是他住家周遭他所感受的親切景緻。七〇年代他更大量地以青綠重彩畫台灣風景勝地，如〈碧潭泛舟〉(1973)、〈橫貫公路山谷幽深〉(1976)、〈草堂春滿〉(1978)、〈宜蘭五峰奇瀑布〉(1979)、〈綠樹紅瓦舊村社〉(1978)、〈今之桃源〉(1979)及〈榕蔭散牧〉(1978)，皆是他腳踏實地地表現台灣的斯土、斯情之作。他在皴法上是亂頭粗服，已脫離國畫傳統程式化的成法，他重新去發現台灣這片山川的美感，明清淺絳山水已無法表現台灣現實山水的語彙，更無法傳達藝術家的眞實情感，在精神意念與審美品味上，鄭善禧雜揉「西洋的壓克力彩」與「中國彩」，塗紅抹綠的「濃墨重彩」，是他所抉出的台灣炎方色彩。

八〇年代的〈海島漁村〉(1980)、〈武陵勝境〉(1980)、〈碧山紅瓦寺〉(1983)、〈山中新社〉(1984)、〈馬祖北竿芹壁〉

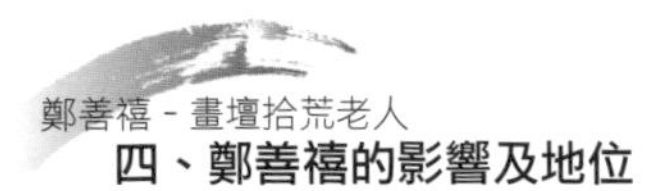

（1986）。再至九〇年代的〈翠巒山居〉（1995）、〈春山花繁山舍靜〉（1995）、〈網川山谷〉（1997）、〈幽谷自有天然美〉（1998），莫不比七〇年代的作品更穠麗艷彩，甚至以彩取勝，著墨不多，也是他由寫境到造境的繪畫轉圜及心境轉變。中國畫常予人老氣橫秋，道貌岸然的感覺，鄭善禧賦以山水麗彩，山水似乎在這個時代甦醒了。 當七〇年代中期，美術的鄉土運動如火如荼地展開，鄭善禧並沒有去迎合那種美國魏斯或照片寫實的鄉土寫實，他仍是一貫地強調現實山水與筆墨融匯的一致性。他蘊生於六〇年代的鄉土山水，是在當時畫壇仍籠罩在一片傳統國畫的氛圍下所開創出的風景新境，到七〇年代的濃墨重彩的實感山水再到今日的麗彩山水，他解構了傳統文人賦彩淡雅的舊式山水，他建立了個人鮮明的主體風格，形塑出蓬萊山的新山水美學觀，也開啓以後許多年輕學子的彩繪大地。

（二）以現世生活為創作意識，開啟水墨新視覺境界

鄭善禧從不諱言「畫工畫」是他創作的源頭，他性喜民間匠師紮實的技巧與穠麗的艷彩及充滿生鮮的民間活力。所以他最心儀齊白石，他正是由木匠轉爲畫師，再蛻變爲畫家的典型人物，齊白石那一幅〈農具〉（1949），畫畚箕與鋤頭，簡單而豐富，素樸有野趣，最深得他心。齊白石只畫他生活中熟悉的景物，他將文人畫與民間的審美觀念融爲一爐，把雅的菁英文化與俗的大眾文化，統合爲一，正是鄭善禧在繪畫上致力的方向。

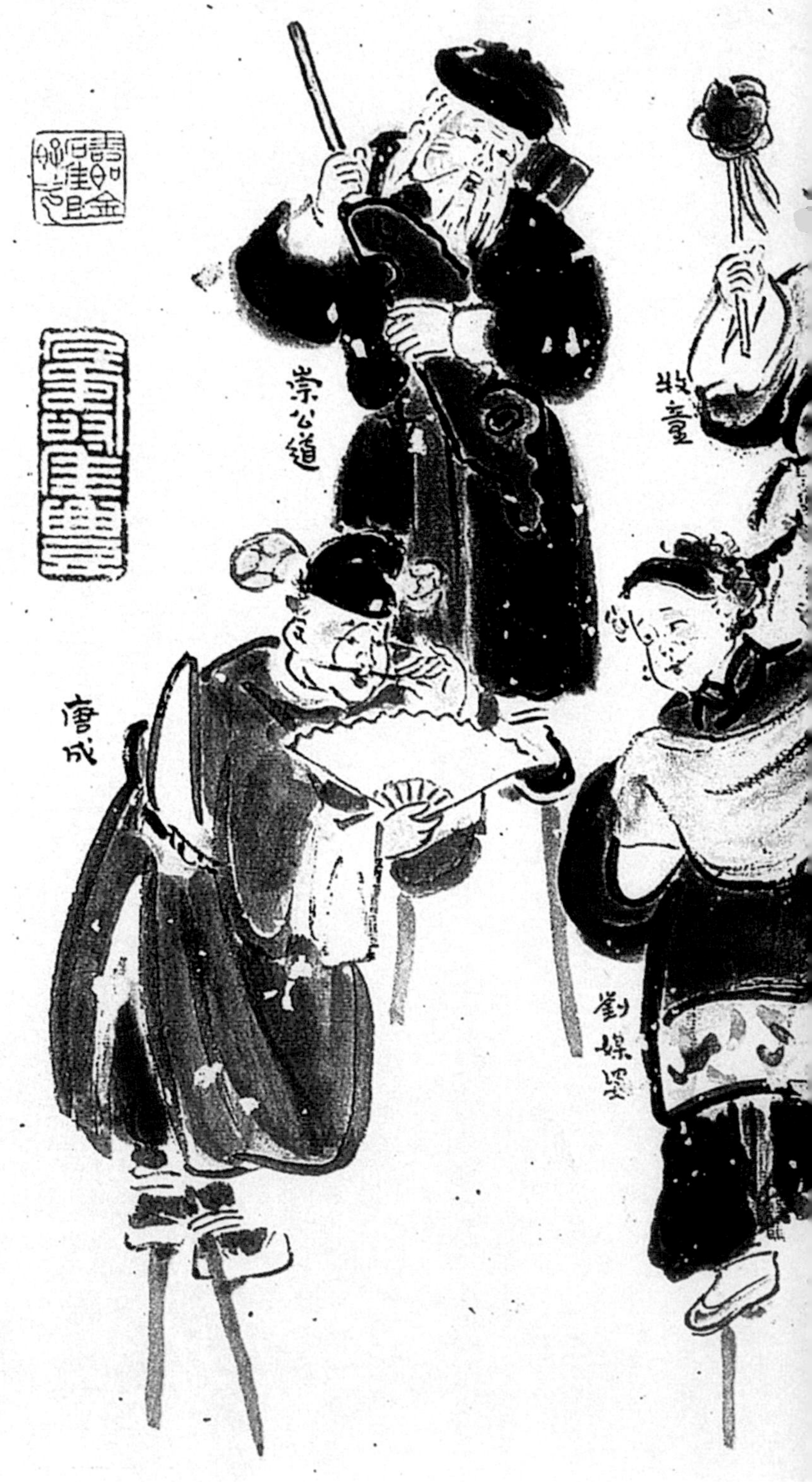

鄭善禧
八丑踩蹻陣
1984年
彩墨
75×53cm

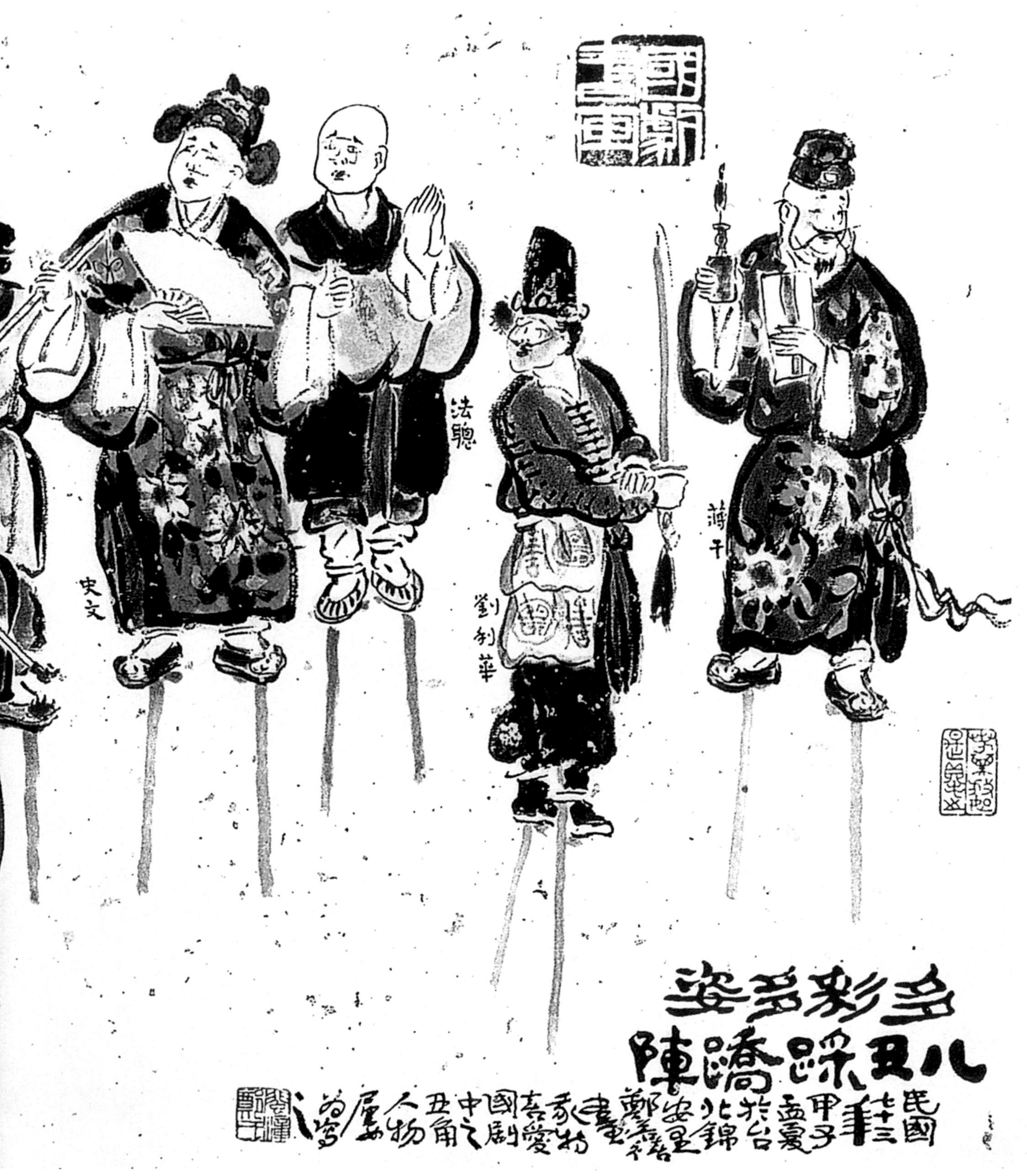

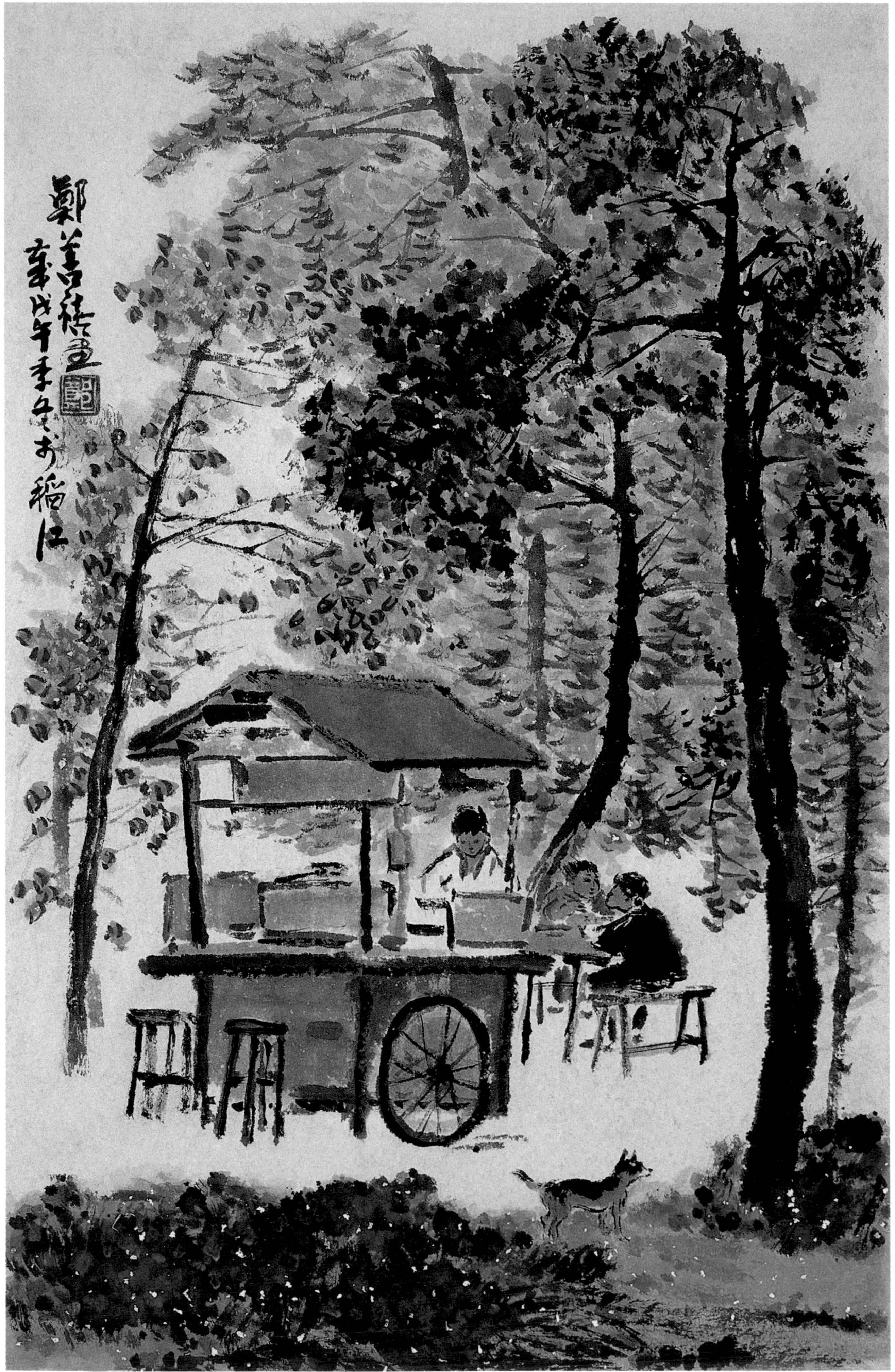
鄭善禧畫
歲戊午季冬於稻江

鄭善禧是位全能的畫家，人物、花鳥、畜獸、山水，無不精擅，而現世的民藝戲偶、日用器物、玩具娃娃，無不入畫。很少有人像他那麼積極把傳統繪畫中已趨定型的體裁，鍥而不捨地拓展開發，而他的繪畫皆非傳統的面目，他的山水畫中有汽車、飛機的點景，也畫高樓大廈；他的人物畫中有穿大衣拿相機的新高士，有著時裝的新仕女，有街頭藝人、歌者的現實人物；他的畜獸畫中有各種動物；他的花鳥畫中有土番鴨、海鴨，同時各種民間神像、戲偶及舞龍舞獅民間活動及家中各類器物與兒女的玩物，觸目所見，皆可入畫。

何懷碩說他的畫，不論木偶、玩具、文房四寶、動物、風景皆能在平凡中表現出幽默，令人如嚼菜根，別有滋味。但他又認爲藝術家不能以再現民俗藝術爲滿足，而必須將粗糙的、雜亂的、庸俗的、稚劣的加工提煉，使之精緻，並使之變成個人風格的原質。[註31] 這是一九八一年何懷碩對鄭善禧的批評與期許。創新必然會發生美學與技巧上的不諧調，也總易引起爭議。

如今過了二十餘年再看鄭善禧的作品，他雖然描繪外相，但非只是再現對象而已，他往往藉著書法的題款，抒發隱密的心思，眼前平凡的物已轉化爲心靈的境，含蘊著他眞誠的美學動機，也含蓄地表露出他敏銳的批判觀點，用他平實不誇張的寫意，重新看待平凡的事物，鄭善禧從生活景象出發的創作意識，介入了人的精神處境，在老成持重的傳統中，開出活潑的新境域。

水墨一介入現實生活，便容易有雅、俗之分，然而鄭善禧所畫的題材何其平凡，何其通俗，那些通俗之物在他手上何以變成不俗？正因爲畫家的筆墨修養及入世情懷，化解雅俗之界。

王秀雄說：「鄭善禧仍保有中國水墨畫詩書畫合一的傳統。」[註32] 鄭善禧便是以他的寫實功夫結合書法筆墨功夫，在造形、構圖、色彩上，別出心裁。尤其他的書法又專事古樸厚拙的碑刻體，入於繪畫，造形更厚重、簡練，有拙趣，任何題材在他筆下皆已「化」掉，化爲古拙樸茂的個人風格，他開創了畫不盡的新題材，爲水墨畫拓展出新的可能性，這條描繪常民人物與

鄭善禧
攤食
1978年
彩墨
39×60cm
(左頁圖)

鄭善禧
山水
1994年
彩墨
60×30cm

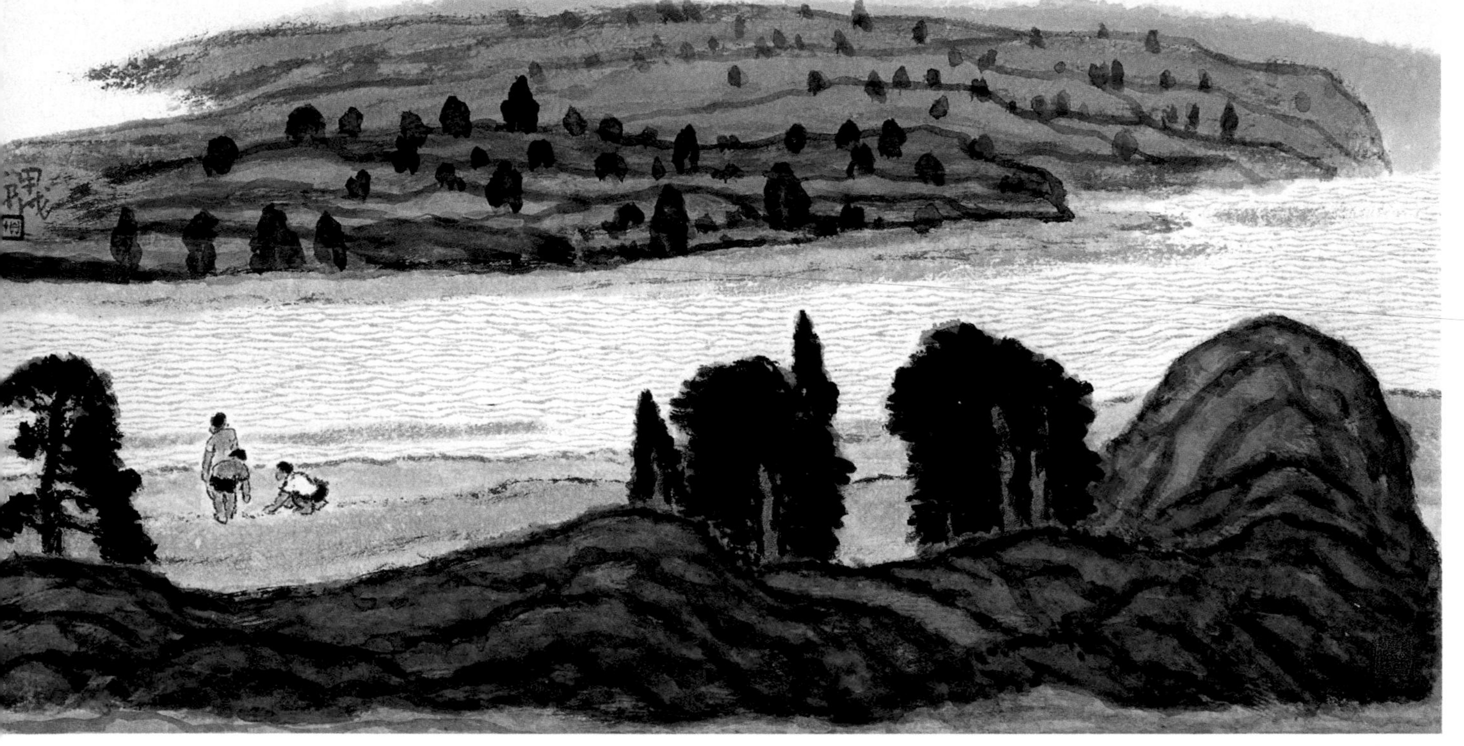

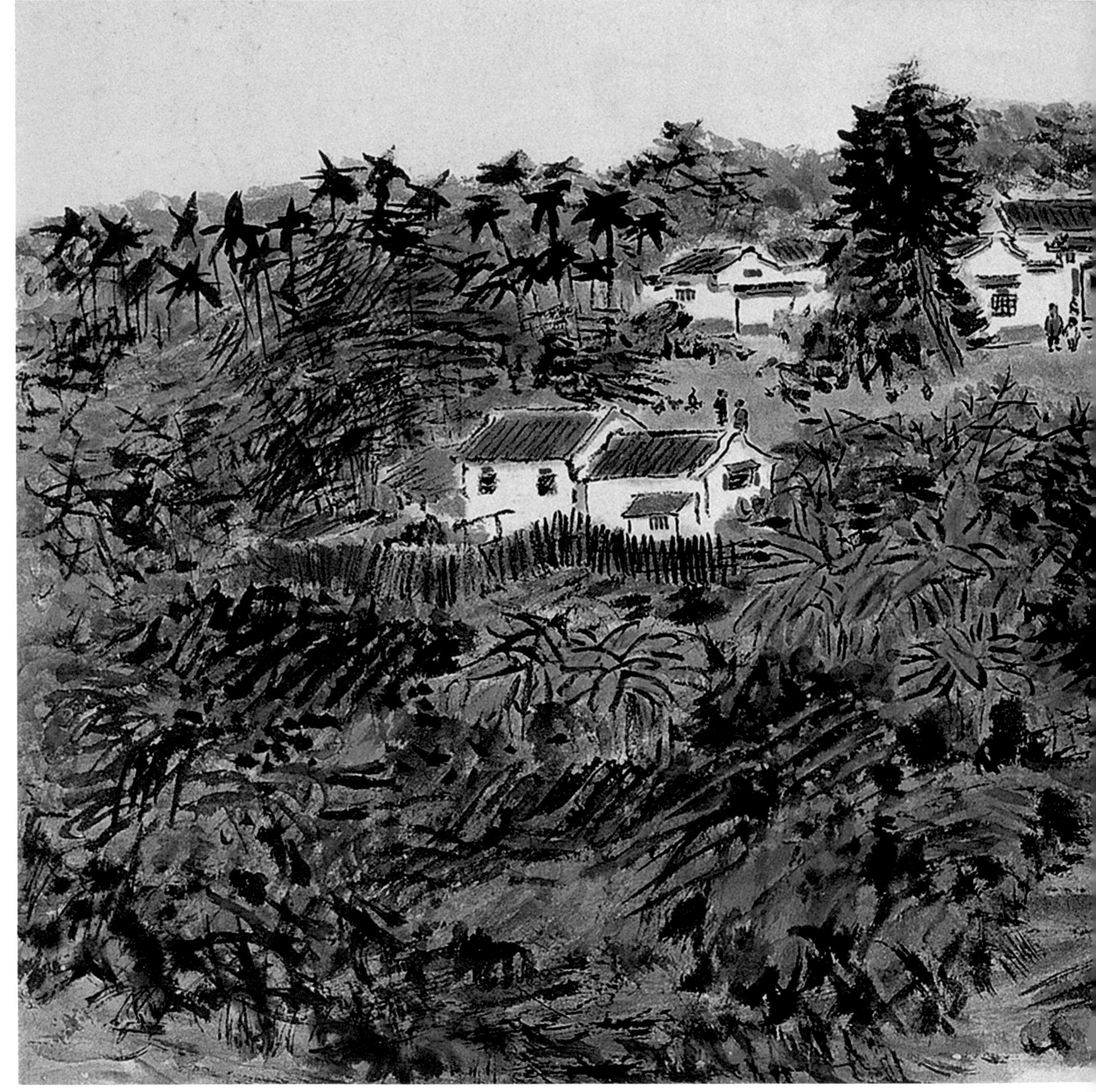

常民生活的繪畫之路，雖然銜接清代揚州八怪、齊白石而來，他卻比他們開拓得更現世、更深入、更無所顧忌。要逸出格外，須要膽識，鄭善禧透過現代眼，凸顯人與平凡事物的和諧關係，他歌頌平凡生活，也是這位多能兼擅的畫家他個人憨厚的生命氣質的流露。

在水墨的現代化上，鄭善禧採取民初提倡的白話文學及寫實、寫生的觀念，革新中國繪畫，而這一體系的改革思想落實在台灣的水墨畫時，鄭善禧便是以腥綠、艷藍的濃墨重彩形塑出蓬萊山的新山水美學，一掃當時水墨爲尚的空靈境界。蔣勳說他「在七〇年代特別形成的水墨畫風是非常『台灣的』，這一點將是鄭善禧在台灣水墨歷史上最重要的地位，也必定將影響深遠。」(註33) 而在水墨畫新境域的開展上，他仍以文人畫的「詩書畫」爲本位，開發以現世題材入畫，只是將詩改爲白話文而不是高古的詩詞，再加入民間藝術的艷彩，並融入自己樸實的本性，力求

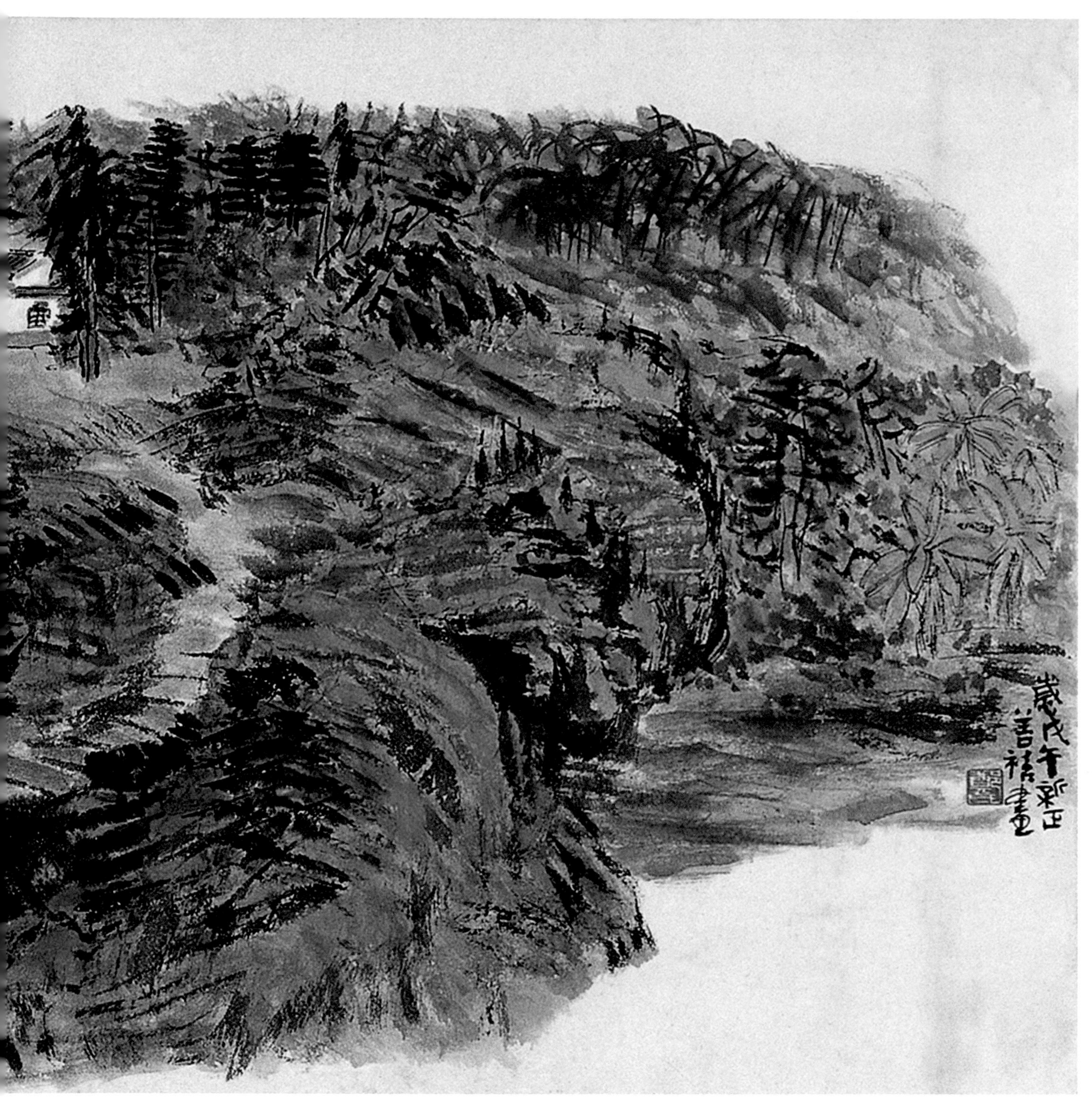

鄭善禧
翠林山莊
1978年
彩墨
69×45cm

拙樸之韻，克服因賦彩所造成的艷與俗。這兩個特點是他在台灣水墨畫上所建立的繪畫特質，已在形式上或觀念上產生影響力。

鄭善禧這位丹青妙手，他來自學院，卻有著民間美術的活潑生命力，用他的畫，開啓台灣水墨另一個嶄新的面目，爲水墨注入新的活性因子。如今他七十歲，仍精力充沛，正是生命的另一個開始，希望他能像他心儀的白石老人晚年的「衰年變法」，再創藝術高峰。

註28：與陳瑞庚談鄭善禧，2002年9月26日於瓷揚窯。

註29：雄獅美術社〈訪鄭善禧談創作歷程〉，《雄獅美術》，1996年6月，頁63。

註30：閩習，出自莊伯和〈明清台灣書畫談〉一文，見《明清時代台灣書畫作品》，頁432～435，文建會。

註31：何懷碩〈當代水墨畫的洋與土〉，收入《風格的誕生》頁187，大地，1981年8月。

註32：王秀雄〈戰後台灣現代中國水墨畫發展的兩大方向之比較研究〉，《現代中國水墨畫》研討會專輯，頁82，1994年3月，省立台灣美術館舉辦。

註33：蔣勳〈回歸本土一七〇年代台灣美術大勢〉，《台灣美術新風貌》展覽專輯，頁36，1993年8月，台北市立美術館。

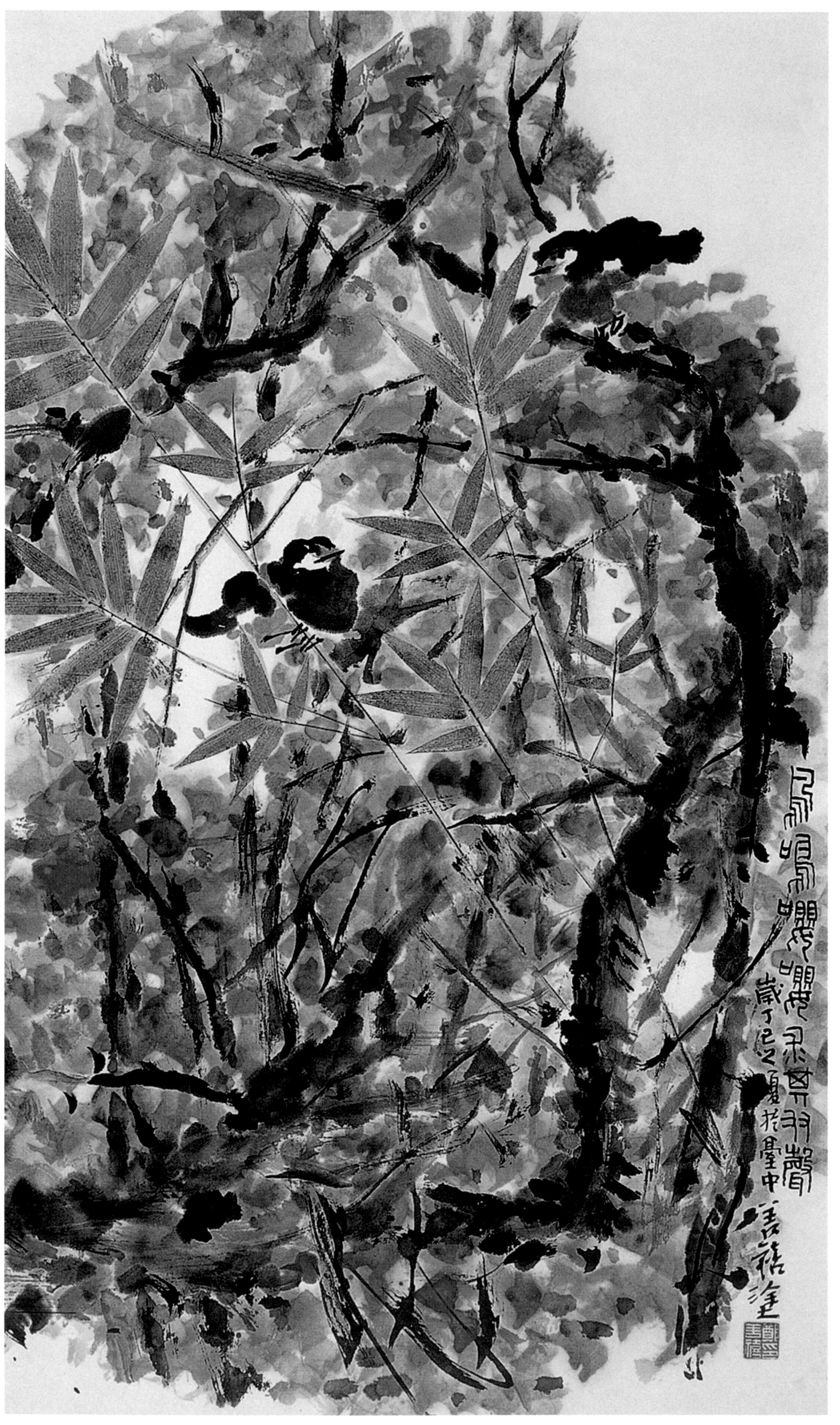

鄭善禧
鳥鳴嚶嚶
1977年
彩墨
41×69cm

結語

二十世紀傳統中國畫受到西方文化強烈的衝擊，產生了前所未有的空前變化，在民初的繪畫革新運動中，大致是走著兩個方向，一為承接文人畫的精華，在傳統筆墨中精益求精，開拓新意境的「汲古潤今」，一為引西方繪畫的思想、技法，改良中國畫的「引西潤中」。

而一九四九年以後，台灣的美術史更起了重大的變化，即是渡海來台的中國大陸國畫家與台灣日據時期以來膠彩畫家的衝突，所引發的台灣戰後「正統國畫」之爭。

由於戰亂與僻居海島的隔閡，故國山河的懷鄉憶舊之作，是中原畫風的輸入台灣，也使國畫陷入保守的形式。迨至六〇年代的水墨畫革新，年輕一代截取西方現代主義的觀念，對傳統水墨進行改革，如五月畫會結合西方抽象表現主義所發展出的抽象水墨，形成一時風潮。

而鄭善禧就處在這一個時代的轉圜點上，當傳統程式化的語彙不足以表達斯土斯民的情感時，如何在技巧、材質與觀念上革新求變，以貼切地表現眼前的山川靈蘊、地理特色及現實生活，成為許多具有文化自覺的藝術家的切身課題。

鄭善禧承繼著中國五四運動革新、批判的精神，循著民初改革的路向，以水墨傳統詩書畫作

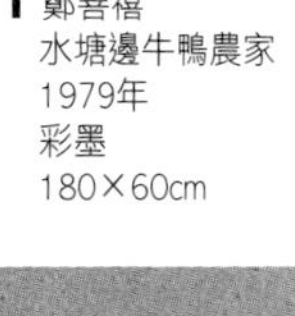
鄭善禧
水塘邊牛鴨農家
1979年
彩墨
180×60cm

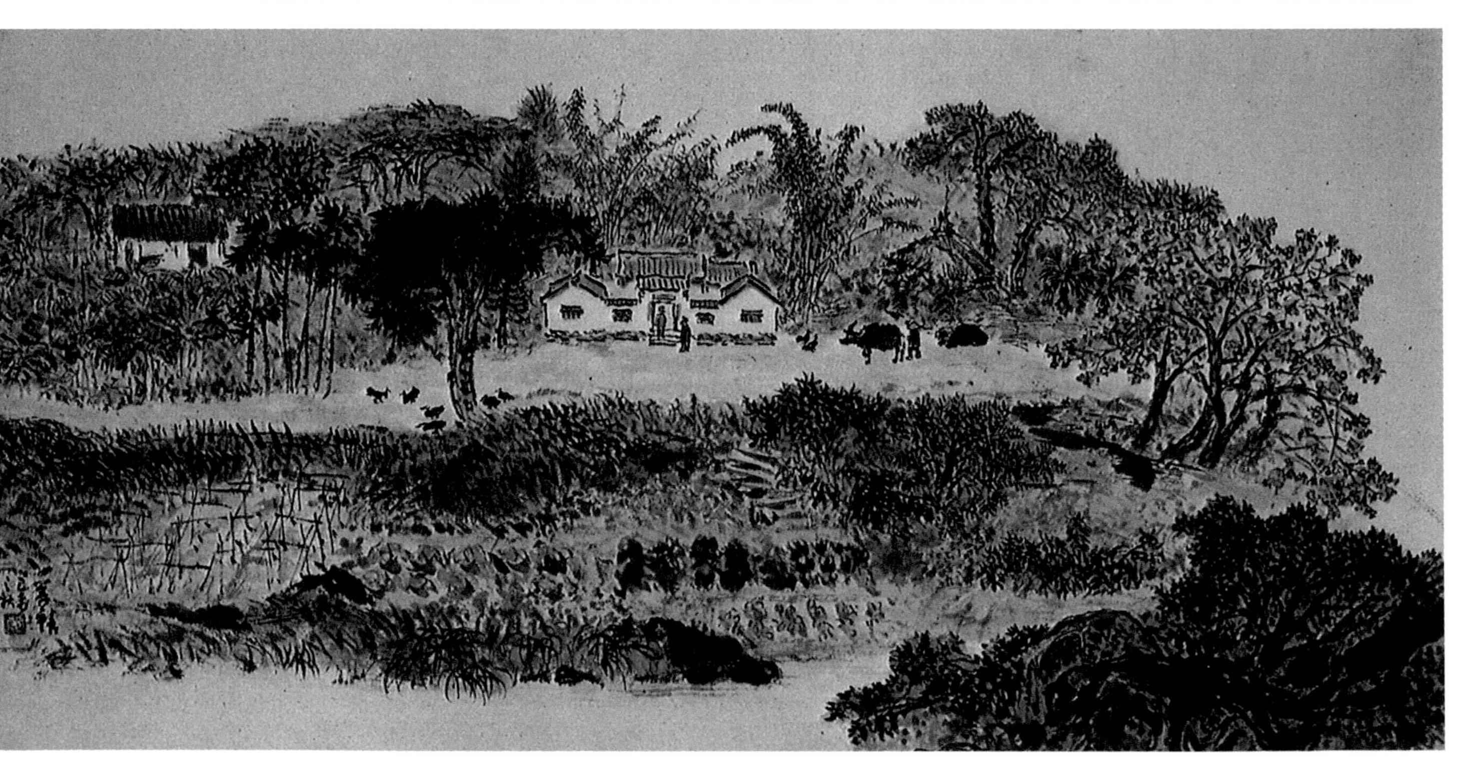

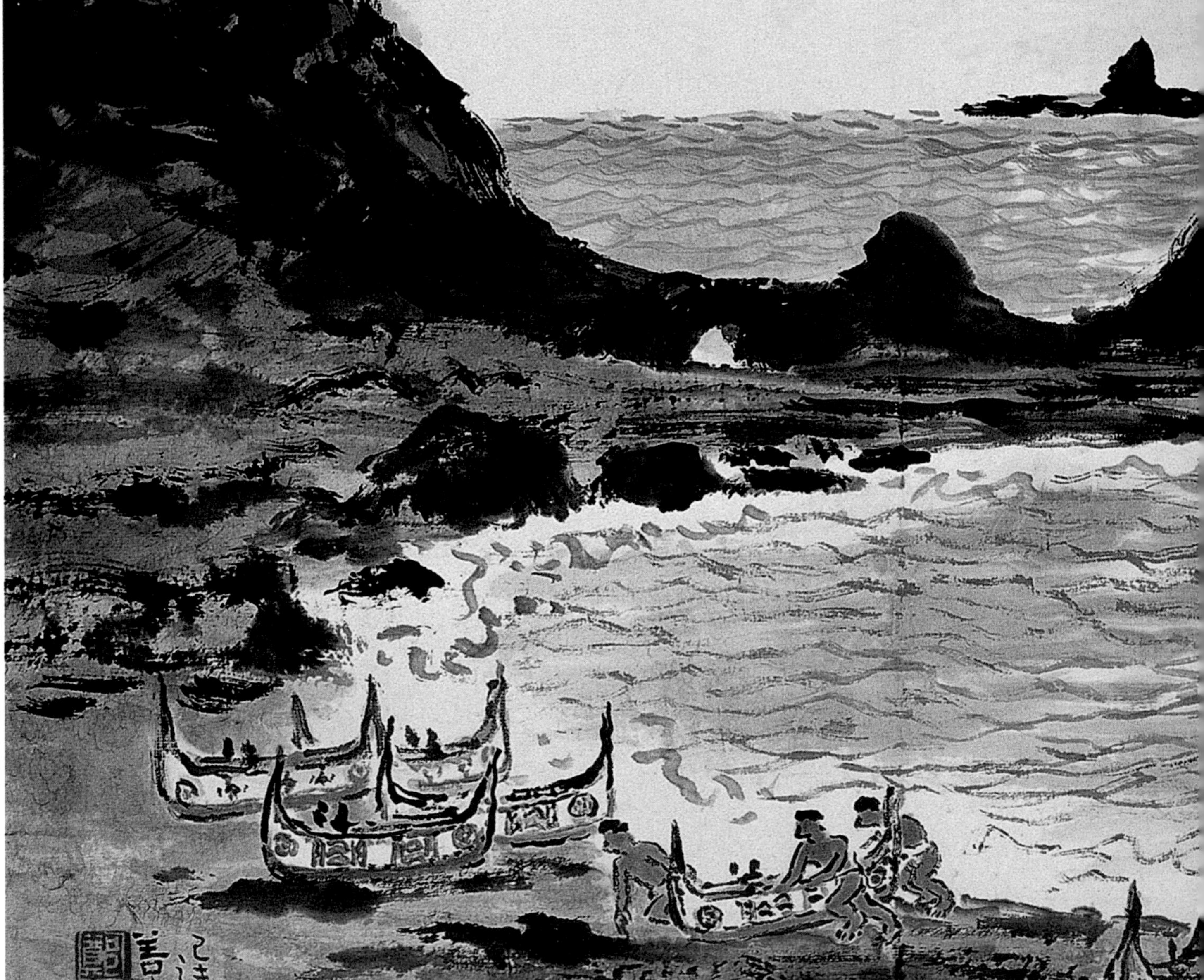

東清觀日出為蘭嶼之勝
乙亥之秋
善禧

鄭善禧
東清觀日
1979年
彩墨
45×83cm

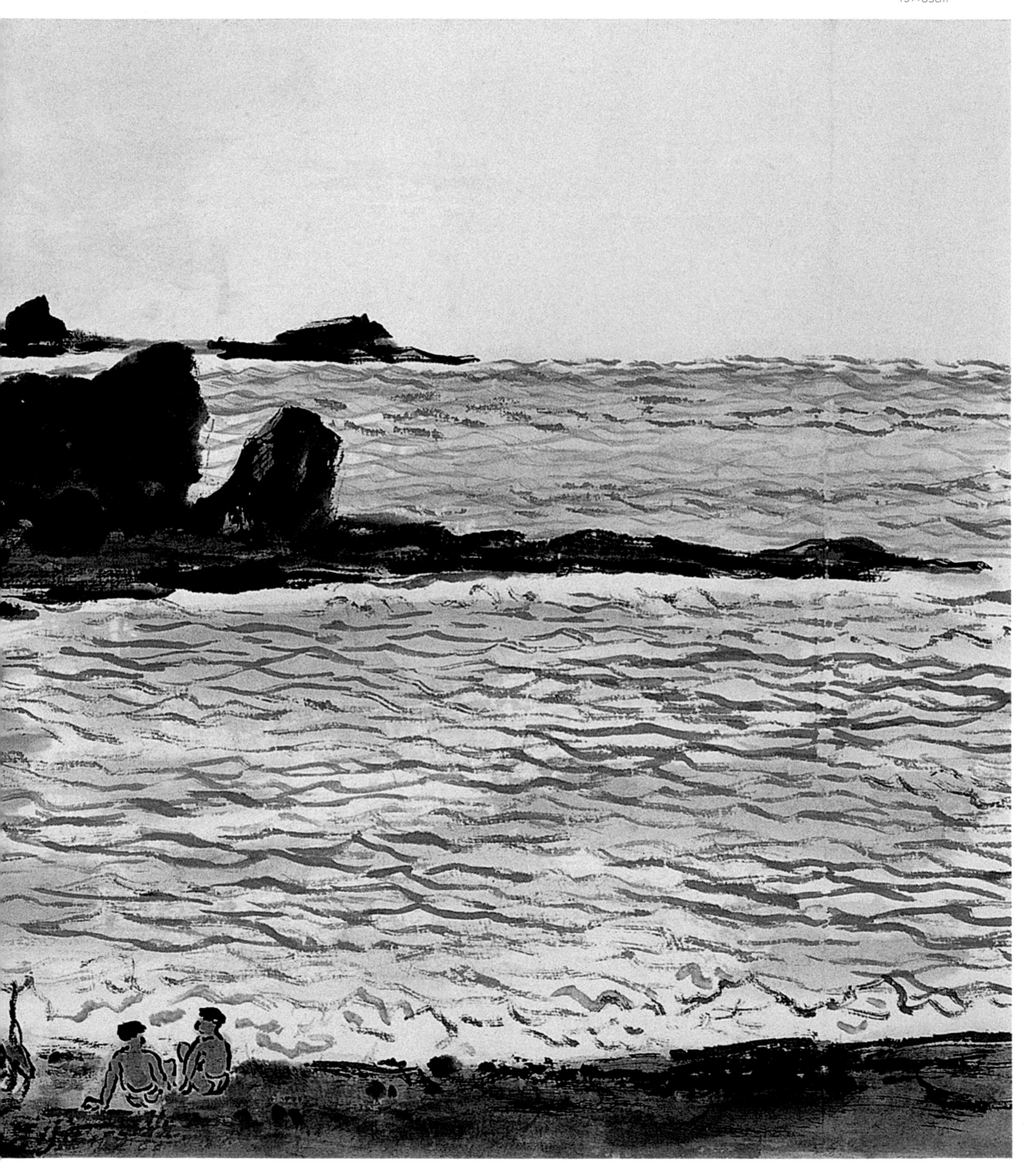

爲銜接歷史的時間縱軸，而以寫實的精神及色彩運用，觀照台灣山川大地及現實生活作爲橫向的空間開展。他所開展出的繪畫特質：一、以重彩建立主體風格，形塑蓬萊山的新山川美學，二、以現世生活爲創作意識，開啓水墨新視覺境界。他一方面傳承中國文人畫的筆墨特色，一方面又應用西方的造型及日本東洋畫的色彩觀，彩繪台灣山、台灣人、台灣景、台灣物，建立他個人的彩墨新語彙。

他以台灣爲主體的水墨畫，標示出當下的時空座標，在水墨主體性的建構上，他正是立於一個上承傳統下開現代的時代轉捩點上。

在二十一世紀初的今日，來看台灣水墨畫在戰後的創新與發展，水墨畫家袁金塔將之歸納爲四個階段與風格類型：（一）傳統水墨畫的推陳出新（二）現代主義傾向的現代水墨畫（三）鄉土寫實主義傾向的現代水墨（四）多元表現傾向的現代水墨，[註34] 他將鄭善禧歸爲鄉土寫實主義傾向的現代水墨，其實鄭善禧是跨越於一、三類之間，而他在六○年代中期所發展出的忠於鄉土自然，以鄉土爲關懷的台灣山水，又比七○年代中期以後台灣所發展出的鄉土寫實山水更提早十年。

更有甚者，鄭善禧除畫山水外，人物畫、花鳥畫、畜獸畫無不精工，民藝、玩具、日常器用之物，無一不畫，書法、彩瓷又無不精擅，是名符其實的丹青妙手。

如果說他的老師膠彩畫家、水墨畫家林玉山是台灣鄉土新山水畫的先驅，[註35] 那麼鄭善禧便是踵繼其師之後，把台灣山水畫得更具炎方濃烈色彩，把台灣風土民情表現得更爲入世，比起大陸渡海來台的諸家，他是土味、草根味、拙味十足的畫家。

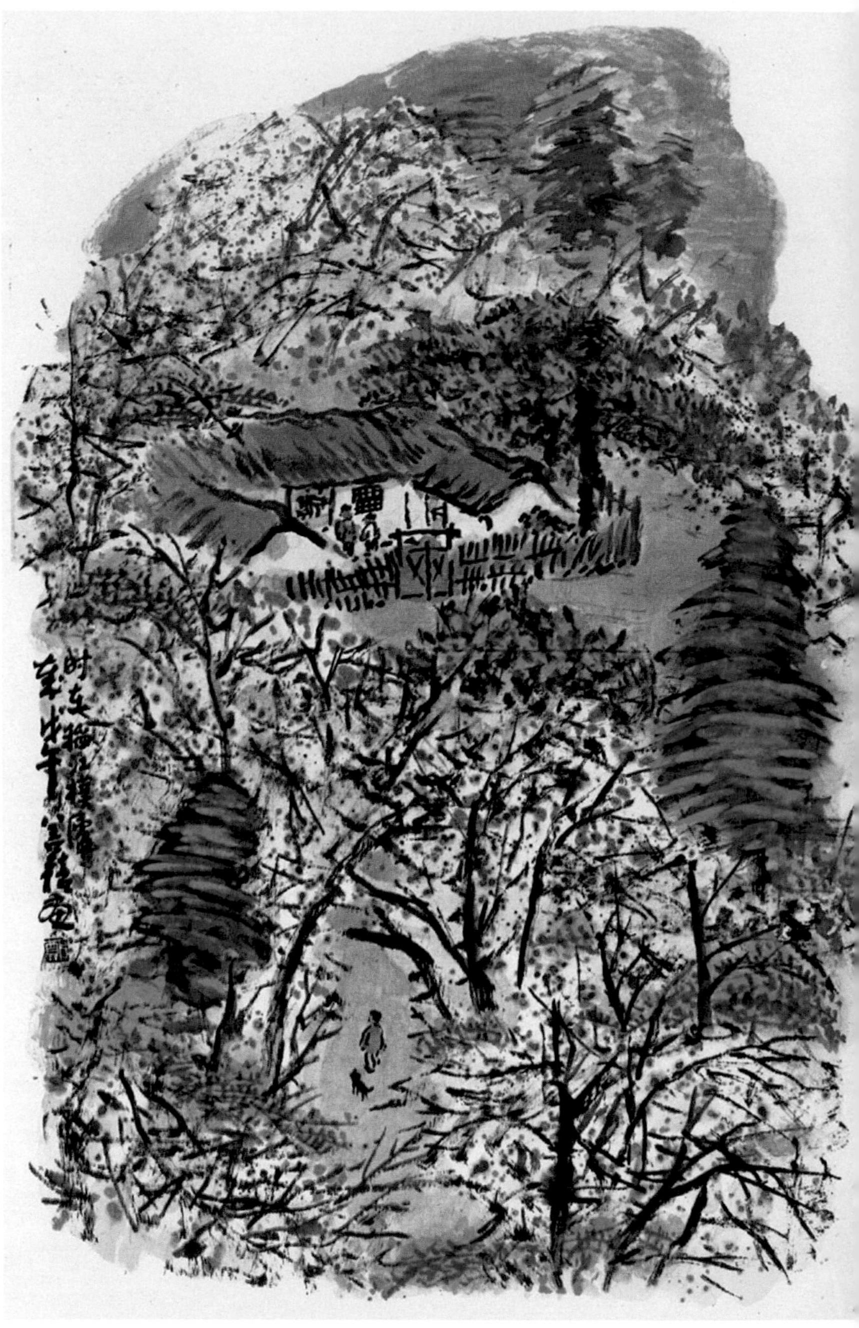

鄭善禧
草堂春滿
1978年
彩墨
45×69cm

他又是代表著那一代畫家在台灣水墨畫上的文化尋根的獨特風貌，他不同於江兆申立基於傳統文人畫的空靈意境，也不同於劉國松將抽象畫結合傳統中國美學的抽象水墨畫，他入世樸拙又重彩的作品，是回歸土地的情感認同，刻劃著台灣的季節性、地理性與人文性，代表著台灣戰後水墨不同於中原風格，它雖來自中原的母體文化，卻又不盡然隸屬於中原，他的創作與他不可

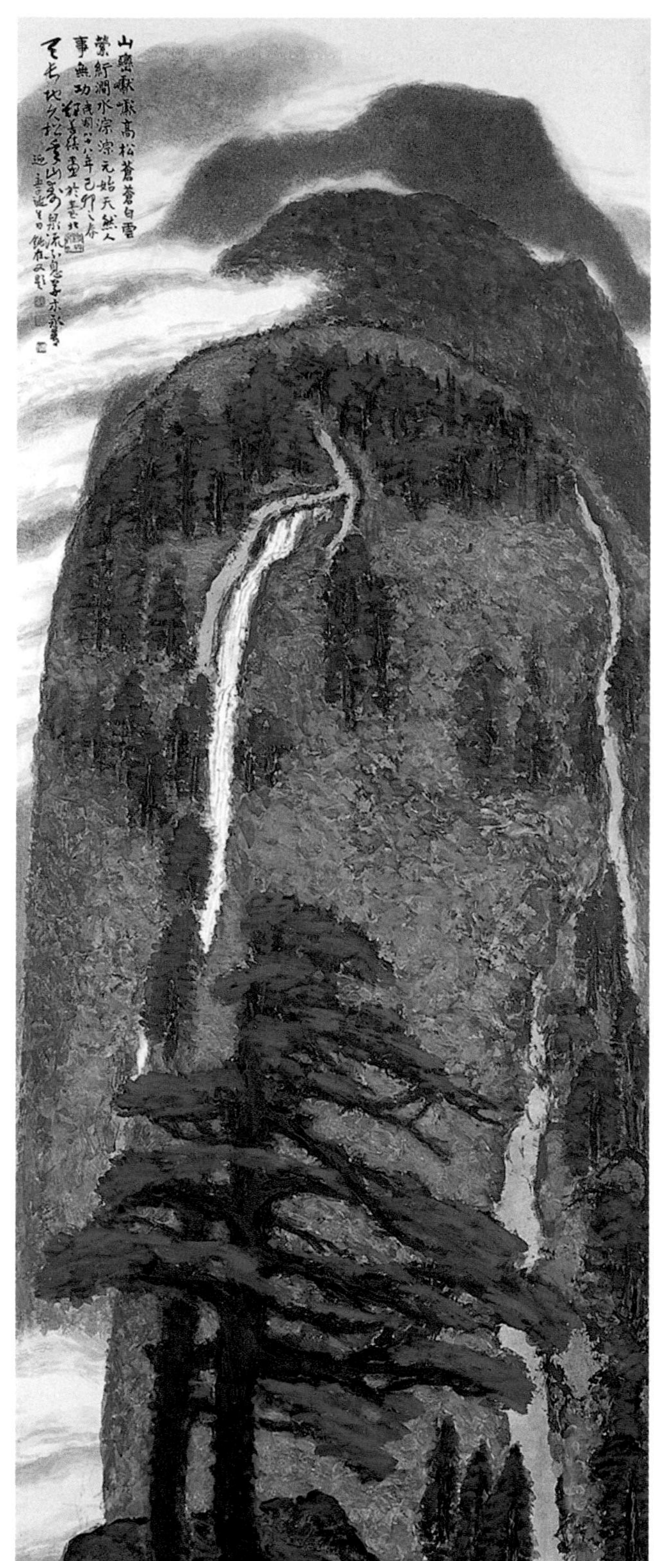

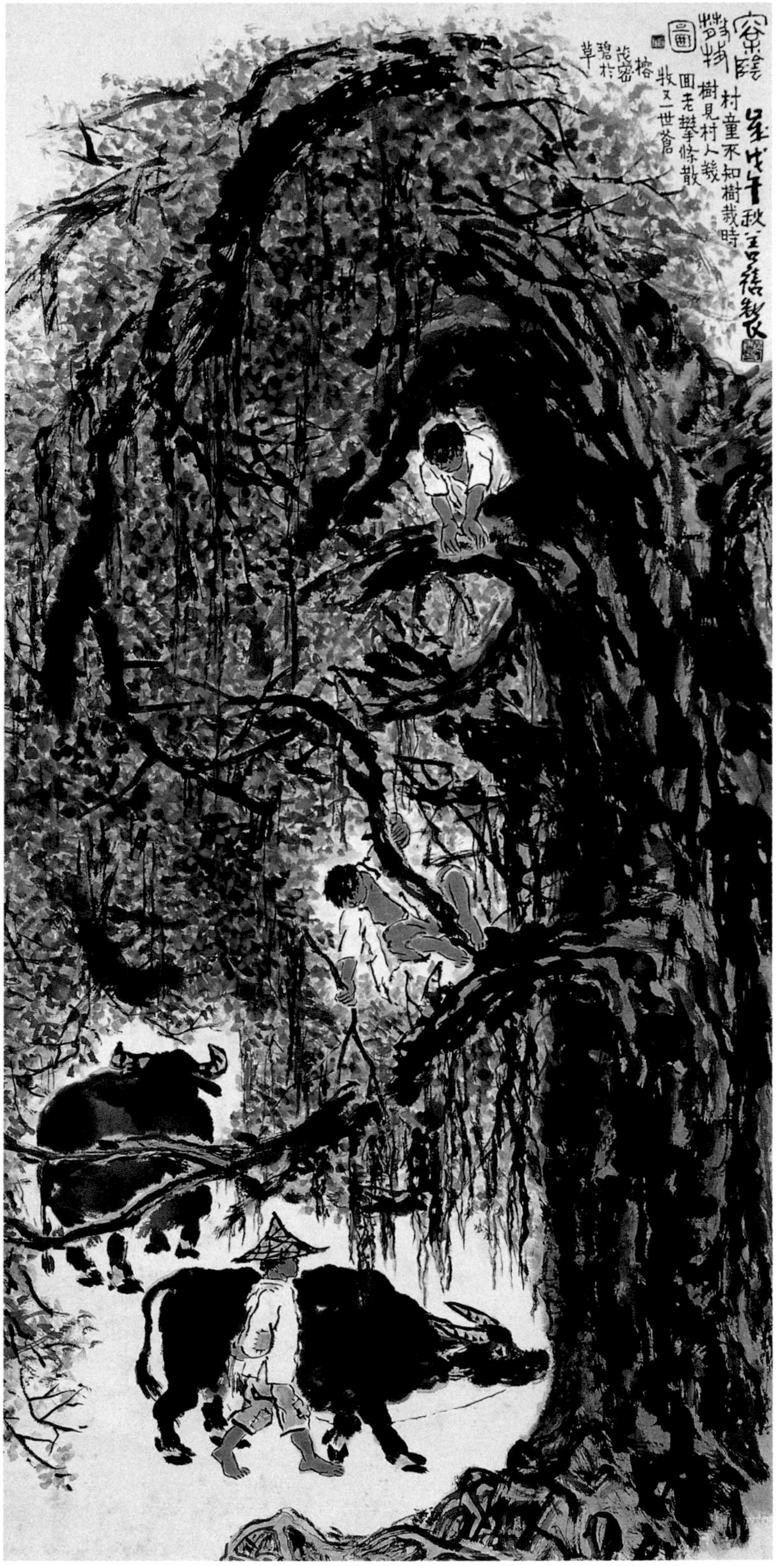

鄭善禧
高山蒼松白雲流瀑
1999年
彩墨
175×76cm（左圖）

鄭善禧
榕蔭散牧
1978年
彩墨
135×69cm（右圖）

切割的本土體驗，全然結合，昭示了他外眼所接觸的現實疆域，早已轉化成在地視境，其間雖然也滲入了些許故鄉九龍江的鄉愁意象，他的作品始終聯繫著台灣的社會脈絡與歷史情境。

他在水墨畫中所注入的入世觀照，形成他具有鮮明的地域時空感的繪畫特色，見證了台灣水墨畫在戰後所開展出的風貌，自有它的文化疆域，它是台灣處於殖民／後殖民特殊的混生文化交揉的生態中，所開出的奇花異果，也揭示出不同於中原大陸的族群意識的新美學觀。

註34：袁金塔〈戰後（1945）台灣水墨畫發展初探－兼論水墨畫〉《現代美術》，83期，頁69，台北市立美術館。

註35：王耀庭〈寫生到筆墨變局〉，《雄獅美術》，267期，頁53，1993年5月。

鄭善禧生平大事年表

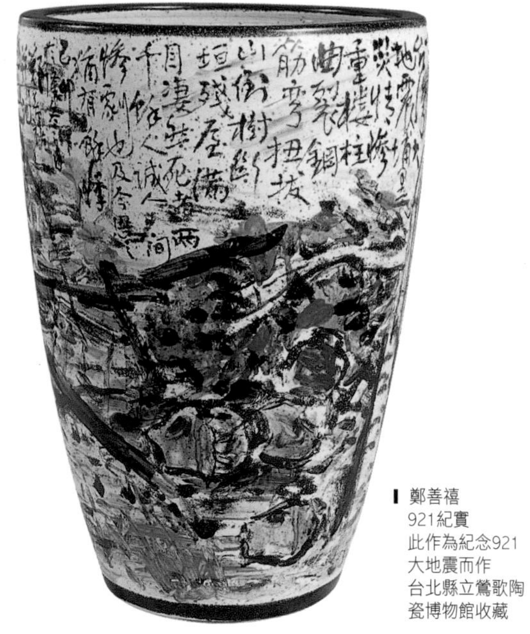

鄭善禧
921紀實
此作為紀念921大地震而作
台北縣立鶯歌陶瓷博物館收藏

1932年　一歲。生於福建省龍溪縣石碼鎮。

1950年　十八歲。間關來台，考取台灣省立台南師範學校首期美術師範科。

1951年　十九歲。以水彩靜物寫生獲台南市第二屆美展「特選」。

1952年　二十歲。三月，以水彩畫〈孔廟一角〉獲台南市第三屆美展「第二名」。十月，獲得台灣全省學生美展高中大專組圖案「第三名」。

1953年　二十一歲。七月，南師首屆美術師範科畢業，分發嘉義縣民雄國校任教。

1955年　二十三歲。塑〈孔夫子〉兩尺高立像，參加台灣全省教員美展入選。八月，轉職嘉義縣水上國校任教。

1956年　二十四歲。二月，轉職台北縣木柵溝子口考試院附設中興小學任教。

1957年　二十五歲。考取國立師範大學美術系。

1960年　二十八歲。師大美術系畢業，為台灣省立台中師範專科學校助教。

1961年　二十九歲。參加台灣中部美術協會成為西畫部會員。

1964年　三十二歲。以國畫〈山樓觀瀑〉、〈紅葉群雞〉入選台灣全省教員美展，和王爾昌、莊喆、文霽為三友出版社編《中學美術》一套。

1965年　三十三歲。於台中師專升任講師。四月，以〈風雨歸牧圖〉獲台灣全省教員美展國畫組「第一名」。十二月，以〈閒話桑麻〉獲台灣二十屆全省美展國畫組「第一名」。以〈繁華滿眼〉參加第五屆全國美展入選。

1966年　三十四歲。四月，〈逆水行舟〉獲台灣全省教員美展國畫組「第一名」，此畫展後贈黃君璧老師收藏。

1967年　三十五歲。四月，以〈觀楓圖〉獲得台灣全省教員美展國畫組「第二名」，同時有〈山村的星期日〉水彩畫入選。十二月，以〈草堂敍舊〉獲台灣廿二屆全省美展國畫組第一名，為省立體專校長周鶴鳴繪製〈體育示範圖解〉共五十三幅。（包括田賽、徑賽、籃球、排球、棒球、墊上運動各種標準姿勢之描寫）

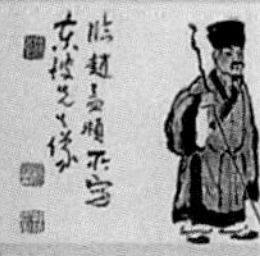

鄭善禧
前赤壁賦
2000年
書法
26×345cm

1968年 三十六歲。文藝節獲得中國文藝協會第九屆文藝獎章國畫獎。五月，以〈白雲青山〉獲台灣全省教員美展國畫組「第一名」；應國立歷史博物館之邀，參加加、中、菲畫展，在東京展出。十二月，以〈俯瞰清流〉獲台灣二十三屆全省美展優選。

1969年 三十七歲。四月，以〈懷古〉獲台灣全省教員美展國畫組「第一名」。 七月一日至十四日，在台北新公園台灣省博物館首次個展。八月，於台中師專升任副教授。代表我國參加美國紐約舉行之世界美術教育會議。

1970年 三十八歲。旅居美國，參觀各地博物館考察美術教育，得到哥倫比亞大學蔣彝教授之指引，觀覽哥大收藏有關中國美術圖籍。六月，與龐曾瀛（Pan Tseng-Ying）在紐約Baiter Gallery舉行兩人聯展。

1971年 三十九歲。四月，在康州Meriden舉行小品展。六月，取道日本遊東京、大阪、奈良、京都，參觀各地名勝古蹟、各大博物館，返回台灣。七月，與梅縣羅昆芳女士在台北結婚。

1972年 四十歲。為台中青龍出版社林之助先生校訂高中美術教材。

1973年 四十一歲。擔任台灣全省美展評審委員。二月，大女兒愷平出生。

1974年 四十二歲。於台中師專升任教授。編著《剪貼藝術》出版。兼任國立師範大學美術系夜間部五年級畢業班國畫課。

1975年 四十三歲。二月，應日本南畫院副會長直原玉青等作家之邀，參加日本十五回南畫院展。六月，應日本畫家之邀參加青玲社畫展特別展出。

1976年 四十四歲。十一月，二女兒愷平出生。十二月十六日至廿三日，在台中市美國新聞處舉行小品展。

1977年 四十五歲。八月，轉職台北國立台灣師範大學美術系教授。

1978年 四十六歲。五月，以《剪貼藝術》一書獲中華民國畫學會民俗藝術「金爵獎」。中國美術協會主編《中國當代名畫集》文成出版，〈松林密友〉收入畫集一〇五頁。中國畫學會編輯《中國水墨畫》河洛出版，〈閒牧〉收入畫集之八十九頁。

1979年 四十七歲。元月，〈玩具圖冊〉裱製完成，顧而樂之，自六十六年家中孩子有玩具，頗引興趣，六十七年產生作品已多，乃提選十二頁為冊付裱。春節又取傀儡、布袋戲木偶為題材，與玩具同有造形意味，此類畫作時人鮮能欣賞，余自以為有新趣。六月，參加亞細亞現代美展，在東京都美術館展出。

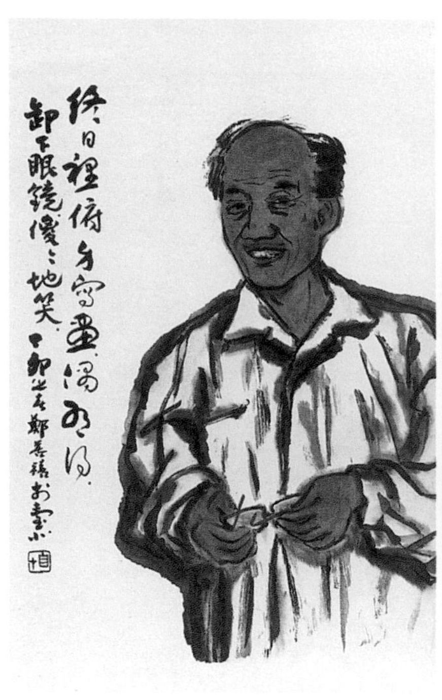

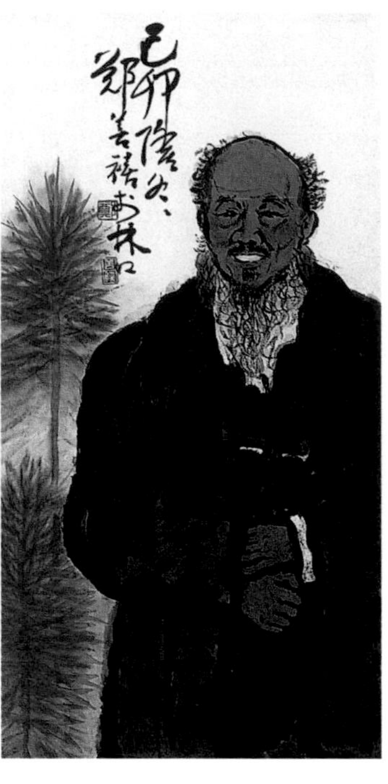

鄭善禧
自畫像
1987年（左圖）

鄭善禧
自畫像
1999年（右圖）

鄭善禧
在畫室中的鄭善禧
2002年
鄭惠美攝（右頁圖）

1980年 四十八歲。韓國漢城友一出版社發行《國際現代美術集》禹哉永編（收中華民國、日本、韓國當代名家作品），〈荷花金魚〉收入畫集六十一頁。 三月擔任第九屆全國美展國畫組審查委員。四月，在台北春之藝廊舉行第二次個展。與廖修平、蔣健飛、陳瑞康聯合於美國紐澤西Art Center of Nothern N. J, 四人展。十月，中華文化復興運動推行委員會出版《中華民國當代名家書畫集》，〈山居圖〉收入畫集一五五頁。台北藝術圖書公司出版《鄭善禧畫集》，為個人第一部繪畫印集，刊畫一一三幅。

1981年 四十九歲。應國立歷史博物館之邀，以〈榕蔭散牧〉參加中法文化交流展，在巴黎展出。四月，應台南市政府之邀，紀念開國七十周年暨延平郡王鄭成功開台三百二十週年，在台南市永福館展出《鄭善禧作品選輯》，由興台美術印刷公司出版。

1982年 五十歲。為教育廳兒童讀物編輯小組編繪低年級童謠《布娃娃的悄悄話》。十月，參加中國美術教育學會配合瓷揚窯，與黃君璧、林玉山等人，在台北春之藝廊舉行名畫家陶瓷聯展。

1983年 五十一歲。於台南市永福館為其兄善祥舉行八十大壽祝壽專題畫展。三月，旅行印度尼泊爾寫生一個多月。六月，應邀於國立歷史博物館舉行個展。

1985年 五十三歲。《雄獅美術》六月號出版「鄭善禧特輯」。

1986年 五十四歲。三月，出版《鄭善禧彩瓷畫集》。

1988年 五十六歲。於基隆市立文化中心舉辦彩瓷個展。

1989年 五十七歲。十一月，台中建府百年暨文化中心開館六週年慶，特舉辦「鄭善禧作品展」，並出版《鄭善禧作品選集》。

1990年 五十八歲。十月，應韓國藝術院邀請在該院發表論文〈民主時代的中國畫〉。

1991年 五十九歲。五月，於台北雄獅畫廊舉行「母親台灣」五人展。七月，辦理師大退休。

1992年 六十歲。三月，台北市文墨軒開幕，特辦「林玉山、鄭善禧師生聯展」。

1993年 六十一歲。八月，參加「中國現代墨彩畫展」，於俄國聖彼得堡俄羅斯民族博物館展出，並隨團遊莫斯科聖彼得堡及東歐諸國。九月，台北個人畫室兩度被偷畫作，損失慘重。十月，應國立歷史博物館之邀於國家畫廊舉辦「鄭善禧書畫特展」，並出版展出小冊。

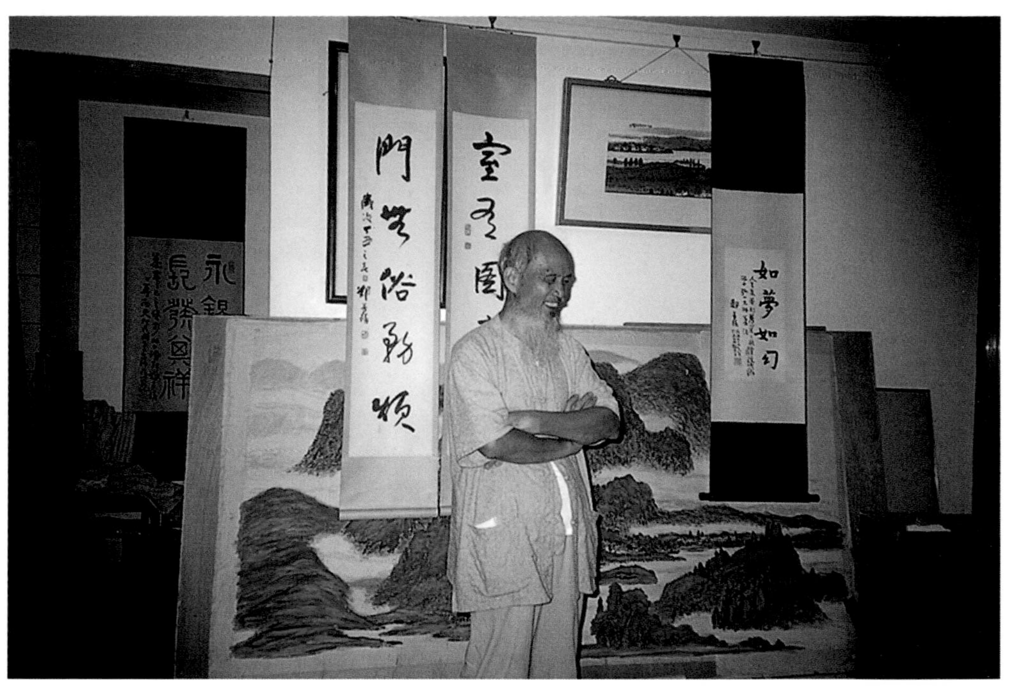

1994年　六十二歲。快雪堂舉辦「鄭善禧彩瓷收藏展」。

1995年　六十三歲。三月，參加台北市美術館和巴黎台北新聞文化中心所辦「台灣當代水墨畫展」，並暢遊巴黎、倫敦。七月，遊新疆天山南北路各城鎮。十二月，與留法師大校友楊秀宜於快雪堂舉辦師生聯展，並出版展出選集。

1996年　六十四歲。六月，福華沙龍十二週年慶，舉辦「傅申、鄭善禧、陳瑞庚聯合藝展」。九月，台中市現代藝術空間舉辦「鄭善禧、金大南（Juan-Carlos Quintama）彩瓷陶塑雙人展」，並出版展出畫集。旅居巴黎一個月，泛覽歐洲現代繪畫。作〈洋相具足〉長卷及一批畫作。十二月，快雪堂舉辦「鄭善禧書畫收藏展」。獲第一屆國家文化藝術基金會國家文藝獎「美術類」。

1998年　六十六歲。六月，參加福華沙龍週年慶特展。

1999年　六十七歲。五月，參加國立歷史博物館和巴黎台北新聞文化中心所舉辦的「水墨鄉情」展，並遊巴黎。八月，應雪霸國家公園邀請，參加「走向山中，畫我雪霸」活動，並於台中科學博物館、台北省立博物館、苗栗雪霸遊客中心展出。

2000年　六十八歲。二月，應行政院農委會林務局之邀，參加「山林之美，河川之愛」詩畫展，於國父紀念館展出。

2001年　六十九歲。六月，謝卻師大兼課純事創作。長女愷平和邱伸偉成婚。八月，與畫界朋友穿越世界屋脊，遊青藏高原、雲南、香格里拉，十八日深度之旅。

2002年　七十歲。一月，福華沙龍舉辦「鄭善禧繪畫書法個展」。三月，應國立歷史博物館之邀，參加「台灣二〇〇二年美術展」於沙烏地阿拉伯老王紀念博物館展出，並暢遊阿拉伯。

2003年　六月，受邀參加「台灣彩繪陶瓷展」於鶯歌陶瓷博物館。七月，由藝術家出版社出版《台灣近現代水墨畫大系－鄭善禧》。

國家圖書館出版品預行編目資料

〔台灣近現代水墨畫大系〕鄭善禧──畫壇拾荒老人
= Contemporary Taiwanese Ink Painting Series / 鄭惠美 著. -- 初版.--
台北市：藝術家，2004〔民93〕面：21×29公分. 參考書目

ISBN 986-7957-80-6（平裝）

1.鄭善禧 - 傳記　2.鄭善禧 - 作品評論　3.鄭善禧 - 學術思想 - 藝術　4.畫家 - 中國 - 傳記

940.9886　　92011078

〔台灣近現代水墨畫大系〕

Contemporary Taiwanese Ink Painting Series

鄭善禧──畫壇拾荒老人

鄭惠美 著

發行人　何政廣
主編　王庭玫
責任編輯　王雅玲・黃郁惠
美術編輯　許志聖

出版者　藝術家出版社
台北市重慶南路一段147號6樓
TEL：（02）2371-9692～3
FAX：（02）2331-7096
郵政劃撥：01044798 藝術家雜誌社帳戶

總經銷　時報文化出版企業股份有限公司
桃園縣龜山鄉萬壽路二段351號
TEL:（02）2306-6842

FAX：（04）2533-1186

製版印刷　新豪華製版・欣佑印刷
初版　2004年3月
定價　新台幣600元

ISBN　986-7957-80-6（平裝）
法律顧問 蕭雄淋

行政院新聞局出版事業登記證局版台業字第1749號